Donna M. Orange

Emotionales Verständnis und Intersubjektivität

Für Donna Orange ist der Schlüssel psychoanalytischer Arbeit die emotionale Heilung, die aus dem verbalen und non-verbalen Zusammenspiel zwischen Patient und Psychoanalytiker besteht. Beide Beteiligte am psychoanalytischen Prozess nehmen ihre je eigene Beteiligung vor dem Hintergrund ihrer Lebensgeschichte wahr. Wenn der Dialog mit dem Psychoanalytiker auf diese Weise zu einer empathischen Teilnahme am Leiden des Patienten führt, kommt es zum emotionalen Verständnis innerhalb des intersubjektiven Feldes. Innerhalb einer solch sicheren Bindung kann der Patient eine zweite Chance für eine gesündere Entwicklung und ein integriertes Selbst wahrnehmen.

Das Buch ist für den erfahrenen Analytiker wie für den Anfänger in Psychoanalyse und Psychotherapie mit Gewinn zu lesen. (Anna Ornstein)

Ein brillantes und schönes Buch der Philosophin-Psychoanalytikerin Donna Orange. (Robert D. Stolorow)

Donna M. Orange, Dr., Dr., Psychoanalytikerin in eigener Praxis und Philosophin, Lehranalytikerin am Insitute for the Psychoanalytic Study of Subjectivity in New York und Supervisorin. Autorin und Coautorin mehrerer Bücher mit Robert Stolorow und George Atwood, bei Brandes & Apsel: *Intersubjektivität in der Psychoanalyse. Kontextualismus in der psychoanalytischen Praxis* (2001), zahlreiche Aufsätze u.a. in der Zeitschrift *Selbstpsychologie.*

Donna M. Orange

Emotionales Verständnis und Intersubjektivität

Beiträge zu einer psychoanalytischen Epistemologie

Aus dem Amerikanischen
übersetzt von Wolfgang F. Ross

Brandes & Apsel

Veröffentlicht 1995 unter dem Titel *Emotional Understanding Studies in Psychoanalytic Epistemology*

Die Übersetzung des Buches wurde unterstützt von:
Förderverein zur Verbreitung psychoanalytischer Literatur e. V.
Informationen erteilt: PD Dr. Peter Möhring, Höhenstr. 56, D-35435 Wettenberg

Der Verlag bedankt sich für die engagierte Zusammenarbeit bei Cornelia Hennig, Frankfurt a. M., und Wolfgang Milch, Gießen.

1. Auflage 2004

Umschlagbild: Monika Frank-Auth: *Gruppe der drei Tänzerinnen,* 2000/2001
Fachkorrektur: Wolfgang Milch, Gießen
Druck: Tiskarna Ljubljana d. d., Ljubljana, Printed in Slovenia
Gedruckt auf säurefreiem, alterungsbeständigem und chlorfrei gebleichtem Papier.

Bibliografische Information *Der Deutschen Bibliothek:*
Die Deutsche Bibliothek verzeichnet diese Publikation in der Deutschen Nationalbibliografie; detaillierte bibliografische Daten sind im Internet über http://dnb.ddb.de abrufbar

ISBN 3-86099-781-5

Inhalt

Vorwort zur deutschen Ausgabe 9

1
Einführung: Gemeinsam auf Sinnsuche gehen 13

2
Das Verstehen verstehen 27

3
Theoriewahl und Fehlbarkeitsbewusstsein 51

4
In Richtung einer Epistemologie
des perspektivischen Realismus 75

5
Co-Übertragung: Die Perspektive des Analytikers 87

6
Gegebene und interpretierte Erfahrungen 101

7
Affekt und emotionales Erleben 119

8
Das emotionale Gedächtnis 139

9
Emotionale Verfügbarkeit 163

10
Missverstehen: Eine pragmatische Zusammenarbeit 183

11
Wie heilt psychoanalytisches Verständnis? 203

12
Zur Illustration: Schreber verstehen 229

Literatur 259

Index 273

Danksagung

Viele Menschen haben mir dabei geholfen, dieses Buch zu schreiben, unabhängig davon, ob sie meinen Gedanken zustimmten oder nicht. Jeder von ihnen hat dazu beigetragen, einen Prozess der Widersprüchlichkeit durch konstruktive Kritik in einen Prozess von Verständigung und gemeinsamer Sinnsuche zu verwandeln.

Für die hilfreiche Lektüre von Teilen dieses Buches oder des ganzen in verschiedenen Phasen seiner Entstehung bedanke ich mich bei Margaret Andrews, Mary Anker, George Atwood, Howard Bacal, Andrine Baker, Kathleen Fischer, James Fosshage, Natalie Gannon, Jill Gentile, Judith Glassgold, Jacqueline Gotthold, Patricia Horn, Peter Lessem, Frances Madden, Anna Ornstein, Henry Pinsker, Robert Stolorow und Peter Thomson. Jeder von ihnen ist auf seine Weise ein sorgfältiger Leser und eine große Stütze für mich gewesen, ohne dass ich dies individuell beschreiben könnte. Einige – Jackie Gotthold, Peter Lessem und besonders George Atwood – haben mehrere Versionen gelesen und bei diesem Prozess mit mir gemeinsam gelitten. Kitty Moore, meine Redakteurin bei Guilford, die das Projekt begleitet hat, ermunterte mich, ein Buch zu schreiben, und hatte mich dabei unterstützt, nicht zu übergenau zu sein. Claudia Kohner hat mir weit über ihre Pflichten hinaus dabei geholfen, dass das Buch lesbar wurde. Ich danke euch allen mit dem, was die Holländer »aufrichtigen Dank« nennen. Trotzdem bleiben natürlich die Meinungen, Versäumnisse und Fehler in diesem Buch meine eigenen.

Ich muss auch all denen danken, deren Gedanken oder Ideen ich unabsichtlich übernommen habe, ohne sie zu zitieren. Ich möchte – diesmal aber bewusst – etwas aus einer Arbeit von Winnicott aufgreifen:

> Ich will meine Verpflichtungen meinen psychoanalytischen Kollegen gegenüber anerkennen. Ich bin als Mitglied dieser Gruppe aufgewachsen, und es ist jetzt nach so vielen Jahren der Beziehungen untereinander nicht mehr möglich zu wissen, was ich gelernt habe und was ich selbst beigetragen habe. Die Schriften von uns allen müssen in irgendeinem Maße Plagiat sein. Trotzdem glaube ich nicht, daß wir voneinander abschreiben: Wir arbeiten, beobachten, denken und entdecken, auch wenn gezeigt werden kann, daß das, was wir entdeckt haben, schon von irgendwem früher entdeckt worden ist. (1965, S. 11)

Mit dieser Bemerkung wies Winnicott die Bedenken darüber, wer eine Idee zuerst gehabt haben mag, ab und formulierte seine Vorstellung von der *Gemeinschaft* der Gelehrten. Meine Gruppe innerhalb dieser Gemeinschaft ist das Institute for the Psychoanalytic Study of Subjectivity, das ausdrücklich einem solchen Gemeinschaftsgedanken folgt und seine Arbeit der Entwicklung psychoanalytischer Theorie und Praxis widmet. Ich bedanke mich bei jedem, der sich mit diesem Institut verbunden fühlt, dafür, Teil dieser Gemeinschaft zu sein, in der ich »aufgewachsen« bin und beginnen konnte, mich langsam qualifiziert zu fühlen, eigene Arbeiten beizutragen. Ich bin auch jenen Patienten dankbar, die mir die Erlaubnis gaben, über sie und unseren Prozess gemeinsamer Sinnsuche zu berichten. Schließlich bedanke ich mich bei meinen Supervisoren, meinen Studenten und besonders bei meinen Patienten dafür, mich das Verstehen zu lehren.

Vorwort zur deutschen Ausgabe

An Hans-Georg Gadamer, dessen Arbeit mich zu diesem Buch inspiriert hat und der am 13. März 2002 im Alter von 102 Jahren gestorben ist, erinnert man sich als »den Philosophen der Verständigung«. Er erklärte oft, dass Verständigung dem Erlernen einer Fremdsprache ähnlich sei und man die neue Sprache nur innerhalb der Horizonte, Traditionen und Zusammenhänge verstehen könne, die durch die Muttersprache geprägt worden sind. In der Tat ist das Erlernen einer Fremdsprache nicht zu vergleichen mit dem Eintauchen in die erste Sprache, aber es ist ein sich fortsetzender Prozess des Dialogs, nicht nur zwischen den Sprechenden der neuen Sprache, sondern auch zwischen der ersten und der zweiten Sprache. Erst nach langem Üben entstehen Momente, in denen man ohne viel inneres Übersetzen in der neuen Sprache sprechen und denken kann. Gadamer glaubte, dass das Leben in der neuen Sprache dennoch immer irgendwie vorläufiger als das Leben in der eigenen sei.

Aber Gadamers Interesse an der *Verständigung* war viel allgemeiner. Als er über die Universalität des hermeneutischen Problems schrieb, d. h. über das Problem des Verstehens im Allgemeinen, behauptete er, dass alles Verstehen aus der wechselseitigen Bereitschaft entstehe, unsere Voreinstellungen (Vorurteile) im spielerischen Dialog zu erproben. Dieses Spiel ist ein ernsthafter Versuch, dem Anderen – dem Text, dem Kunstwerk, einer anderen Person – zu erlauben, uns etwas Neues zu sagen. Es ist weder so, dass unsere Fähigkeit zum *Verständnis* auf diesem Wege anwächst, noch dass wir ein Haus voller *Verständnis* anhäufen könnten. Für Gadamer blieben diese Ein-Personen-Vorstellungen unzureichend, um den hermeneutischen Prozess zu beschreiben oder zu erfassen. Stattdessen entsteht alle *Verständigung*, die diesen Namen verdient, aus dem Gespräch heraus. Wir *gelangen* zu einem Verständnis. Weder ist Verständnis der Besitz oder die Schöpfung der Gesprächspartner, noch entdecken wir eine verborgene, aber bereits vorhandene Wahrheit. Vielmehr taucht Verständnis als eine Wahrheit auf, die mehr umfasst als die Summe ihrer Teile.

Es ist leicht zu erkennen, warum eine solche Vorstellung so gut zu einer relationalen und intersubjektiv-systemischen Sichtweise der Psychoanalyse passt. Wir sehen den Analytiker nicht mehr als den Experten, der die Inhalte des Unbewussten des Patienten erkennt und interpretiert, einschließlich angeborener Aggression und verbotener Wünsche. Stattdessen besteht die Behandlung in einem Gespräch über *alles*, was den Patienten belastet. Wir fassen das Konzept der Empathie neu und versuchen nicht länger, die Seele des Anderen empathisch zu erfassen, sondern uns ganz in das Gespräch mit dem Anderen zu vertiefen und nach einer umfassenderen und tieferen Wahrheit zu suchen, die im Gespräch aus unvermeidlich unterschiedlichen Perspektiven heraus erwächst.

Psychoanalyse heilt, weil die Teilnahme an einem Gespräch, in dem das emotionale Leben eines Anderen so ernst genommen wird, eine Bindung schaffen kann, die persönliche Veränderung ermöglicht. Wenn man versucht, das *ganze* emotionale Erleben eines Anderen empathisch zu erfassen, nimmt man teil an einem Heilungsprozess. Die Person, die zu verstehen sucht, steht – wie Gadamer sagte – nicht als neutraler Beobachter daneben, sondern unterzieht sich der Situation gemeinsam mit dem Anderen.

Dass dieses Buch ins Deutsche übersetzt wird, hat für mich besondere Bedeutung. Es wird oft beklagt, dass bei Übersetzungen viel verloren geht, dass Übersetzungen unmöglich seien und so weiter. Alle diese Argumente haben ihre eigene Wahrheit, aber es ist auch wahr, dass dieses spezielle Buch die deutsche Sprache benötigt. Im Englischen gibt es nur das eine Wort *understanding* für Verstand, Verstehen, Verständnis und Verständigung, während es auf Deutsch klarer wird, dass der Prozess, zu einer Verständigung zu gelangen (was ich oft »gemeinsam nach Sinn suchen« nenne), mehr ist als *Verstand* (Intelligenz oder die Fähigkeit, Begriffe zu bilden), mehr ist als *Verstehen* (Diltheys Begriff, um das Erkennen in den Geisteswissenschaften zu benennen, und von Gadamer als genereller Begriff benutzt) oder *Verständnis* (eine Fähigkeit, um Kunstwerke wertzuschätzen oder zu verstehen). Gadamers *Verständigung* oder Zu-einem-Verständnis-Kommen ist genau der Begriff, den wir benötigen, um einen hermeneutischen Ansatz in der Psychoanalyse zu formulieren, wenn der Begriff auch immer unvollständig und perspektivisch beschränkt bleiben wird.

Ich bin deswegen meinem geschätzten Kollegen Wolfgang F. Ross für die beträchtliche Arbeit und den liebevollen Verständigungsversuch dankbar, den diese Übersetzung darstellt. Ich bin auch anderen deutschsprachigen Kollegen dankbar, insbesondere Erwin Bartosch, Michael Erb, Chris Jaenicke und Wolfgang Milch, deren Interesse an meiner Arbeit mein Gefühl für die Bedeutung der deutschen Sprache für die Geschichte und Entwicklung des psychoanalytischen Denkens ebenso gefördert hat wie den Wunsch, die Sprache selbst zu erlernen. Außerdem schulde ich meinem philosophischen Freund Manfred Frank (Tübingen) großen Dank für die immer währende Anregung meines Interesses an deutscher Philosophie; ebenso danke ich Dieter Beutin, der mich Deutsch lehrt, und meinem Partner Donald Braue, der mich mit seinem Interesse an meiner Arbeit so liebevoll emotional unterstützt. Ich hoffe, dass diese Übersetzung nicht nur einen Weg weisen wird, die Unterschiede zwischen traditioneller Psychoanalyse und einer Psychoanalyse der Verständigung zu verstehen. Ich hoffe auch, dass sie zu einem gemeinsamen und wertschätzenden Austausch unter deutschsprachigen und amerikanischen Psychoanalytikern beitragen wird.

New York, im März 2004

1

Einführung: Gemeinsam auf Sinnsuche gehen

> ... der, der Verständnis hat, nicht in einem unbetroffenen Gegenüber (sich) stehend weiß und urteilt, sondern aus einer spezifischen Zugehörigkeit mitdenkt, die ihn mit dem anderen verbindet, als wäre man mitbetroffen.
> Hans-Georg Gadamer,
> *Wahrheit und Methode*, 1975b

Dieses Buch enthält eine Reihe von Beiträgen zur psychoanalytischen Epistemologie. Epistemologie, die Erforschung der Natur und der Grenzen menschlichen Wissens, hat sich in Richtung einer größeren Bescheidenheit entwickelt, weil man erkennen musste, dass unser Wissen immer perspektivisch und damit notwendigerweise unvollständig ist. Entsprechend ersetzt diese Arbeit zur psychoanalytischen Epistemologie die Fragen »Was können wir wissen?« und »Wie können wir sicher sein über das, was wir wissen?« durch die Fragen »Was ist psychoanalytisches Verstehen?« und »Wie heilt solches Verständnis seelische Wunden?«. Solch eine Verschiebung der Fragestellung spiegelt viele jüngste Veränderungen psychoanalytischen Denkens wider: vom Trieb zur Organisation von Erleben als vorrangigem Motivator, vom wissenschaftlichen Objektivismus zum hermeneutischen Perspektivismus, von der Sicht der Psychoanalyse als »strenger« Naturwissenschaft zur »weichen« Geisteswissenschaft oder Wissenschaft vom Menschen und der Einsicht, dass sie eine Wissenschaft unter anderen ist. Und vor allem die Verschiebung von der Bedeutung der Unabhängigkeit und Isolation hin zu jener von Interdependenz und Gemeinsamkeit.

Die zentrale These dieses Buches besagt, dass psychoanalytisches Verständnis aus der wechselseitigen Teilnahme – vor allem emotionaler Art – im intersubjektiven Feld zwischen Patient und Therapeut erwächst. Wenn man um ein Verständnis ringt und es auch schafft, dass dieses Verständnis gut genug ist, kann dies die Heilung von seelischen Wunden bewirken und die Organisation des Erlebens einer Person verändern.

Psychoanalyse und Philosophie

Schriften zur psychoanalytischen Epistemologie sind notwendigerweise interdisziplinär. Ich bringe in dieses Unternehmen meine Erfahrungen ein, die ich während meines Philosophiestudiums und meiner Lehrtätigkeit in Philosophie, meiner Ausbildung in Psychologie und Psychoanalyse sowie meiner psychoanalytischen Praxis gemacht habe. Dieses Buch ist deswegen eine Art Diskussion zwischen den philosophischen und klinischen Anteilen in mir, ein offenes Gespräch, zu dem ich den Leser einlade. Ich werde in jedem Kapitel einige Aspekte psychoanalytischen Verstehens untersuchen und einige Hypothesen über Natur, Funktion und Grenzen solchen Verstehens prüfen. Viele Fragen werden offen bleiben und uns als Anreiz zu weiteren Forschungen dienen.

Dieses Buch umfasst Untersuchungen – jeweils aus verschiedenen Perspektiven – von Aspekten psychoanalytischer Verständigung. Der Leser wird aber keinen roten Faden erkennen können, der sich durch das ganze Buch zieht. Stattdessen wird er eine Art Wandteppich vorfinden, in dem sich die verschiedenen Fäden zu einem Bild über Psychoanalyse als gemeinsames sinnstiftendes Unternehmen, als emotionale Verständigung, verdichten. Ich fange mit der allgemeinsten Natur von Verstehen an und prüfe die Bedingungen für Verstehensmöglichkeiten – psychoanalytische oder auch andere. In den mittleren Kapiteln werbe ich für den »perspektivischen Realismus«, für eine revidierte Sicht der Gegenübertragung sowie eine

Vorstellung von Erleben, das sowohl gegeben ist als auch interpretiert wird. Diese Vorstellungen sind entscheidende Komponenten einer angemessenen psychoanalytischen Epistemologie. In den späteren Kapiteln übernehme ich eine klinische Perspektive und werde vorschlagen, dass die einzige Art der Verständigung, die emotionale Wunden heilen und menschliches Erleben integrieren kann, die emotionale Verständigung ist. Das ganze Buch hindurch verlasse ich mich sowohl auf philosophisches als auch auf klinisches Denken, um die zur Diskussion stehenden Ideen zu erklären.

Anfangs hatte die Psychoanalyse allerdings nur wenig Verwendung für die Philosophie. Freud (1919) dachte, dass »selbst die Wahnbildungen der Paranoiker (...) eine unerwünschte äußere Ähnlichkeit und innere Verwandtschaft mit den Systemen unserer Philosophen (zeigen)« (1919, S. 327), und er behauptete, dass wir »von der Philosophie nichts zu erwarten (haben), als daß sie uns neuerdings hochmütig die intellektuelle Minderwertigkeit unseres Objekts vorhalte« (1915-1916, S. 94). Der Philosoph Grünbaum (1984) verweigert der Psychoanalyse einen wissenschaftlichen Status und schlägt vor, die Psychoanalyse im Allgemeinen als intellektuell inkohärent aufzufassen. Ein Teil der Unfreundlichkeit zwischen Philosophie und Psychoanalyse könnte von der Distanz zueinander kommen: Die Philosophie lebt in der Universität, die Psychoanalyse findet in freien Instituten und Praxen statt. Trotzdem gehören beide Disziplinen zu den Geisteswissenschaften (Kohut, 1987), und beide haben mich geprägt. So wird der Leser hier eine interdisziplinäre Untersuchung oder ein interdisziplinäres Gespräch vorfinden, das andere Autoren, die sich nur in einem der beiden Felder bewegen, wohl nicht unternehmen würden. Platon definierte das Denken als ein Gespräch, »das der Geist mit sich selbst über irgendein Thema fortsetzt, mit dem er sich gerade beschäftigt« (*Theatetus,* 189e), und ich bezeichne Analyse als etwas, das nur gemeinsam Sinn macht. Ich glaube, dass ein Dialog zwischen Philosophie und Psychoanalyse einige nützliche Beschreibungen über die Natur des psychoanalytischen Verstehens bereitstellen kann.

In diesem Gespräch argumentiere ich dafür, dass wir uns an einigen grundsätzlichen Haltungen orientieren. Die erste Haltung legt die Bedeutung auf die Theoriewahl und Theorieverbesserung. Diese Thematik reflektiert die Festlegung des Philosophen auf das Leben, das er untersucht, und die grundlegenden konzeptuellen Vorannahmen oder Behauptungen, die in unsere klinischen Theorien und in unsere Arbeit eingebettet sind. Ein zweiter Wert oder eine zweite Haltung betrifft die Bedeutung der Fehlbarkeit,[1] der Verpflichtung, Theorie großzügig zu handhaben, mit der Ungewissheit und Mehrdeutigkeit zu leben und immer darauf vorbereitet zu sein, unsere Meinungen zu revidieren. Diese Haltung hält uns immer wach, etwas von unseren Patienten und voneinander zu lernen.

Neben diesen methodischen Haltungen favorisiere ich eine gemäßigte Epistemologie, die ich »perspektivischen Realismus« nenne. »Objektivismus« – die Behauptung, dass das Gewusste unabhängig sei vom Wissenden – und »Relativismus« – Hegels Nacht, in der alle Kühe schwarz sind (es gibt keine Unterscheidungen) – sind gleichermaßen bescheidene Alternativen. Trotzdem kann Psychoanalyse – theoretisch und praktisch – sich »jenseits von Objektivismus und Relativismus« in Richtung eines perspektivischen oder dialogischen Realismus hin bewegen (Bernstein, 1983). Solcherart gemäßigter Realismus erkennt die konstruktivistische Kritik an, lehnt aber seine Hinwendung zum Relativismus ab. In Übereinstimmung mit der Vorstellung, dass der Mensch an sich fehlbar ist, erkennt diese Philosophie an, dass die Perspektive einer jeden Person unvermeidlich partiell ist und dass eine angemessenere Sichtweise immer den Dialog benötigt. In einem solchen Gespräch versuchen wir, praktisch gesprochen, ein ausreichend gutes Verständnis für alles, was auch immer zur Diskussion stehen mag, zu erreichen. In der Psychoanalyse, wo es um das emotionale Leben eines Menschen geht, entwickeln wir zur Heilung eine Form des Verständnisses, die durch eine gegenseitig erfahrene emotionale Beziehung zwischen Patient und Analytiker zustande kommt.

Diese Sichtweise des psychoanalytischen Verständnisses wirft zusätzliche Fragen auf. Wir müssen fragen, welche Bedingungen und

---

[1] *Fallibilism* ist schwer genau und formschön zu übersetzen. Der Philosoph Pierce meint dazu, dass die Realität nicht die Ursache unserer Vorstellungsbildung sei, sondern ihr Ziel bzw. das, worüber wir uns intersubjektiv eine konsistente Meinung gebildet haben, die sich allerdings nicht dogmatisch verhärten darf, sondern für Korrekturen prinzipiell offen bleiben muss. *Fallibilism* wird deswegen vielleicht am besten mit dem Begriff »Fehlbarkeit« oder »Fehlbarkeitsbewusstsein« übersetzt (Anm. d. Übers.).

Haltungen eine ausreichend gute emotionale Verständigung fördern. Eine Bedingung ist die emotionale Verfügbarkeit eines bestimmten Analytikers für eine heilende Beziehung mit einem bestimmten Menschen, der zur Therapie oder Analyse kommt. Dies impliziert die Bereitschaft und die Fähigkeit, einer Person eine zweite Chance für ein reiches und integriertes emotionales Leben zu geben. Eine zweite Bedingung ist eine erweiterte Vorstellung vom Gedächtnis, die seine somatischen, im Hintergrund wirkenden Formen ebenso einbeziehen und schätzen kann wie seine verbalen Mitteilungsformen. Solch jenseits der Worte verborgenes Wissen anzuerkennen, erfordert eine radikale Infragestellung empirischer Behauptungen und allgemein akzeptierter Theorien über Wahrheit und Erkenntnis.

Epistemologie und Intersubjektivität

Eine angemessene psychoanalytische Epistemologie, die den Individualismus und den Mythos vom isolierten Geist vermeiden möchte (Stolorow/Atwood, 1992), muss sich sowohl in Richtung subjektiver als auch intersubjektiver Vorstellungen von Verstehen bewegen. Im üblichen Diskurs unterscheiden wir Verständnis vom Wissen-über-Etwas. Wissen-über-Etwas ist äußerlich und empirisch. Verstehen ist Wissen durch Teilnahme, im platonischen Sinn: das Wissen von innen her. Es ist z. B. ein enormer Unterschied, ob man etwas über die Kultur der Hopi-Indianer weiß oder das Leben der Hopi-Indianer als einer von ihnen kennt, oder ob man von einer Sprache etwas weiß oder Französisch verstehen kann. Ein kranker Freund erklärte mir kürzlich: »Du weißt es, aber du verstehst es nicht, weil du immer gesund gewesen bist.« Für Kohut (1959) war das einzige Wissen, das man als psychoanalytisch bezeichnen konnte, solches von innen, das durch Introspektion und Empathie erworbene Verständnis. Er meinte, dass wir durch die Sozialpsychologie oder Neuropsychologie viel über den Menschen gelernt haben, aber um etwas vom Menschen zu verstehen, müssten wir ihn mit Empathie erkennen.

Die Intersubjektivitätstheorie (Stolorow/Brandchaft/Atwood, 1987) verfeinert diese Einstellung durch die Klärung des Begriffs »innerhalb«. Psychoanalytisches Verständnis ist dasjenige erworbene Wissen, das sich aus dem intersubjektiven Feld zweier unterschiedlich organisierter Subjektivitäten ergibt. Im Dialog versuchen beide Teilnehmer, ihre anfänglichen subjektiven Perspektiven einzubringen und zu erweitern, um mehr von dem Anderen zu verstehen und mehr über die Erfahrung des Anderen herauszubekommen. Wir tun dies, wie Kohut und andere Selbstpsychologen gezeigt haben, indem wir so kontinuierlich wie möglich sozusagen in den Schuhen des Anderen zu gehen versuchen, uns in ihn sowohl kognitiv als auch emotional hineinversetzen. Wir verstehen, indem wir versuchen, an der emotionalen Erfahrung, am Wesen des Anderen teilzunehmen.

In diesen Beiträgen zur psychoanalytischen Epistemologie bedeutet »Verständnis«, »Verständigung« oder »Verstehen« hauptsächlich, in einem intersubjektiven Prozess von emotionalem Begreifen eine Verständigung zu erreichen oder mit dem Anderen zu entwikkeln. Wenn ein gescheiter junger Student mich während eines Anfalles tiefer Depression nach einer Reihe irritierender Misserfolge an der Universität zu Rate zieht, kämpfen wir gemeinsam darum, die Quelle seiner Schwierigkeiten zu finden. Ich nenne diesen Prozess »Verständigung«. Die ältere psychoanalytische Vorstellung von Deutung vergisst, die intersubjektive Natur dieses normalen klinischen Prozesses mit einzubeziehen, und unterschätzt den Einfluss der Eigenarten und Hypothesen des Beobachters auf das Ausmaß des Verständnisses, das er erreicht. Ein Analytiker muss Gadamers »Person mit Verständnis« sein, fähig und bereit dazu, sich mit den Leiden des Patienten vertraut zu machen und seine schmerzhafte Geschichte zu teilen. Die »Person mit Verständnis« ist eine solche, die sowohl fähig als auch bereit ist, »die Situation mit dem Anderen zu erfahren«. Ich nenne diese Mischung aus Fähigkeit und Bereitschaft »emotionale Verfügbarkeit«. Nur auf diesem Weg können Patient und Analytiker Sinn im scheinbar Sinnlosen finden – zum Beispiel in der tiefen Depression und den Selbstmordgedanken meines intelligenten und sonst so erfolgreichen jungen Studenten.

Der Begriff »Verständigung« enthält damit einen Hinweis sowohl auf die verstehende Person als auch auf den Prozess in der Beziehung. Das Individuum versteht Beziehung – oder nimmt sie in sich hinein –, während das Beziehungsgeschehen das erlebende Selbst mit seiner Beziehungserfahrung einschließt und teilweise formt.

Wenn man sich gezwungen sieht, zwischen Selbst und Beziehung entscheiden zu müssen, erhält man einen falschen Dualismus aufrecht, der sowohl die Behandlung als auch die psychoanalytische Theorie untergräbt. In der emotionalen Entwicklung kann die Forderung, sich zwischen den Bindungen an die Bezugspersonen und der Entwicklung eines eigenen Selbst entscheiden zu müssen, pathogen sein (Brandchaft, 1994). Ähnlich kann in der Theorie die Entscheidung zwischen »Ich« und »Wir« in Blindheit enden. Die Intersubjektivitätstheorie weist dem *Ich* und dem *Wir* die gleiche Wichtigkeit zu, behandelt sie als unentwirrbar miteinander verbunden und bietet bisher die beste Möglichkeit, psychoanalytisches Verständnis zu verstehen.

Zusammen auf Sinnsuche gehen

Psychoanalyse als gemeinsame Sinnsuche zu konzeptualisieren nimmt Teilantworten als auch vermutbare Antworten auf fundamentale Fragen auf, die in diesem Buch angesprochen werden. Was alles ist an der »Sinnfindung« beteiligt? Fakten, Theorie – und was ist das? Über was »finden wir einen Sinn«? Über die Realität, über die Fantasie – oder über was? Ich werde dahingehend argumentieren, dass Psychoanalyse hauptsächlich die gemeinsame Arbeit umfasst, die emotionale Erfahrung eines Menschen zu verstehen. Ein solches Verständnis bedeutet den Eintritt in das Erleben des Patienten und das Verweilen darin, einschließlich der Erfahrung der analytischen Beziehung, die beide Partner erleben. Wir kämpfen mit dem Patienten gemeinsam darum, einen Sinn in seinen Erfahrungen zu entdecken, der Mensch zu sein, die er oder sie ist, besonders, aber nicht ausschließlich, in der analytischen Beziehung.

Sinnsuche ist eine Sache von Erinnerung, Gefühl und Antizipation, eine Angelegenheit der Gegenwart, Vergangenheit und Zukunft. Paradoxerweise schließt dies manchmal die Einsicht ein, dass manche Ereignisse, die einem Menschen gegenwärtig sein können, in keinerlei Hinsicht einen Sinn machen. Sinnsuche geht über die Grenzen der traditionellen dualen Logik hinaus und zwingt uns dazu, über Erfahrung in mehr holistischen, aber nicht weniger genauen Kategorien nachzudenken. Sie lehren uns Respekt vor dem »ungedachten Wissen« (Bollas, 1987), machen uns zugleich aber auch unendlich neugierig darauf. Psychoanalyse kann solche Neugier erzeugen, wenn sie die Annehmlichkeit mit Ungewissheit und mit Unerledigtem zusammenbringen kann. Mit Rilkes Worten sollte man »Geduld (...) haben gegen alles Ungelöste in Ihrem Herzen und (...) versuchen, die Fragen selbst liebzuhaben wie verschlossene Stuben und wie Bücher, die in einer sehr fremden Sprache geschrieben sind.« »Gemeinsame Sinnsuche« ist ein Weg, die unerforschten und rätselhaften Teile von uns und Anderen miteinander zu verbinden. Die Notwendigkeit, nach Sinn zu suchen, ist charakteristisch für Menschen. Wir finden einige Fähigkeiten zur Organisation in allen Lebewesen, vielleicht sogar in der unbelebten Natur. Die höher organisierten Lebensformen aber zeigen eine umfangreichere Fähigkeit zu fühlen und mehr Flexibilität und Komplexität in der Art und Weise, wie sie Erfahrung organisieren. Gesunde Menschen haben eine sich entwickelnde und lebenslange Neigung, über Dinge nachzudenken, Erfahrung auf unterschiedliche Art zu organisieren und insbesondere sich zu wundern oder sich mit Bedeutungen zu beschäftigen.

Psychoanalyse ist eine spezielle Art von Gespräch über Bedeutungen, ein Versuch, gemeinsam einen Sinn im emotionalen Leben eines Menschen zu suchen. In Gadamers Wendung unterziehen wir uns der Situation gemeinsam (1975, S. 288), besonders in der Übertragung und Gegenübertragung oder Co-Übertragung (Orange, 1994). Mit Hoffmans Worten: »Ich erkenne unsere innige Verwicklung mit den Patienten und unsere Verpflichtung ihnen gegenüber, daß wir als Partner mit ihnen gemeinsam um ihre oft qualvollen existentiellen Entscheidungen und Zwangslagen ringen.« (1993, S. 19) Wir entdecken einen Sinn im Leben eines Menschen, indem wir zusammen fühlen und zusammen darüber im intersubjektiven Feld nachdenken.

Intersubjektivität, Selbstpsychologie und psychoanalytisches Verstehen

Meine philosophische Perspektive zu psychoanalytischen Fragen hat mich dazu bewegt, mich an die intersubjektive Sicht der Psychoanalyse anzulehnen, weil sie das Verstehen als Weg und Ziel einer erfolgreichen Psychoanalyse ansieht. In diesem Buch bezieht sich Intersubjektivität weitgehend auf die psychoanalytische Theorie, die Atwood und Stolorow (1984) formuliert haben und die in den Büchern von Stolorow, Brandchaft und Atwood (1987) und Stolorow und Atwood (1992) weiterentwickelt wurde. Nach diesen Autoren können zwei oder mehr Subjekte ein intersubjektives Feld schaffen. In der Kindheit oder in der Analyse erzeugen Kind und Elternteil oder Patient und Analytiker eigene psychologische Konfigurationen und bilden ein System. Die Psychoanalyse geht über die individuelle Subjektivität hinaus und sucht nach einem Verständnis vom Funktionieren dieser Systeme und ihrer Wirkung auf die individuelle Art der Erlebensorganisation einzelner Personen.

Die Intersubjektivitätstheorie beschreibt das Auftauchen und die Veränderung von Subjektivität und definiert diese Prozesse als uneingeschränkt beziehungsorientiert. Diese Arbeit stellt eine Weiterentwicklung der Intersubjektivitätstheorie dar und betont stärker die emotionale Dimension von menschlichem Verstehen. Meine Formulierung – die Stimme einer Frau – umfasst eine ausdrücklichere Betonung des emotionalen Erlebens, der emotionalen Beziehung, der emotionalen Erinnerung und der emotionalen Verständigung.

Ich möchte meinen unterschiedlichen Gebrauch der Begriffe *intersubjektiv* und *Intersubjektivität* von zwei miteinander verbundenen Vorstellungen unterscheiden. Zunächst meine ich mit *intersubjektiv* eine Bezogenheit, die zwei beliebige Menschen in dem Maße entwickeln können, wie sie bereits Subjekte geworden sind, unabhängig vom Entwicklungsniveau. Damit beziehe ich mich aber keineswegs primär auf eine Entwicklungsleistung. Meine Verwendung des Begriffs Entwicklung unterscheidet sich von der Daniel Sterns (1992). Bei der kindlichen Entwicklung beschreibt Stern eine Stufe in der Anerkennung der Subjektivität des Anderen, in der der Andere als mit ihm verbunden erlebt werden kann. Diese Anerkennung kann eine verhältnismäßig späte Leistung im intersubjektiven Feld einer Analyse sein, besonders bei Patienten wie jenen von Guntrip (1969) und Kohut (1971). Nichtsdestotrotz besteht in der Analyse von Anfang an ein intersubjektives Feld.

Zweitens, auch sind Intersubjektivitätstheorie und interpersonale Theorie unterschiedlich. Die interpersonale Theorie beschäftigt sich oft mit dem, was jemand für einen Anderen tut, mit Schachzügen, Kontrolle, Vermittlung und Verantwortung. Die Arbeit des Interpersonalisten kann durch die Einhaltung seiner externen Sichtweise dazu führen, dass er die Situation *mit* dem Patienten nicht wirklich durchleben kann (Gadamer, 1975). Auch wenn die Intersubjektivitätstheorie gelegentlich auf das *Erleben* von Kontrolle und eigenem Handeln bezogen ist, ähnelt sie eher den aktuellen Strömungen des beziehungsorientierten Denkens, so wie die Interpersonalisten die Entwicklung innerhalb einer versorgenden Eltern-Kind-Beziehung (Winnicott, 1958; Bollas, 1987; Ghent, 1992) sowie den Austausch unterschiedlich organisierter und positionierter Perspektiven (Aron, 1992) betonen.

Auf der einen Seite geht der intersubjektive Standpunkt über die Freudsche Ansicht vom Menschen als geschlossene Einheit mehr oder weniger gut gezähmter sexueller und aggressiver, auf »Objekte« gerichteter Triebe hinaus. Die Intersubjektivitätstheorie sieht den Menschen als Organisator von Erfahrung, als Subjekt. Daher sieht die Intersubjektivitätstheorie die Psychoanalyse als den dialogischen Versuch zweier Menschen, gemeinsam die Organisation der emotionalen Erlebnisse der einen Person zu verstehen, indem sie den Sinn in ihren gemeinsamen Erfahrungen suchen.

Auf der anderen Seite steht meine Version der Intersubjektivitätstheorie im Einklang mit der Selbstpsychologie, eine andere relationale Theorie und meine ursprüngliche psychoanalytische Heimat. Wenn die Selbstpsychologie von Selbstobjekt-Erfahrungen oder Selbstobjekt-Bezogenheit spricht, erklärt sie, wie der Patient das spezielle intersubjektive Feld der Behandlung, sein Selbsterleben zu formen oder zu heilen, nutzen kann. In der Behandlung bieten wir dem Patienten in einer sicheren emotionalen Bindung eine »zweite Entwicklungschance«. Innerhalb einer solchen Bindung können sie die primäre Selbstobjekt-Bezogenheit erleben, die sie benötigen, um ein starkes und wertvolles Selbst-Gefühl zu entwickeln.

Das psychoanalytische Verstehen, das ich hier untersuche, organisiert und erarbeitet diesen emotionalen »Neuanfang« (Ornstein, 1991) mit den Patienten. Die deutende Arbeit, die als ein wechselseitiges Projekt einer gemeinsamen Sinnsuche in Bezug auf das emotionale Erleben eines Patienten gesehen wird, unterstützt und schafft die heilende Selbstobjekt-Erfahrung. Nach dieser Vorstellung ist das Verstehen eine beziehungsorientierte Form der Heilung. Die Selbstpsychologie bezeichnet das intersubjektive Feld einer Behandlung als eine Form von Bezogenheit, in der ein Analytiker oder ein Therapeut ausdrücklich auf der Seite des Patienten (Tolpin, 1991) stehen kann. Er betritt sozusagen das Selbst des Patienten und bleibt bei ihm und seiner Beziehungserfahrung. Wir tun dies natürlich nur durch die Co-Übertragung – einschließlich unserer persönlichen Geschichte und des »Gefühls für die Dinge«, die wir daraus entwickelt haben – und durch unsere Ausbildung und unsere Theorien.

Außerdem hat die Aufmerksamkeit, die die Selbstpsychologie den Wirkungen relationaler Deprivation und von Traumata schenkt, mein klinisches Denken deutlich geformt (Orange, 1993). Keine andere psychoanalytische Theorie, glaube ich, beachtet das emotionale Leiden und die Verwirrung unserer Patienten so deutlich. Unabhängig davon, welche Abstraktionsstufe oder Allgemeingültigkeit mein Theoretisieren erreichen kann, die Selbstpsychologie hält mich stets emotional nah am Patienten.

Die Intersubjektivitätstheorie, wie ich sie mir vorstelle, wird auf einer anderen Stufe des Diskurses als die der Selbstpsychologie betrieben. Sie beschreibt das triadische System oder Feld in *jeder* psychoanalytischen Behandlung, sei sie nun klassisch oder relational angelegt. Die emotionalen Organisationsprinzipien, die jeder Teilnehmer aus Beziehungserfahrungen gewonnen hat, formen die zwei Subjektivitäten. Das Wechselspiel dieser zwei Subjektivitäten bildet die intersubjektive Triade der Subjektivitäten und des Feldes, das sie einschließt und unterhält. Diese Theorie umfasst klinische Implikationen, die gegenüber der Subjektivität des Analytikers, der des Patienten und der Bezogenheit zwischen ihnen Sensibilität erfordert. Die Triade impliziert allerdings nicht, dass das intersubjektive Feld von den Subjektivitäten unabhängig ist. Stattdessen deutet der Begriff »Triade« die Fähigkeit des Feldes an, sowohl Geschichte als auch emotionale Qualitäten zu haben.[2]

Ich finde, dass die Intersubjektivitätstheorie eine fruchtbare Metatheorie ist. Als kognitives Gerüst hilft sie mir, einige Unterschiede zwischen den Metapsychologien und den klinischen Ansätzen verschiedener psychoanalytischer Theorien zu verstehen. (Kapitel 3, Theoriewahl und Fehlbarkeitsbewusstsein, zeigt, wie das funktioniert.) Meine eigenen Organisationsprinzipien, die für mich zu einem zentralen Wert für die Ganzheit eines sich entwickelnden emotionalen Lebens geworden sind, machen mich in der Praxis zu einer Selbstpsychologin. Ich hoffe, dass dieses Buch zu Wachstum und Entwicklung sowohl der Selbstpsychologie als auch der Intersubjektivitätstheorie beiträgt; auf keine von beiden kann ich verzichten.

Ich hoffe außerdem, dass das Buch an der größeren psychoanalytischen Diskussion teilnehmen wird. Ein umfangreicherer Beitrag von Greenberg und Mitchell (1983), und weiter entwickelt von Mitchell alleine (1988; 1993), markiert eine weit verbreitete Verschiebung zu beziehungsorientierten Theorien über die menschliche Natur, Psychopathologie und Heilung. Durch die Neuorganisation des psychoanalytischen Verständnisses entwickelt sich diese Änderung auch in einigen anderen Schulen weiter.

Die Interpersonalisten entwickelten einen Teil dieser Neuerung unter der Ägide des sozialen Konstruktivismus (Hoffman, 1983; 1991; 1992a; 1992b; Donnel Stern, 1992). Diese Sichtweise bietet eine relativistische oder kontextualistische Epistemologie als Alternative zu Empirismus und Positivismus an, die der klassischen Psychoanalyse und der Ich-Psychologie eigen sind. Inzwischen leben die britischen »Unabhängigen«, zu denen ursprünglich Fairbairn, Guntrip, Winnicott, Balint und Bowlby gehörten, in den Arbeiten von Bollas (1987; 1989) weiter. Seine Arbeiten über Erinnerungen und persönliche Idiome weist ihm, gemeinsam mit den Selbstpsychologen, einen Platz unter denjenigen Forschern zu, die Ghent (1992) relationale Entwicklungstheoretiker nennt. Die Selbstpsychologie, wie sie im Kontext mit der Intersubjektivitätstheorie von Stolorow, Brandchaft und Atwood (1987) vorgestellt wird, hat eine phänomenologische Sichtweise von der Natur des psychoanalytischen Ver-

[2] Ogden (1994) hat eine ähnliche Idee vorgestellt.

ständnisses übernommen (Kohut, 1959; 1971; Ornstein/Ornstein, 1985). Mein Versuch, psychoanalytische Verständigung zu verstehen, ist all diesen Denkern verpflichtet, aber auch jenen (Brandchaft, 1986; Bacal/Newman, 1990), die gezeigt haben, dass einige dieser Theorien einander durchdringen.

Um es zu wiederholen: Meine Arbeit über psychoanalytische Epistemologie fokussiert eine philosophisch vertretbare und klinisch kreative Sichtweise von Psychoanalyse als emotionale Verständigung. Ich werde zuerst zeigen, dass dies bedeutet, sowohl Objektivismus als auch Relativismus durch einen perspektivischen Realismus zu ersetzen. Zweitens glaube ich, dass in theoretischen und klinischen Arbeiten der Dogmatismus und die Suche nach Gewissheit durch sorgfältige Fehlbarkeitsstudien ersetzt werden müssen. Wir müssen die Haltung entwickeln, unsere eigenen Meinungen immer in der Schwebe zu halten. Historisch wird diese Haltung in der Psychoanalyse wahrscheinlich am besten durch Sandor Ferenczi belegt, der immer bereit war zuzugeben, dass er Unrecht gehabt hat, und gegenwärtig durch Bernard Brandchaft.

Drittens glaube ich, dass wir jeden kognitiven Anflug in der Psychoanalyse ausbalancieren und integrieren müssen, mit einem deutlichen Bekenntnis, dass wir versuchen möchten, das emotionale Leben von Menschen zu heilen. Schließlich glaube ich, dass Psychoanalyse ihre gegenwärtigen Anstrengungen fortsetzen muss, alle Formen von »Ein-Personen-Psychologie« oder »isolierter Psyche« (Stolorow/Atwood, 1992) zugunsten relationaler und intersubjektiver Zugänge zur menschlichen Natur und zu den Motivationen zu ersetzen. In diesem Sinne bezeichne ich Psychoanalyse als emotionale Verständigung, bei der man gemeinsam einen Sinn sucht. Nur gemeinsam mit unseren Patienten können wir einen Sinn in unserer klinischen Arbeit und Suche nach besseren Theorien finden.

Psychoanalyse ist Therapie durch Verstehen und versucht, Verständnis zu fördern und zu heilen, indem wir am emotionalen Leben von Menschen teilnehmen. Psychoanalytisches Verstehen heißt, Sinn *gemeinsam* herzustellen.

2

Das Verstehen verstehen[3]

Meine wirkliche Liebe ist neues
Verständnis.
Heinz Kohut, 1994

Um die Gegenwart zu verstehen,
muss man manchmal die Vergangenheit
untersuchen.
Chinesischer Glückskeks,
zitiert in: Bernstein, 1991

Die meisten Menschen kommen in einem etwas irritierten Zustand in die Analyse oder in psychoanalytische Therapie. Ihre Gefühle, Reaktionen, Verhaltensweisen, Hemmungen und Schwierigkeiten in menschlichen Beziehungen erscheinen ihnen oft sinnlos, denn frühere Bezugspersonen haben sie davon überzeugt, dass man sie nicht verstehen könne. Unsere Bemühungen, in einem Prozess gemeinsam nach Verständnis zu suchen und uns dafür zu engagieren, dass sie sich und ihre Beziehungen besser verstehen, befremden diese Menschen oft. »Sie glauben immer, dass es Gründe dafür gibt, was ich tue oder fühle«, sagte mir eine junge Frau verwundert.

Wenn unser psychoanalytisches Verständnis einen so zentralen Heilungsprozess darstellt, wie ich es glaube, verdient es unsere

[3] Ich nannte dieses Kapitel so, lange bevor ich *On Understanding Understanding* (1994) des späten Vincent G. Potter las. Potter betreute 1979 meine Dissertation über Charles Sanders Peirce und beeinflusste mein Denken mehr als mir damals klar war.

ernsthafte Erforschung seiner Natur. Unter der Voraussetzung, dass Ideen sich geschichtlich entwickeln, stellt dieses Kapitel eine intellektuelle Genealogie der Idee vom Verständnis zur Verfügung und bahnt sich den Weg über die Kohutsche Empathie bis hin zum psychoanalytischen Verständnis als eine Art und Weise, gemeinsam zu erkennen und zusammen zu sein.

Die Psychoanalyse entstand in einer bestimmten geistigen und kulturellen Epoche. Diese Zeit war geprägt von einer Spannung zwischen dem Glauben an Kausalität und der Suche nach Bedeutungen. Freuds Werk schloss sowohl ein Projekt für eine wissenschaftliche Psychologie ein, die nach physiologischen Ursachen aller geistigen Phänomene suchte, als auch lebenslange Bemühungen, die Bedeutungen verwirrender Menschheitserfahrungen zu erforschen. Heute drückt sich diese Spannung als Spaltung zwischen jenen aus, die Psychoanalyse als Wissenschaft betrachten – üblicherweise um Triebkonzepte herum organisiert –, und jenen, die Psychoanalyse als ein Unternehmen sehen, das interpretativ oder hermeneutisch und beziehungsorientiert zu verstehen ist. Mitchells Arbeit (Greenberg/Mitchell, 1983; Mitchell, 1987; 1993) beschreibt eine breite und tiefe Verschiebung zum zweiten Standpunkt hin.

Ich glaube, dass eine intersubjektive Vorstellung (Stolorow et al., 1987) von psychoanalytischem Verstehen nicht nur Platz macht für beide Standpunkte, sondern ihnen auch Gerechtigkeit widerfahren lässt. Ein solcher Ansatz enthält sowohl die Allgemeingültigkeit wissenschaftlicher Forschung als auch die Besonderheit empathischer Konzentration auf eine organisierte und organisierende subjektive Welt. Auch wenn die Intersubjektivitätstheorie – wie andere relationale Theorien auch – der subjektiven Bedeutung einen klaren Vorrang vor der objektiven »Realität« gibt, kann sie sowohl die Eigentümlichkeit organisierter emotionaler Erfahrung als auch deren Allgemeingültigkeit erfassen. Sie stellt damit einen Kontext für unsere epistemologische Untersuchung von der Natur des Verstehens zur Verfügung.

Zur Geschichte des Verstehens

Die moderne Vorstellung von Verstehen beginnt mit Kants *Kritik der reinen Vernunft* (1781). In diesem Werk stellte Kant die Behauptung, dass wir etwas über die äußere Realität wissen, in Frage. Um insbesondere das wissenschaftliche Wissen vor der eigenen Kritik zu retten, unterschied Kant die reine Vernunft vom Verstand. Verstand, der auf »Kategorien« basiert (Strukturen oder Organisatoren von Erfahrung), bringt keine absoluten Resultate hervor, keine Dinge an sich jenseits der Reichweite menschlicher Erfahrung und nichts Göttliches außerhalb des Erfahrbaren. Auch wenn Kant es sinnvoll fand, an solche Dinge zu *glauben* – die Pragmatiker waren seine legitimen Erben –, beschränkte er den *Verstand* auf Erfahrungsphänomene. Der Verstand versucht stärker, die direkte Erfahrung zu einen und zu organisieren, und gibt uns dafür Kategorien an die Hand. Kant schulden wir unsere zeitgenössische Aufmerksamkeit für die Wege, wie unsere Theorien und Vorstellungen unsere Wahrnehmung formen und begrenzen. Nach seiner Meinung bestimmt das, was wir schon verstehen, das, was wir noch verstehen werden.

Hegel kritisierte die Kantsche Vorstellung von Verstand und hielt sie durch die Fixierung auf feste Kategorien und seiner Preisgabe an die Abstraktion für zu begrenzt. Hegel glaubte, dass wir nur durch dialektisches Denken die Unzulänglichkeiten der Verstandeskategorien überwinden und mit Verstand oder spekulativer Philosophie weiterkommen könnten, um das Ganze zu erkennen. Er glaubte, dass begrenzter Verstand sich nur von Unbegrenztem oder Absolutem ableitet. Nietzsche wandte sich gegen solche Vorstellungen und lehnte sowohl endliches Verständnis als auch Hegels Totalität zugunsten von Anti-Rationalität, Paradoxon und ewiger Wiederkehr ab.

Es war Dilthey (1989) und den hermeneutischen Philosophen vorbehalten, das Verstehen zu rehabilitieren. Indem sie Metaphysik und umfassende Welterklärungen vermieden, versuchten sie sich an der bescheideneren Aufgabe, den Prozess des Verstehens zu untersuchen. Dilthey unterschied *Naturwissenschaften* von den *Geisteswissenschaften*, zu denen er Jura, Ökonomie, Literatur, Kunst, Philosophie und Psychologie zählte. Diese Disziplinen sind auf das

Verstehen von innen her angewiesen, durch Verstehen anhand flexibler Kategorien, die aus persönlich gelebten *Erlebnissen* in Wechselwirkung mit einem gesellschaftlichen Milieu entstehen. Verstehen bedeute die Verwendung solcher Kategorien, um jenseits des Offensichtlichen das Leben einer Person zu verstehen, den Geist historischer Epochen zu erfassen und die Bedeutungsstrukturen von Gesetzen, der Wirtschaft oder historischen Ereignissen zu formulieren. Weil ein solches Verständnis von der Selbsterkenntnis im historischen Zusammenhang abhängt, konnte es niemals vollständig sein. Vielmehr war diese Art von Wissen, das mit Subjektivität arbeitete, ohne jemals ganz subjektiv zu sein, eine ständige Annäherung an das, was wir zu wissen suchen.

Für Dilthey war das Verstehen kein ausschließlich kognitives Unterfangen. Natur erklären wir, aber Menschen versuchen wir mit unserem ganzen Dasein zu *verstehen*. Das Verstehen besteht dann darin, dass wir sozusagen mit den Augen eines Anderen dessen Erleben der Welt wieder erleben oder teilen. Diltheys Vorstellung von Verstehen war Kohuts (1959) Definition der Empathie als stellvertretender Introspektion recht ähnlich.

Heideggers Fortschritt in dieser Hinsicht war es, dass er den Wissenden direkt in das Gewusste hineinverlegte. Sein *Dasein* oder In-der-Welt-Sein bot eine zwingende Alternative zum isolierten Objektivismus und Positivismus der modernen Wissenschaften und stellte den Beobachter in das hinein, was er beobachtete. Ebenso wie Kants Kategorien lenkten Heideggers »Vormeinungen« den Blick auf den Beitrag des Beobachters zu allem Verstehen.

Es war nur noch ein weiterer kleiner Schritt zu Gadamers (1975) gänzlich intersubjektiver oder »dialogischer« Vorstellung von Verständigung. Interpretation definiert nicht mehr länger das Feld der Hermeneutik; stattdessen tut es der tiefere, breitere und grundsätzlichere Prozess des Verständnisses. Eine Deutung kann, wie Winnicott sagte, die Grenzen unseres Verständnisses testen und uns einen gemeinsamen Weg darüberhinaus zeigen. Nichtsdestotrotz bietet eine Person einer anderen eine Interpretation an. Verständnis entsteht jedoch aus der *gemeinsamen* Arbeit/dem *gemeinsamen* Spiel zweier Menschen. Verstehen ist so ein *relationaler* Weg des Seins und der Erkenntnis.

Gadamers Sicht von Verständigung hat einige wichtige Besonderheiten. Das wichtigste Merkmal seiner Vorstellung von Verständigung ist das Spiel. Während Gadamer oft darüber spricht, wie anstrengend das Verstehen und die hermeneutische Arbeit sei, regt er uns doch dazu an, dass wir uns dem Verstehen mit einem spielerischen Geist nähern mögen, damit der Andere uns etwas Neues sagen kann. Eine Art dialogisches Volleyballspiel zwischen Tradition und Zukunft, zwischen Selbst und Anderem, zwischen Frage und Vermutung lässt etwas entstehen, das wir ein intersubjektives Feld nennen könnten. Hier kann etwas Neues aus dem Wechselspiel von Subjektivitäten entstehen. (Mit dieser Vorstellung entkommt Gadamer dem Kantschen Käfig, in dem wir nur verstehen können, was wir schon kennen.) In der Psychoanalyse ist uns ein solches Spiel nicht nur in der Analyse von Träumen, sondern auch in der Analyse von Beziehungsbrüchen und Missverständnissen vertraut, wenn die emotionale Atmosphäre sicher genug ist: »Ich frage mich, was mit uns los ist. Wir sind doch sonst nicht so wie jetzt.«

Gleichzeitig glaubt Gadamer (1979), dass alles Verstehen letzten Endes Selbstverstehen ist. Wir können den Anderen nur durch unsere persönlich organisierte Subjektivität verstehen. Für das hermeneutische Verstehen gibt es keine leere Leinwand, keine Neutralität, keine Anonymität. Nach Gadamers Vorstellung verstehen wir, indem wir unter- oder innerhalb, nicht aber außerhalb stehen. Mit anderen Worten: Um jemanden zu verstehen, versuchen wir, nicht den isolierten Geist (Stolorow/Atwood, 1992) des Anderen zu erreichen, sondern die ganze emotionale Zwangslage, in der der Andere eine Sichtweise entwickelt oder ein Erleben organisiert hat. Das etwa muss es sein, was Kohut meinte, als er von Tiefenverständnis sprach. Er bezog sich dabei nicht so sehr auf eine topographische Suche oder auf geistige Höhlenforschung, sondern auf das Verstehen »komplexer seelischer Zustände« (Kohut). Das für jedes erforderliche Selbst-Verständnis nötige Verstehen umfasst diesen Zugang: durch unsere eigene Perspektive hin zur Perspektive des Anderen. Nach Gadamer ist dies »nicht eine Handlung der Subjektivität, sondern bestimmt sich aus der Gemeinsamkeit, die uns mit der Überlieferung verbindet« (1975, S. 298). Wie Sullivan (1953), der uns daran erinnerte, dass »wir alle genauso einfach menschlich sind wie alle«, lehnt Gadamer die Vorstellung ab, wir könnten aus der Distanz etwas verstehen. Ebenso kann ich einem Patienten, wenn er mich fragt, ob dieses oder jenes mir sinnvoll erscheint, nur mit einem »Ja« antworten, wenn ich mich irgendwie mit den Kämpfen des Patienten verwandt fühle.

Trotzdem ist der Andere ein Anderer. Das Wechselspiel zwischen der Vertrautheit und der Fremdheit des sich geschichtlich anders Vorfindenden ist für Gadamer der Raum des Verstehens: »In diesem Zwischen ist der wahre Ort der Hermeneutik.« Deswegen wird keine Methode, keine Technik, kein Verfahren Verständnis hervorbringen. Wir müssen den Mut aufbringen, uns zu dem Anderen zu stellen, mit dem Anderen zu spielen, um zwischen uns eine Verständigung entstehen zu lassen.

Auch Ricœur erkennt den »nicht-methodischen« oder auftauchenden Charakter des Verständnisses an:

> Streng genommen ist nur die Erklärung methodisch. Verständnis ist eher das nicht-methodische Moment, das in den hermeneutischen Wissenschaften mit dem methodischen Moment der Erklärung zusammenfließt. Verständnis geht voraus, begleitet, schließt und hüllt damit Erklärung ein. Im Gegenzug entwickelt Erklärung Verständnis analytisch. (1978, S. 165)

Vielleicht haben Analytiker der Korrektheit der Deutung und ihrer geeigneten Platzierung (z. B. von der Oberfläche zur Tiefe) so viel Aufmerksamkeit gewidmet, weil Erklärungen methodisch betrieben werden können. Eine Methode gibt uns Sicherheit und schafft eine sichere emotionale Distanz gegenüber sowohl dem Patienten als auch unseren eigenen emotionalen Antworten. Als Preis für diese Sicherheit opfern wir unglücklicherweise das Verständnis der Erklärung. Im Gegensatz dazu ist Empathie eine notwendige, aber nicht hinreichende Bedingung für das Verstehen; sie ist nicht-methodisch und fehlbar. Anders als Gadamer, der Empathie durch Verständnis ersetzt, glaube ich, dass die empathische Teilnahme am emotionalen Leben des Anderen das Wechselspiel des psychoanalytischen Verstehens erst ermöglicht. Um die psychoanalytische Epistemologie zu untersuchen, müssen wir deswegen die Natur und Funktion der Empathie überprüfen.

Auch wenn der Begriff »Empathie« zum üblichen Sprachgebrauch unter Gesundheitsexperten gehört, ist seine Bedeutung beklagenswert unklar. Verhältnismäßig neu als englisches Wort wird es ins Deutsche wörtlich (rück-)übersetzt mit »Einfühlung«. Viele Autoren haben versucht, »Einfühlung« zu definieren. Weigert (1962) zum Beispiel erwähnt Max Schelers »Einfühlung als eine Art emotionaler Ansteckung, die auf Identifizierungen beruht«. Hobson (1985) bemerkt, dass »Einfühlung« zuerst in der Ästhetik benutzt wurde, um die Anerkennung eines Kunstwerkes zu bezeugen. Die Bedeutung des Wortes erweiterte sich dann, um die »Anerkennung dessen, was eine andere Person im Augenblick erlebt, zu zeigen« (S. 10). Er kommentiert weiter, dass wir oft meinen, Einfühlung sei ein einseitiger Prozess, dass er aber stattdessen einen Schritt hin zur Wechselseitigkeit oder zum Gespräch bedeutet. Dieser Vorschlag ähnelt der Ansicht von Harry Stack Sullivan, wie Fromm-Reichmann (1950) mitteilt, der »Einfühlung« auf eine nonverbale »Gemeinschaft zwischen Menschen« bezieht (S. 30). Er glaube, dass Empathie schon im Säuglingsalter entsteht und sich in früher Kindheit weiter entwickelt. Sullivan – und später Winnicott (1965) – glaubt, dass die Wurzeln der Empathie in der vorsprachlichen Beziehung zwischen Kind und Bezugsperson liegen.

Lassen Sie uns hier nun einige Behauptungen untersuchen, die solchen klinischen und Entwicklungsdefinitionen zugrunde liegen, und lassen Sie uns Empathie als eine Art von Wissen überprüfen. Bemüht, »Empathie« von Assoziationen zu Sentimentalität und Subjektivität zu befreien, entwarf Kohut (1959; 1971) Empathie als die primäre – und vielleicht einzig richtige – epistemologische Methode für die Psychoanalyse. Therapeuten lernen, so dachte er, durch Empathie – »ein großartiges Instrument psychoanalytischer Beobachtung« (1971) – die Erfahrung und Geschichte anderer Menschen kennen. Empathie war für Kohut »stellvertretende Introspektion« (1977), die Fähigkeit, sowohl kognitiv als auch emotional in den Schuhen eines Anderen zu gehen oder aus der Perspektive eines Anderen zu hören. Kohut hielt Empathie für eine »besonders auf komplexe psychische Konfigurationen eingestellte Wahrnehmungsweise« (1971, S. 338). Ebenso wie Sympathie sollte Empathie auf das Datensammeln beschränkt bleiben. Er warnte uns auch vor der Verwechslung von Empathie mit Intuition – lediglich ein rascher hypothetisch-deduktiver Prozess – und vor der Vorstellung, Empathie könne alles:

> Der wissenschaftliche Psychologe im allgemeinen und der Psychoanalytiker im besonderen müssen nicht nur über die Einfühlung frei verfügen können; sie müssen auch in der Lage sein, die einfühlende Haltung wieder aufzugeben. Wenn sie nicht über Einfühlung verfügen, können sie die Fakten, die sie brauchen, nicht beobachten und sammeln; wenn sie nicht über die Einfühlung hinausgehen können, können sie keine Hypothesen und Theorien bilden und können somit letztlich nicht zu Erklärungen kommen. (1971, S. 342)

In seinem letzten Aufsatz legte Kohut diese Unterscheidung noch etwas klarer dar. Das Erklären wurde für ihn nun sozusagen eine Empathie höherer Ordnung, ähnlich wie die Verschiebung des körperlichen Kontakts zwischen Mutter und Kind zum »nur« mimisch ausgedrückten Stolz auf das Kind: »... von einer niedrigeren Form der Empathie zu einer höheren Form.« (1981, S. 532) Auch wenn Kohuts Begriff der Empathie in seiner Reichweite kurz vor der Gegenseitigkeit der intersubjektiven Vorstellung aufhörte, bezog er sich doch auf einen relationalen Modus emotionaler Realität.

Von welcher Art ist nun Kohuts Erkenntnisvermögen, das er Empathie nannte? Um eine Antwort darauf zu bekommen, ohne Kohuts Vorstellung zu schmälern, aber doch auch den anderen allgemeinen Verstehensweisen von Empathie gerecht zu werden, müssen wir in die Geschichte der Philosophie zurückgehen. Der wissenschaftliche Empirismus mit seiner scharfen Unterscheidung zwischen objektiven, wissenschaftlich nachweisbaren Fakten und subjektiver Erfahrung wird uns dabei keine Hilfe sein. Diese Tradition stellt die Gewissheit als Kriterium für Wissen auf. Sie schreibt die Wiederholbarkeit von Experimenten vor, so wie es in den »strengen« Wissenschaften üblich ist (Carnap, 1936; Hempel, 1951). Diese Vorstellungen schließen solche unquantifizierbaren Dinge wie die eigene Geschichte oder das Erleben der Subjektivität Anderer aus dem Bereich des Wissbaren aus. Kohut (1984) kritisierte diese Vorstellung wissenschaftlicher Objektivität und wies darauf hin, dass sogar die Teilchenphysik eine nicht weiter reduzierbare Wechselwirkung zwischen Beobachter und Beobachtetem postuliert, wie die

Unschärferelation veranschaulicht (vgl. Sucharov, 1994). *A fortiori* müssen wir in der Psychoanalyse den Einfluss des Beobachters mit berücksichtigen.

Bis zu Humes *Treatise of Human Nature* (1739) betrachteten Philosophen einige Dinge, die der Laboruntersuchung jedoch unzugänglich erschienen, durchaus als wissbar. Für diese Denker vor Hume waren solche »unwissenschaftlichen« Dinge erkennbar, wenn auch nicht so vollständig wie die leichter nachweisbaren Fakten (Aquinas, 1265-1273). Die Überprüfung dieser früheren epistemologisch/ethischen Ideen können an dieser Stelle der Konzeptionalisierung eines psychoanalytischen Empathiebegriffs den Boden bereiten – unabhängig von den Divergenzen bezüglich vieler Fragen der Philosophen, die hier erwähnt werden.

Wir können mit Platon anfangen, der glaubte, dass die am wenigsten greifbaren Dinge die wirklichsten und kenntlichsten seien. Für Platon und seine späteren Anhänger wie Plotinus, Augustinus und sogar Aquinas war Erkenntnis eine Form liebevoller Teilnahme am Wesen des Bekannten. Platon (*Der Staat,* Bd. 5, 6. Buch, 1988) stellte Erkenntnis als etwas dar, das von Eros erzeugt wurde:

> Also der wahrhaft Wißbegierige muß gleich jung mit höchstem Eifer der Wahrheit zustreben. (S. 227)

> Er fühlt sich von Natur getrieben, seine ganze Kraft für die Erkenntnis des Seienden einzusetzen, und kann nicht verweilen bei den vielen Einzeldingen, die gemeinhin für seiend gehalten werden, sondern er verfolgt seinen Weg, ohne zu ermatten und von seiner Liebesbegeisterung zu lassen, bis er das eigentliche Wesen eines jeden Dinges erfaßt hat mit demjenigen Vermögen der Seele, dem es zukommt, dergleichen zu erfassen. Es kommt aber demjenigen Vermögen zu, das mit dem wahrhaft Seienden verwandt ist. Hat er nun mit diesem Vermögen sich dem wahrhaft Seienden genähert und sich ihm beigesellt und so Vernunft und Wahrheit gezeugt, so ist er zur Erkenntnis gelangt und lebt dann erst wahrhaftig und gedeiht und wird so seines Schmerzes ledig, eher aber nicht. (S. 234f.)

Obwohl Platons Sicht der Erkenntnis einseitig erscheinen mag – dass das Bekannte den Wissenden ansteckt, aber nicht anders herum –, stellte er doch den Schlüssel zur wechselseitigen Natur der Empathie zur Verfügung. Empathie ist eine Art von Wissen über Kontakt, Kontakt, der von einer Verwandtschaft und einer Leidenschaft für das Verstehen abhängt. Für Platon erlaubte dieser Weg des Wissens den Zugang zum ganz Wirklichen. Dieses Wissen entsteht aus einem quasi-erotischen Kontakt zwischen dem Wissenden und dem Gewussten als eine gegenseitige Teilnahme am Sein des jeweils Anderen. So erdachte sich Platon den ganzen sokratischen Dialog als ein Gespräch, aus dem heraus Wissen entstehen kann. Platon würde nicht sagen, dass Wahrheit aus dem Gespräch erwächst, aber sicherlich, Wissen. Sogar das Denken ist implizit ein Gespräch, »ein Diskurs, mithilfe dessen der Geist sich über alles, was ihn interessiert, selbst fortsetzt« (*Theatetus,* 189e).

Aristoteles entwickelte ebenfalls einige Lösungen für eine philosophische Vorstellung von Empathie. Im Einklang mit seiner Einstellung, dass wir von Natur aus soziale und politische Wesen seien, hielt er Freundschaft für einen Schlüssel, wenn nicht *den* Schlüssel überhaupt, ein guter Mensch zu werden. Aristoteles *(Nicomachische Ethik)* glaubte, »dass man mit der Liebe zu einem Freund auch das liebt, was einem selbst gut tut«. Wenn ein guter Mensch ein Freund wird, wird er auch gut für seinen Freund (S. 1064). Kohuts (1984) Portrait vom gesunden Menschen als jemandem, der von empathischen Selbstobjekten umgeben ist, spiegelt Aristoteles Betonung der Freundschaft wider. Aristoteles kennzeichnete Freunde als Menschen, die miteinander trauern und sich miteinander freuen. Außerdem sind Diskussionen und Gedanken Früchte der Freundschaft. Wie Platon betrachtete Aristoteles das Gespräch als die beste Art, nach Wissen zu suchen.

Später stellte Spinoza (1677) einen Zugang zum Erkennen zur Verfügung, der das Konzept der Empathie illustriert. Für Spinoza gab es drei Abstufungen von Wissen: 1. verworrene Ideen oder Meinungen oder Bilder von Einzelheiten (wir würden das als *common sense* bezeichnen); 2. angemessene Ideen, allgemeiner und symbolischer Art (unsere wissenschaftlichen Theorien) und 3. *scientia intuitiva* oder das Wissen von Gott (oder der Natur), das zu einem angemessenen Wissen über das Wesen der Dinge führt. Diese dritte Art von Wissen ist »die geistige Liebe zu Gott«, d. h., es ist Wissen, das auf Bezogenheit und auf Teilnahme an der bekannten Realität basiert. Da der Wissende Teil der wie im wissenschaftlichen Empirismus bekannten Realität ist, d. h. Gott/Natur, kann der Wissende nicht außerhalb der bekannten Realität stehen. Daraus folgt, dass jede Art von »Wissen«, das der Empiriker erwirbt, notwendigerweise unzureichend ist. Ebenso ergibt sich, dass sich Menschen nur deswegen kennen können, weil sie Teil – oder zumindest Teilnehmer – einer größeren Allgemeinheit sind, egal, wie wir uns die nun vorstellen.

Im zwanzigsten Jahrhundert unterschied Martin Buber (1936) ähnlich zwischen der Ich-Es-Beziehung der empirischen Beobachtung und der Manipulation sowie der Ich-Du- oder persönlichen Beziehung. Nur in einer Beziehung, in der Ich-Du-Beziehung, sei Wissen über einen anderen Menschen möglich. Nach Spinoza hing Erkenntnis davon ab, ob man sich innerhalb der bekannten Realität befindet oder in einer Beziehung, die einen selbst und den Anderen umfasst. Wir nehmen wahr, klassifizieren und ordnen *Dinge* ein, zum Beispiel Bäume. Wenn der Baum jedoch ein Du wird, wird es für mich ein Subjekt, ein *Anderer*. Ebenso können wir einen Menschen wie ein Objekt behandeln oder beschreiben; nur wenn er oder sie aber ein Du wird, kann daraus eine Beziehung und wahres Wissen werden. Im Verhältnis zum Du werde ich zum Ich.

Empathie ist Wissen, das aus persönlicher Beziehung entsteht, und Empathie erschafft den Anderen als Subjekt. Sie ist Stück für Stück ebenso wirklich und wichtig – aber deutlich anders – wie das Wissen, das durch Messen und Zählen erworben wird. »Die Beziehung zum Du ist direkt. Kein Ideengebäude, keine Vorkenntnisse und keine Phantasien kommen dem Ich und dem Du dazwischen.« (Buber, 1936) Auch wenn Spinoza die Komplexität der Beziehung glücklicher einfängt, zwingt Buber uns einzusehen, dass Subjektivität nur dann wirklich wird, wenn zwei Subjektivitäten in einer persönlichen Begegnung zusammentreffen. Nur in einer solchen Beziehung können wir empathisch etwas voneinander wissen – nicht nur etwas übereinander. Patienten bemerken ab und zu, dass sie, obwohl sie wenig über mich wissen, dennoch glauben, mich sehr gut zu kennen. Buber würde solch eine Bemerkung nicht überraschend finden.

Der amerikanische Pragmatiker Charles Sanders Peirce stellte sich jede Realität als kontinuierlich vor (eine Philosophie, die er »Synechismus« nannte) und stellt uns damit einen weiteren Rahmen zur Verfügung, Empathie philosophisch zu verstehen. Auch wenn er nicht alle Implikationen für das Verständnis der Kommunikation zwischen Menschen diskutierte, merkte Peirce doch an – für den Fall, dass seine Sicht der Realität richtig wäre –, »daß dem sehr außergewöhnlichen Verständnis, das einige Menschen von anderen durch so geringe Hinweise bekommen, daß man kaum sagen könne, wo sie herkommen, ein Sinn beizumessen wäre« (1931-35, Bd. 6, S. 161).

Jeder der oben diskutierten Philosophen sieht die Realität als kontinuierlich und Wissen als Teilnahme an der gewöhnlichen Realität an. Empathie ist, wie ich meine, emotionales Wissen, das aus der Teilnahme an einer gemeinsamen Realität gewonnen wird. Es ist Wissen, das durch Einstimmung entsteht, um einen Begriff aus der Säuglingsforschung zu entlehnen. Empathische Eltern oder Therapeuten werden dann jene sein, die auf die emotionale Wirklichkeit, die in der intersubjektiven Situation geteilt wird, eingestimmt sind (Agosta, 1984). Die empathische Antwort wird der Einstimmung in diese gemeinsame Wirklichkeit entspringen und damit die Form einer Frequenz oder eines Modus (zum Beispiel hörend oder sehend) annehmen, die der Empfänger verstehen kann. Eine empathische Umgebung, auf die Kohut sich so oft bezog, wird eine sein, in der die Person wie ein Du fühlen kann, ein geschätzter und bewunderter Gesprächspartner. Keine oder fehleingestimmte Antworten werden nur vorübergehende Fehler sein.

Für Kohut (1981) war das überraschendste und fast peinliche Zugeständnis, das er bezüglich der Empathie machen musste, dass sie manchmal schon für sich allein heilen kann. Er glaubte, die Angst vor dem Tod könne als Angst vor dem Verlust der empathischen responsiven menschlichen Umgebung verstanden werden. Zur Unterstützung dieser Meinung zitierte er den Fall der Astronauten, die wünschten, dass ihre Überreste, wenn sie denn im All sterben müssten, doch wenigstens zurück zur Erde, zur menschlichen Welt, gebracht werden sollten. Kohut wunderte sich, warum Empathie, sogar unabhängig von Deutungen, solche grundsätzliche und therapeutische Bedeutung für Menschen haben sollte.

Um dieses Rätsel zu lösen, müssen wir mit Kohut den Menschen als ein soziales Tier ansehen, dessen Existenz als ein Selbst von der Teilnahme an der menschlichen Welt abhängt. Wenn Menschen sich vollkommen von empathischer Antwort und Bewunderung abgeschnitten fühlen, erleben sie Desintegrationsangst. Sich verstanden und »beantwortet« zu erleben, hilft einer Person, sich mit Anderen verbunden und sicher genug zu fühlen, um persönliche Ziele und Ideale zu entwickeln und zu realisieren.

Nichtsdestotrotz ist Empathie oder die »kontinuierliche empathische Suche« (Stolorow/Brandchaft/Atwood, 1987) nicht einfach. Sie benötigt eine grundsätzliche Einstimmung auf die subjektive Welt des Patienten und meint nicht selten die Betonung auf das Wort »kontinuierlich.« Es kostete mich eine Menge Zeit, Nachforschen und gute Beobachtung, um meinen zwanzig Jahre alten Patienten zu verstehen, warum er meinte, er sollte einen Papagei bekommen, statt mich dafür zu bezahlen, dass ich mit ihm redete. Anfänglich erlebte ich seine Bemerkung natürlich wie eine Abfuhr: Nichts, was Sie sagen, ist hilfreicher oder intelligenter als ein Tonbandgerät oder ein Papagei. Allmählich lernten wir zu verstehen, dass Worte, die verständnisvoll klangen, in seiner Familie respektlos gewesen und als aufdringlich erlebt wurden, dass Worte zwar komplizierte Pläne beschrieben, die aber niemals realisiert wurden, und dass er ein starkes Gefühl dafür hatte, etwas Haltendes zu brauchen, das bloße Worte niemals bieten konnten. Als einige dieser Bedeutungen klarer wurden, konnte er nach meiner Beteiligung an der Planung konkreter Änderungen in seinem Leben fragen, besonders bezüglich selbstdestruktiver Verhaltensmuster, für deren Bedeutungsanalyse er sich dann bald mehr interessierte.

Empathisches Verständnis schließt eine Antwort ein.[4] Solch eine Antwort kann Worte betreffen, Gesten, praktische Interventionen, wie die Regulierung des Lichts oder der Heizung, damit der Patient sich wohl fühlen kann, oder auch Schweigen. Falls ein Elternteil weiß, dass ein Kind misshandelt wird, und das Kind nicht schützt, *versteht* dieser Elternteil in einem ganz praktischen Sinne *nichts.* Damit wird Empathie, einschließlich der empathischen Antwort, eine notwendige Bedingung für Verstehen. Empathie definiert in der psychoanalytischen Epistemologie den Weg zur Erkenntnis – stellvertretende Introspektion – und die Natur des Wissens – komplexe

[4] Anders zu denken hieße, das pragmatische Bedeutungskonzept zu verlassen und zu dem Verständnis von einer isolierten Psyche zurückzukehren (Stolorow/Atwood, 1992). Patienten beschweren sich zu Recht, dass wir sie nicht verstehen, wenn wir nicht empathisch antworten.

psychologische Konfigurationen –, die wir eingehend zu verstehen suchen. Wir werden sehen, dass Verständigung eine relationale und intersubjektive Vorstellung des psychoanalytischen Vorhabens bedeutet.

Psychoanalytische Verständigung

Verstehen ist sowohl relational als auch intersubjektiv. Als Beziehungsrealität hat nur die menschliche subjektive Welt oder die Organisation der Erfahrung für das psychoanalytische Verständnis eine Bedeutung. Diese organisierte Selbstheit entsteht, überdauert und ändert sich nur in bestimmten relationalen Zusammenhängen. Ähnlich ermöglicht nur das Vorhandensein von Bezogenheit wenigstens ein teilweises Verständnis der subjektiven Erfahrung anderer Menschen.

Wenn ich psychoanalytische Verständigung intersubjektiv nenne, möchte ich die Aufmerksamkeit auf einige ihrer wesentlichen Merkmale lenken. Zunächst braucht man – anders als die Ein-Personen-Epistemologien – einen Kontext sicherer Bindung, die wiederum die Grundlage für eine primäre Selbstobjekt-Bezogenheit schafft (Lessem/Orange, 1993). Ebenso sieht die Intersubjektivitätstheorie von Stolorow, Brandchaft und Atwood (1987) primäre emotionale Bindungen als lebenswichtig an.[5] Auch wenn Verständigungsprozesse außerhalb wichtiger emotionaler Bindungen entstehen können, entsteht doch die Fähigkeit zu solchem Verstehen in solchen Bindungen. Die psychoanalytische Verständigung, die heilt und Wachstum fördert, benötigt solche Beziehungen.

Zum zweiten beschreibt die Intersubjektivitätstheorie am besten das Zusammenspiel und das gemeinsame Leiden im psychoanalytischen Verstehen. Während diese Theorie mit Sullivan (1953) anerkennt, dass »wir alle einfach menschlich sind«, besteht die Intersubjektivitätstheorie aber auch darauf, dass wir »unterschiedlich organisierte, interagierende subjektive Welten (sind)« (Stolorow et al.,

[5] Sie betonen auch die potenziell pathogene Natur von Bindungen, wenn der Preis der Bindung zu einem Verlust oder zu einer unzureichenden Entwicklung organisierten Selbsterlebens führt.

1987, S. 13). Die Anstrengung, verstehen zu wollen, entspringt der Notwendigkeit zu erkennen, zu respektieren und, zumindest zeitweise, diese Unterschiede zu transzendieren. Der Dialog über die Unterschiede kann Ringen und Leiden mit einschließen; mit Gadamer gesprochen »durchleben wir die Situation mit dem anderen«.

Drittens geht die Intersubjektivitätstheorie davon aus – wie die zeitgenössische Semiotik –, dass Verstehen triadisch ist. Die triadische Natur des Verstehens bedeutet mehr als deine und meine Subjektivität und unsere Beziehung. Es bedeutet, dass deine und meine Subjektivität ihre spezielle Ausformung in unserer Beziehung bekommt. Semiotik (das Studium der Zeichengebung) erkennt, dass jeder Kontakt zwischen Subjektivitäten vermittelnde Zeichen benötigt: ein Drittes. Von Peirce (1931-1935) bis Umberto Eco (1992) haben semiotisch orientierte Philosophen versucht, den kommunikativen Prozess des Verstehens zu verallgemeinern. Auch wenn sie die Begriffe *relational* oder *intersubjektiv* nicht benutzen, vermeiden sie Vorstellungen von einer isolierten Psyche (Stolorow/Atwood, 1992) und behaupten, dass Verständnis triadisch sei.

Weiterhin ist die psychoanalytische Intersubjektivitätstheorie, wie sie von Stolorow, Brandchaft und Atwood vorgestellt wird, eine Feldtheorie über das Verstehen. Feld ist eine aus der Physik entlehnte Metapher. Sie versucht, die Komplexität von Kausalität und Einfluss anzusprechen. Gadamers Metapher vom Wechselspiel unternimmt einen ähnlichen Versuch und hebt die Elemente von aufkeimender Neuheit und Überraschung hervor. Beide Metaphern – vom Feld und vom Wechselspiel – führen die Debatte über Ein- oder Zwei-Personen-Psychologie weiter zu der Triade zweier Subjektivitäten und des aufkeimenden Verständnisses, das sie enthält und das die Triade aufrecht erhält. Ein intersubjektiv orientierter Supervisor wird versuchen, alle Elemente dieser Triade zu beschreiben: die Subjektivität des Therapeuten und die des Patienten sowie das auftauchende und sich verändernde Gefühl vom »wir«.

Verstehen der Entwicklung

Psychoanalyse versteht anhand von Entwicklung. Jede psychoanalytische Tradition hat das Verstehen der Entwicklung hervorgehoben und explizite und implizite Theorien darüber formuliert, wie die Entwicklung die Persönlichkeit formt. Freuds Triebtheorie und seine Entwicklungstheorien sind miteinander verbunden. Entwicklungsgeschichte war die Geschichte von Trieben, und die Interpretation der Triebe benötigte einen Entwicklungskontext, der erklärte, wie sich Wünsche, Fantasien und Kompromisse im individuellen Leben ausformen. Für Ferenczi und seine theoretischen Nachfolger in Großbritannien und Amerika war die Kenntnis der relationalen Geschichte entscheidend für das Verständnis der Person-in-Beziehung. Die »komplexen Seelenzustände«, nach denen Kohut durch stellvertretende Introspektion gesucht hat, sind diejenigen eines werdenden und geschichtlich gewordenen Menschen. Sullivan, Begründer der interpersonalistischen Tradition, schrieb detaillierte und eloquente Berichte über die relationale Entwicklung von Pathologien. So hat die Psychoanalyse immer eine ausgeprägte Neigung zu Entwicklungsfragen gezeigt (Mitchell, 1988). Diese Neigung ist so stark, dass sich niemand wundert, warum Psychoanalytiker, mehr als Verhaltens- oder kognitive Therapeuten, von der jüngsten Säuglingsforschung so fasziniert sind. Einen Menschen psychoanalytisch verstehen, hieß immer auch zu verstehen, wie eine bestimmte Person sich entwickelt hat und wer diese Person geworden ist.

Warum also sollte man die Natur des psychoanalytischen Verstehens anhand der Entwicklung nochmals diskutieren? Zunächst haben bekannte relationale Theoretiker Zweifel daran angemeldet, die Entwicklungsfrage in der Psychoanalyse so sehr in den Blickpunkt zu rücken, und stattdessen die Übertragungs-Gegenübertragungs-Interaktion im Hier und Jetzt hervorgehoben. Zweitens braucht der Entwicklungsgedanke selbst Klärung und Entwicklung. Drittens haben jüngste Erkenntnisse der Entwicklungspsychologie wichtige Fragen für die Psychoanalyse aufgeworfen, sowohl bezüglich ihrer Theorie als auch bezüglich einer Reihe von Verfahrensweisen. Schließlich glaube ich, dass Entwicklung überhaupt das ursprüngliche *Was* ist, das Psychoanalyse versteht, und dass Psychoanalysen (einschließlich psychoanalytischer Therapien) selbst bereits eine zweite Entwicklungschance darstellen.

Einige wichtige Autoren, die ihr Interesse hin zu einer relationalen Psychoanalyse verschoben haben, haben damit den zentralen Entwicklungsgedanken im psychoanalytischen Denken und in der psychoanalytischen Praxis in Frage gestellt. Augenfällig unter diesen Autoren ist Mitchell (1988), dessen Begriff der »Neigung zu Entwicklungsvorstellungen« (»developmental tilt«) zum Schlagwort für jene geworden ist, die daran glauben, hauptsächlich oder ausschließlich (Gill, 1982) im Hier und Jetzt »in der Übertragung« zu arbeiten. Für Mitchell lässt die Tendenz, in Entwicklungskonzepten zu denken, die Art von Interaktionen, die die Beziehung zwischen dem kleinen Kind und der Mutter charakterisiert (1988, S. 152), allgemein zusammenbrechen und »einer regressiven Färbung des psychoanalytischen Unternehmens Vorschub leisten« (S. 152).

Ähnlich erklärt Greenberg (1992), dass unsere erwachsenen Patienten keine Kinder sind und wir mit erwachsenen Seelen arbeiten. Mit seinen Worten: »Unseren klinischen und theoretischen Zielen ist am besten gedient, wenn wir uns daran erinnern, dass die psychoanalytische Situation eine Begegnung zwischen zwei erwachsenen Menschen ist, die über eine Beziehung verhandeln, die die Fähigkeit von einem der beiden verbessern wird, einige ernste Schwierigkeiten im Leben zu überwinden.« (S. 285)

Die Kritik, den Entwicklungsgedanken in der Psychoanalyse in den Vordergrund zu stellen, kommt von denjenigen Autoren, die die Gegenübertragung und den Einfluss des Analytikers auf die analytische Situation untersuchen. Mit Racker beginnend (1968), über Gill (1982) und Hoffman (1983) bis zum Werk von Ogden (1986; 1989) wird die analytische Situation weniger als Wiederholung, Erinnerung oder Re-Enactment angesehen, sondern eher als Beziehungskonstruktion von zwei Menschen in der Gegenwart. Meine Antwort auf diese Auffassung ist, dass Übertragung und Gegenübertragung selbst Ideen zu Entwicklung und Beziehung beinhalten.

Menschen kommen in Behandlung, weil sie es sich nicht mehr leisten können, ihre Geschichte immer zu wiederholen; dies verursacht zu große Belastungen in ihrem aktuellen Leben. Dennoch wiederholen sie sie unfreiwillig immer wieder mit uns – mit uns, die wir voll sind mit unseren eigenen Erinnerungen und Organisationsprinzipien –, hoffend, dass unser Verständnis etwas aufarbeiten und in etwas Produktives verwandeln kann, was sie als Belastung erleben. Ja, sie sind Erwachsene, aber sie fühlen sich in den Mustern ihrer Kindheit gefangen und wollen diesen durch eine neue Erfahrung mit uns entfliehen. Deswegen nenne ich Psychoanalyse eine zweite Entwicklungschance.

Eine verwandte Gedankenströmung stellt die narrative Sicht der Psychoanalyse dar. Man sollte meinen, dass die Vorstellung der Psychoanalyse als narrative Konstruktion den Entwicklungsgedanken unterstützt. Bei genauerem Hinsehen entdecken wir jedoch, dass narrative Konstruktivisten die Erzählungen als etwas im Hier und Jetzt entstehend, aber weniger notwendig oder identifizierbar eine Verbindung zur Geschichte eines jeden Einzelnen des »analytischen Paares« sehen. Stattdessen wird die Lebensgeschichte des Patienten als ein Ergebnis des gegenwärtigen Austausches verstanden. Für Spence (1982) verformt eine unbeabsichtigte Interpretation des Analytikers unvermeidlich und destruktiv die Narration. Ähnlich glaubt Schafer (1983), dass »Analytiker immer Modelle vom Analysanden entwickeln« (S. 39). Innerhalb dieser Sicht erkennt der Analytiker dann nicht so sehr empathisch den Patienten, als vielmehr das Modell, das er sich von ihm in der Analyse hergestellt hat, an. Die Entwicklungsgeschichten von Patient und Analytiker werden zu peripheren Angelegenheiten.

Zwei konzeptuelle Streitfragen sind mit den entgegengesetzten Theorien zum Entwicklungsgedanken in der Psychoanalyse verbunden. Zunächst könnten diejenigen, die sich mit dieser Position verbunden fühlen, das erneute Auftauchen reduktionistischer und einschränkender Theorien über die menschliche Natur befürchten. Für Gerson (1993) ist jede Theorie über die menschliche Natur für die Psychoanalyse gefährlich, z. B. Daniel Sterns (1985) Ansichten über die natürlichen Fähigkeiten von Säuglingen und deren Tendenz, Beziehungserlebnisse innerlich zu repräsentieren. Die Gefahr liegt offensichtlich nicht nur in der Vernachlässigung des Familienzusammenhangs, in dem das Kind lebt, sondern auch in alten oder neuen Formen eines psychoanalytischen Realismus, der die gegenwärtig populären Strömungen als Skeptizismus und Relativismus überdauern kann.[6] Sie fürchten, dass jemand behaupten könnte, einige Merkmale der menschlichen Natur seien vorgegeben oder so-

[6] Realismus ist der philosophische Glaube, dass Dinge, zumindest teilweise, von unserem Wissen oder unserer Meinung über sie unabhängig sind. Strenge Relativisten ziehen diese Behauptung in Zweifel.

gar universell. Gersons Ansichten sind jedoch problematisch. Trotzdem müssen wir diese Vorstellung auf ihre positiven Auswirkungen hin beurteilen. Nicht jede Form von Realismus ist destruktiv (Orange, 1992a; 1992b). Einige Formen extremer Skepsis unterminieren den Heilungserfolg psychoanalytischer Behandlung, weil sie alle Paradigmen wertlos machen, von denen einige klinisch wertvoll sein könnten. Schlimmer noch, sie entwerten die Erzählungen der Patienten über ihr eigenes Leben und machen die psychoanalytische Behandlung gegenstandslos. Wir können nicht jede Theorie über die menschliche Natur damit abtun, einfach indem wir sie eine Theorie über die menschliche Natur nennen. Entwicklungstheorien gehören in der Psychoanalyse genau in dem Maße dazu, in dem sie Verständnis fördern, und wir müssen sie in dem Maße aufgeben, wie sie das Verständnis beschränken oder behindern. Jede Entwicklungstheorie verdient Überlegung bezüglich ihrer eigenen Verdienste.

Der andere konzeptuelle Streitpunkt bezieht sich auf die Frage, inwiefern die Rücknahme des Entwicklungsgedankens eine ungewollt starre Sicht unserer analytischen Interaktionen nach sich zieht. Beziehung wird zur Momentaufnahme, in der zwei Menschen in einem wirklich historischen Vakuum kommunizieren. Solch eine Auffassung vom Übertragungs-Gegenübertragungs-Geschehen lässt die Beschaffenheit und den Prozess, der in einer intersubjektiven Theorie eingeschlossen ist, außer Acht. In diesen bringen beide Teilnehmer sowohl eine prägende Geschichte als auch ihre »Entwicklungsstrebungen« (Fosshage, 1992b) ein. Interpersonalisten mit ihrem Fokus auf Interaktionen als Momentaufnahme kehren auch zum Positivismus zurück, den sie eigentlich generell ablehnen. Behaupten Positivisten doch, dass Wissen aus dem Beobachtbaren besteht, so fordern Hier und Jetzt-Theoretiker ähnlich, sich auf die teilnehmende Beobachtung zu beschränken. Zugegeben, dieser narrative Konstruktivismus ist kein klassischer Positivismus, der den Einfluss des Beobachters auf das Beobachtete und auf die Beobachtungsprozesse ignoriert, er nutzt allerdings die Vorliebe des Positivismus für die Isolierung des Beobachteten von seinem historischen Kontext.

Das Verstehen der Entwicklung kann relationale Theorien in der Psychoanalyse bereichern und auf dem Laufenden halten. Insbesondere können Übertragung und Gegenübertragung – oder Co-

Übertragung (Orange, 1994) – Entwicklungserfahrungen für beide Teilnehmer einer Psychoanalyse ermöglichen. Sie sind in mindestens drei Bedeutungen des Wortes Entwicklungserfahrungen. Zunächst einmal erleben wir in der Übertragung und Gegenübertragung – oder als emotionale Erinnerung – unsere vergangenen Beziehungsorganisationen in der Gegenwart wieder, weil die gegenwärtige Beziehung entweder spezielle Erinnerungen oder mehr verallgemeinerte, emotionale Erfahrungen anstößt oder hervorruft. Zum zweiten ist die relationale Erfahrung in der Analyse – unabhängig von der Meinung des Analytikers über Wünsche und Bedürfnisse (Shabad, 1993) – ein Versuch, in der Gegenwart defekte, verlorene oder traumatische relationale Erfahrungen zu reparieren oder wiederherzustellen (Emde, 1988b). Drittens bezieht sich die Analyse, weit entfernt davon, sich hauptsächlich auf das Hier und Jetzt zu beziehen, auf eine zukünftige Entwicklung. Fosshage (1992) hebt die Entwicklungsbestrebungen hervor, und Emdes (1988b) Arbeiten betonen den Einfluss der positiven Gefühle des Analytikers auf die nach vorwärts gerichtete Entwicklung des Patienten. Beide drücken die Überzeugung aus, dass – wie der Philosoph Henri Bergson (1910) fand – Vergangenheit, Gegenwart und Zukunft einander einschließen. Die Zukunft ist die am wenigsten berücksichtigte Dimension des historischen und des Entwicklungsgedankens. Diese Erkenntnis führt direkt zur Notwendigkeit, dieses Entwicklungskonzept und seinen Stellenwert in der Psychoanalyse zu klären.

Es ist unmöglich, die Natur der Entwicklung ohne Ideen über Wahrheit und Realität zu betrachten. (Diese Thematik wird später in Kapitel 10 über Missverständnisse weiter verfolgt.) Sich zu entwickeln heißt, von einem Zustand in einen anderen, der aber nicht gänzlich unterschiedlich ist, zu wechseln. (Patienten empfinden diese implizite Haltung gegenüber Veränderungen oft tröstlich und fördernd.) Die Fähigkeit, etwas zu werden, bedeutet, dass ursprünglich schon etwas existiert haben muss. Nicht jede menschliche Entwicklung verläuft einfach und linear, so wie Aristoteles sich das Werden von der Eichel zur Eiche vorstellte. Weil aber Potenziale die Ergebnisse präformieren, müssen wir, so gut wir können, herausfinden, welches die wirklichen Potenziale sind. Weiterhin begrenzen, katalysieren oder formen die familiären Verhältnisse, in die ein Baby hineingeboren wird, dessen Potenziale, wie uns schon Ferenczi, Balint, Winnicott, Bowlby, Kohut und andere an der Entwicklung orientierte Psychoanalytiker gelehrt haben.

Wir können wenig über menschliche Potenziale oder über das, was relationale Zustände gedeihend unterstützt, lernen, wenn wir glauben, dass wir gar nichts wissen können, dass alle Wahrheit Konstruktion oder Fiktion ist (Geha, 1993). Wir brauchen eine pragmatische, der Fehlbarkeit Rechnung tragende Vorstellung einer ausreichend guten Wahrheitsfindung. Andernfalls hätten wir keinen Raum für ein Gespräch mit den Humanwissenschaften oder für ihr Denken, um unseres zu bereichern und unsere Arbeit anzuregen. Entwicklungspsychologen sagen uns zum Beispiel, dass sicher gebundene Kleinkinder neugierige und soziale Schulkinder werden. Als moderate Realisten können wir uns dann viel versprechend fragen, wie diese Entdeckungen auf unsere Erfahrung in psychoanalytischen Beziehungen einwirken. Wenn wir anerkennen, dass es einige Unterschiede zwischen mehr und weniger angemessenem menschlichem Funktionieren gibt (ein bescheidender Anspruch eines bescheidenen Realismus), können wir nach einem angemesseneren Wissen suchen, das seine Entwicklung stützt oder hemmt.

Eine Sicht auf das psychoanalytische Verständnis von der Entwicklung verlässt sich damit auf eine mäßig realistische Epistemologie und arbeitet für angemessenere Vorstellungen von der menschlichen Natur, um unsere Arbeit und unsere Theoriebildung zu leiten. Zusätzlich beinhaltet sie Aussagen zu den Vorstellungen von zeitlicher Kontinuität und Diskontinuität, Dauerhaftigkeit, Veränderung und Stetigkeit in der Veränderung. Diese Vorstellungen mögen abstrakt erscheinen, aber sie sind entscheidend für Entwicklungstheorien und für die psychoanalytische Heilung. Hoffnung auf Änderung, zumindest bei Gefühlszuständen, motiviert Menschen, eine Behandlung aufzusuchen. Da Änderung Zeitlichkeit impliziert, sehen wir uns unvermeidlich der Frage gegenüber, wie die Natur emotionaler Entwicklung beschaffen ist und ob sie sich von kognitiven Formen von Veränderung unterscheidet.

Die kognitive Entwicklung nach Piaget verläuft über Assimilation und Akkommodation. Assimilation verstärkt bereits vorhandene Schemata, während die Akkommodation neuer Erfahrungen oder neuer kognitiver Kapazitäten modifizierend wirkt. Man könnte meinen, dass emotionale Entwicklung in der gleichen Weise funktioniert. Akkommodation gibt es sicherlich, mal besser, mal schlechter. Schwierigkeiten in der Akkomodation neuer Erfahrungen, d. h. Schwierigkeiten mit der Veränderung von Schemata oder emotionalen Organisationsprinzipien, haben die ubiquitären Vorstellungen vom Widerstand (eine der Physik entlehnte Idee) und von der Wiederholung in der Psychoanalyse entstehen lassen. Alte Erlebensorganisationen behalten angesichts massiver »Gegenbeweise« ihren alten Stellenwert. Warum? Vielleicht ist die psychoanalytische Veränderung überhaupt nicht die gleiche wie die Piagetsche Akkomodation. Der psychoanalytische Protest gegen Alexanders Vorstellung der korrigierenden emotionalen Erfahrung deutet an, dass wir immer schon Zweifel an der Möglichkeiten gehabt haben, dass man das Alte irgendwie verändern kann.

Vielleicht hat die Idee des »Neubeginns« (Balint, 1968; Ornstein, 1991) als Alternative zu Piagets Akkomodation einigen Wert. Vielleicht entsteht eine wesentliche Veränderung nur, wenn man im emotionalen Leben einen Neubeginn wagt. Stolorow (1984) hat begonnen, daran zu denken – und ich tue das auch –, dass alte Organisationsprinzipien – und alte Wege, zu antworten und Beziehungen einzugehen – am alten Ort bleiben und in Stresssituationen wieder lebendig werden, so dass alte relationale und emotionale Erfahrungen wiederholt werden. Für viele unserer Patienten ist die neue relationale Erfahrung fast völlig neu und passt nirgends in ihre alte Erfahrungsorganisation. Damit wird das psychoanalytische Angebot zur zweiten Chance für eine gesunde emotionale Entwicklung in einem Leben, das einen Menschen davon überzeugt hatte, dass nichts Neues wirklich möglich ist. In ihrer tiefsten Bedeutung kann die psychoanalytische Behandlung als ein entwicklungsorientiertes Verstehen bezeichnet werden.

Lassen Sie uns jetzt einige wichtige Merkmale eines solchen Entwicklungsverständnisses durchdenken. Kohut hob die Entwicklungsfunktion des Spiegelns für die Bildung und den Erhalt eines stabilen und positiven Selbst hervor. Die Metapher des Spiegels, wenn auch treffend und an den Glanz im Auge der Eltern erinnernd, muss ausgebaut und komplexer gestaltet werden. Das Spiegeln bezieht das Erkennen von etwas bei sich selbst mit ein, z. B. Kohuts »Er ist ganz der Vater« (1977, S. 13). Dieses Erkennen wiederum benötigt eine intersubjektive Vorstellung vom Spiegeln. Es impliziert sowohl eine Besonderheit als auch die Gegenseitigkeit. Ich erkenne Sie, und Sie sehen, dass Sie es sind, den ich erkenne. Wenn das Erkennen völlig gegenseitig wird, erkennen wir einander. Dann beginnt sich ein Gefühl von einem selbst, vom Anderen und vom »Uns« zu entwickeln (Emde, 1988a). Wenn wir zusammen eine übliche emotionale Antwort auf etwas erkennen, betreten wir die Stufe der Intersubjektivität, so wie Stern (1985) den Begriff benutzt.

Verstehen unterstützt auch die Entwicklung, indem man das Gefühl, jemand anderem etwas zu bedeuten, aufbaut oder festigt. Eine Patientin teilte mir mit, dass ich – wenn ich etwas Charakteristisches über ihr Leben geäußert hatte – auf sie »Rücksicht« nähme, wie sie es niemals vorher gefühlt habe. Sie schloss aus dem, was ich ihr gesagt hatte, dass ich sie im tiefsten Inneren verstanden und mir Zeit genommen habe, genug über sie nachzudenken, um sie wirklich zu verstehen. Sie glaubte, dass ihre beiden Eltern zu sehr mit sich selbst beschäftigt waren, um sie »zu berücksichtigen«. Ich glaube, dass vieles von der therapeutischen Wirkung analytischer Interpretationen weniger in den Einsichten liegt, die wir zur Verfügung stellen oder sogar gemeinsam finden. Vielmehr kann eine Person erleben, für einen Elternersatz wichtig genug zu sein, um »Berücksichtigung« zu finden. Umgekehrt kann das Gefühl, nicht genug berücksichtigt zu werden, natürlich zu Brüchen oder in Sackgassen führen.

Die vielleicht wichtigste Bedingung für die emotionale Entwicklung in der Psychoanalyse ist die emotionale Verfügbarkeit des Analytikers. Eine solche Verfügbarkeit ist notwendig für teilnehmendes Wissen, für das gemeinsame Verstehen. Ob man sich nun als Piagetscher Entwicklungspsychologe versteht oder an einen Neubeginn glaubt, so unterstützen doch die Fähigkeit und die Bereitschaft des Analytikers, emotional bei seinem Patienten zu bleiben, das kognitive und emotionale Wachstum erheblich. Leider erleben Patienten Deutungen oft – einschließlich solcher bezüglich ihrer Entwicklung – als emotionalen Rückzug ihnen gegenüber. Der Entwicklungscharakter des Verstehens erfordert, dass wir dem emotionalen Erleben des Patienten immer nahe und auf ihn eingestellt bleiben. (Wir werden auf das Thema der emotionalen Verfügbarkeit in Kapitel 9 zurückkommen.)

Psychoanalyse ist ein Entwicklungsgeschehen, und das unter mehreren Aspekten: Als Wissenschaft studiert sie die menschlichen Fähigkeiten, wenn akute oder chronische Traumata oder Deprivationen das gesunde Wachstum unterbrochen haben und wenn die Anpassung an Traumata oder Deprivationen weiter zu Brüchen oder Beeinträchtigungen der Liebesfähigkeit, des Spiels oder der Arbeit führt. Als Therapie ist Psychoanalyse eine Möglichkeit, um zu verstehen und durch eine miteinander geteilte emotionale Erfahrung verstanden zu werden. Psychoanalyse heißt, mit dem Kind, dessen frühe Erfahrung zwar nicht geheilt werden kann, *trauernd*[7] zusammen zu sitzen und durch »gemeinsame Sinnsuche« eine zweite Chance für ein gutes menschliches Leben zu bieten. Der zentrale und grundsätzliche Zweck von Psychoanalyse als Therapie – und darin unterscheidet sie sich von jeder Form der Kurzzeittherapie – ist dieses Entwicklungsziel, diese Orientierung hin zur Zukunft durch die Vergangenheit. Eine Psychoanalyse ermöglicht die Zukunft, indem zwei Menschen in der Gegenwart die vergangenen Erfahrungen des einen Menschen teilen.

Psychoanalytische Verständigung ist dann als das gemeinsame Bemühen um die Ursprünge und Bedeutungen des emotionalen Erlebens eines Menschen zu verstehen. Im intersubjektiven Feld, das von Übertragung und Gegenübertragung gebildet wird, lernen Patient und Analytiker durch wechselseitige Teilnahme am emotionalen Erleben des jeweils Anderen. Diese Art von Verständnis, sowohl Prozess als auch Ergebnis, heilt, weil emotionale Krankheiten emotionale Heilmittel benötigen. Für viele von uns besteht der größte Schmerz und die größte Verzweiflung darin, dass unser Leben und unser Leid uns sinnlos vorkommen, dass sie absurd scheinen und deswegen unerträglich. Mit einer vertrauten Person gemeinsam einen Sinn zu suchen, insbesondere einen Sinn in den Erfahrungen mit eben dieser Vertrauten, kann im emotionalen Erleben so etwas wie einen »Neubeginn« anbahnen.

---

[7] Im Original: *shiveh*, bezeichnet den jüdischen Brauch, eine Woche lang nach dem Tod und der Beerdigung eines Menschen in stiller Atmosphäre Gäste zu empfangen, die sich um alles kümmern. Üblicherweise sitzt man mit der Familie zusammen und erzählt sich gegenseitig Geschichten über den Verstorbenen. Dies ist eine sehr hilfreiche Form des gemeinsamen Trauerns (Anm. d. Übers.).

3

Theoriewahl und Fehlbarkeitsbewusstsein

Darin zeigt sich der Kenner,
daß man in den einzelnen
Gebieten je den Grad
von Genauigkeit verlangt,
den die Natur der Sache zuläßt.
Aristoteles, *Nicomachische Ethik*

Der Verstehensprozess hat seine eigenen Erfordernisse. (Ein Philosoph würde von den »Bedingungen der Möglichkeit zu etwas« sprechen, im Vorlesungsverzeichnis würde »Voraussetzungen« stehen.) Um gemeinsam nach Sinn zu suchen und emotional verstehen zu können, benötigen wir ein bestimmtes intellektuelles Handwerkszeug und eine bestimmte Geisteshaltung. Die Geschichte der Philosophie kann uns dafür ganz allgemein einige Hinweise zu den Elementen und Notwendigkeiten geben und insbesondere für das tiefere emotionale Verständnis dessen hilfreich sein, was eine Psychoanalyse ausmacht.

Philosophen wie Psychoanalytiker wollen üblicherweise ganz ähnlich tiefer gehen, um die Annahmen oder die in die Fragen einbezogenen Vorannahmen zu prüfen. Eine Möglichkeit ist es, die notwendigen und hinreichenden Bedingungen für die Existenz von Wahrheit zu untersuchen. Die Suche nach den hinreichenden Bedingungen für die Existenz oder für die Wahrheit von irgendetwas ist nur in einem geschlossenen logischen System oder für den Geist einer Gottheit möglich. Da Psychoanalyse weder ein geschlossenes System noch etwas Göttliches ist, können wir nur über notwendige

Bedingungen für psychoanalytisches Verstehen sprechen. Diese Bedingungen schließen intellektuelle Notwendigkeiten wie eine Theorie und ein Fehlbarkeitsbewusstsein ebenso ein wie praktische Notwendigkeiten, z. B. die emotionale Verfügbarkeit und Kontinuität des Psychoanalytikers. Ohne Zweifel existieren auch noch andere Notwendigkeiten. Lassen Sie uns hier zunächst die Theorie und das Fehlbarkeitsbewusstsein diskutieren; in späteren Kapiteln werden praktische Notwendigkeiten angesprochen.

Theoriewahl und Rationalität

Psychoanalytisches Verstehen schließt sowohl Theorie als auch Praxis ein. Theorie und Praxis sind beides Formen des Verstehens. Meine Sicht des psychoanalytischen Verstehens ist primär klinisch: eine gemeinsame Suche nach einem geteilten Geflecht aus Bedeutungen, ohne dass jedoch die Notwendigkeit der Theorie an Wert verliert. Um responsives Verstehen zu praktizieren, braucht die Psychoanalyse konzeptuelle Rahmen, komplexe Gruppen von Organisationsprinzipien, um unsere eher reflexiven und automatischen Antworten zu lenken. Theorien laufen meist still im Hintergrund mit, um das Chaos der Eindrücke und Daten, die bei dem andauernden empathischen Forschen entstehen, zu ordnen. Manchmal benötigen Theorien ein ernsthaftes neues Denken, wenn sie denn unsere Arbeit fördern und nicht hemmen sollen. Wenn wir jedoch von Augenblick zu Augenblick und von Stunde zu Stunde immer neue Theorien wählen würden, riskierten wir die Integrität und die kohärente Stetigkeit unseres Verstehens. Wir stehen damit dem ernsten Problem der Theoriewahl gegenüber.

Analytiker sehen heutzutage die Verbindung zwischen Theorie und Praxis unterschiedlich. Einige behaupten, dass verschiedene Theorien in den Händen individueller Praktiker besser funktionieren. Andere, wie z. B. Pine (1990), glauben, dass unterschiedliche Theorien bei speziellen Patientengruppen besser funktionieren. Wie ein guter Geiger, der je nach Programm Bach, Mozart oder Brahms spielen kann, hat ein guter Analytiker ein flexibles Repertoire an praktischen Interventionen, die auf den Theorien von Trieben, vom Ich, vom Objekt und vom Selbst beruhen. Wieder andere glauben, dass im Laufe der Zeit Konvergenz und ein gewisses Maß an Konsens entstanden sind, so etwas wie ein »gemeinsamer Grund« (Wallerstein, 1992). Freudsche Analytiker protestieren zum Beispiel, weil sie nicht mehr so distanziert und still sind, wie sie von relationalen Analytikern dargestellt werden. Mitchell (1988; 1993) dagegen glaubt, dass viele theoretische und praktische Schulen in der Psychoanalyse eine grundsätzliche Verschiebung zu einem Relationsmodell mit seinem Interesse an Wechselseitigkeit und Präsenz vollzogen haben.

Noch sind viele Fragen heiß umstritten, und die meisten Analytiker bleiben mit derjenigen Schule, in der sie selbst ausgebildet worden sind, identifiziert. In zwei Ausgaben des *Psychoanalytic Inquiry* (1987; 1990) wurde die Ausformung der Praxis durch die Theorie untersucht, und es fanden sich tief greifende Unterschiede in den Methoden, wie wir mit Patienten in der täglichen klinischen Arbeit sprechen. In den Untersuchungen stellte jeweils ein prominenter Analytiker klinisches Material einschließlich Abschriften von auf Band aufgenommenen Sitzungen zur Verfügung. Analytiker verschiedener Schulen wurden eingeladen, Fallbeispiele zu kommentieren. Die signifikanten Unterschiede in den Antworten der Analytiker erschienen sehr bedeutsam und deuteten an, dass unsere Theoriewahl ernsthaft die Art und Weise beeinflussen kann, wie wir mit Patienten arbeiten.

Auf welcher Grundlage wählen wir unsere Theorien aus? Selbstverständlich entwickeln und halten Menschen an Theorien von Erfahrung, die ihre subjektiven Organisationen ausdrücken, fest (Atwood/Stolorow, 1993). Diese Beobachtung verweist auf Untersuchungen der persönlichen und intersubjektiven dialogischen Prozesse, die bei der Theorieentwicklung mitwirken. Hier beschäftige ich mich allerdings mit einer anderen Frage. Was sind sinnvolle Gründe dafür, eine Theorie einer anderen vorzuziehen? Obwohl wir die wissenschaftliche Rationalität, die das Freudsche Vorgehen prägte, nicht mehr sinnvoll finden (Mitchell, 1993), revidieren viele von uns ihre Theorien während des Berufslebens mit einer Begründung, die wir rational nennen. Freud selbst zum Beispiel war teilweise Pragmatiker, der seine Theorien revidierte, wenn er über neue klinische Beweise stolperte. Er war weniger mit der Konsistenz seiner Theorie beschäftigt – er lehnte jedes Interesse an Philosophie explizit ab

– als damit, für die Phänomene, die er beobachtete, Erklärungen zu finden. Ebenso sah Kohut neue klinische Erkenntnisse als sinnvolle Gründe für Theorierevisionen an. Dieses Gefühl von »sinnvollen Gründen« drückt eine oft unausgesprochene Verpflichtung zu einer besonderen Vorstellung von Vernunft aus. Ich werde deswegen kurz die Geschichte dieser Ideen skizzieren, so dass wir sehen können, wie sie unsere Theoriewahl in der Psychoanalyse beeinflussen.

Wenn man die Geschichte der Philosophie betrachtet, zeigt sich, dass die Frage der Vernunft auf verschiedenen Wegen voranschreitet. Jeder dieser Wege konzentriert sich auf einen besonderen Punkt des Problems: Was ist Vernunft? Was heißt es, rational zu denken? Wann denkt oder handelt eine Person vernünftig? Wie unterscheidet sich vernünftiges Denken von unvernünftigem, das heißt von irrationalem und nicht-rationalem Denken? Diese Formulierungen der Frage sind sicher nicht die einzig möglichen und sind nicht ganz gleichwertig. Dennoch ist jede Frage Teil unserer Gesamtfrage über sinnvolle Grundlagen für Theoriewahl und -verbesserung. Sich auf nur eine Frage zu beschränken, würde die Untersuchung verarmen lassen. So lassen Sie uns nun, trotz des Risikos von wahrscheinlich unvermeidlichen Mehrdeutigkeiten, uns jeder Philosophierichtung über ihren eigenen Weg nähern – immer aber unsere Frage nach sinnvollen Gründen für unsere Theoriewahl im Blick.

Philosophie und Vernunft

In der Welt der Mythen, noch vor dem Auftauchen der Philosophie, brauchte jedes Ereignis – üblicherweise die beliebige Handlung eines anthropomorphen Gottes – eine eigene Erklärung. Die Vorsokratiker (Kirk/Raven, 1984) suchten zum ersten Mal einen konsistenten Zugang zu Gründen »hinter« den Ereignissen. Sie begannen nach Gründen zu suchen, die den Mustern, die sie in der Natur fanden, zugrunde liegen. Damit veränderte sich ihre Erfahrung: Sie nahmen nicht mehr jedes Ereignis als einzelnes oder einmaliges Phänomen wahr, sondern als Teil von etwas Allgemeingültigerem. Ereignisse mussten nun nicht mehr nur dem willkürlichen Willen anthropomorpher Gottheiten zugeschrieben werden. Heraklit und Parmenides, die üblicherweise als Antagonisten betrachtet werden, suchten beide dieses »sonst noch« in allem, was durch Veränderung gleich bleibt. Parmenides unterschied den Weg der Wahrheit vom Weg des Scheins oder der Erscheinung. Er glaubte, dass Vernunft darin bestand einzusehen, dass Wahrheit mehr ist als Erscheinung. Er machte einen weiteren Schritt zu einer Vorstellung über die Vernunft, die über die Erscheinung des Erschienenen hinausgeht. Parmenides hielt die Beschäftigung mit einer Sache, die keine überdauernde Struktur erkennen ließ – oder *Logos* –, nicht für sinnvoll.

Obwohl Heraklit die Veränderung gegenüber der Dauer betonte, lenkte er doch die Aufmerksamkeit auf einen *Logos,* der die Welt regiere. Wie Heraklit zu behaupten, dass sich alles verändert, heißt aber nicht, dass alles Zufall ist. Mit seiner Behauptung versuchte Heraklit, vielleicht sogar mehr als Parmenides, die Dauerhaftigkeit von Mustern in der belebten Welt zu erklären. Weiterhin wollten sowohl Parmenides als auch Heraklit, jeder auf seine Weise, die Welt als etwas Ganzes verstehen. Sie entwickelten damit ein bekanntes Vernunftideal der westlichen Tradition. Bei Parmenides und Heraklit finden wir auch schon Andeutungen von Kriterien für die Theoriewahl: Vernunft ist wichtiger als flüchtige Erscheinungen, und Vernunft befasst sich besonders mit dem, was allgemein ist und was überdauert.

Zur Zeit der Atomisten, Epikuräer und Stoiker hatte sich die Suche nach Allgemeingültigkeit zum Ethischen hin gewendet. Die Alten hatten begonnen, nach Lebensmustern zu suchen, die zu menschlicher Befriedigung führen sollten. Ihr erstes Problem war es, die Natur solcher Befriedigung zu identifizieren. Für Demokrit zum Beispiel war es »das höchste Gut, eine Seele frei von Angst zu sein« (Robinson, 11.15). Der nächste Schritt war zu entdecken, wie der Lebenswandel des Menschen geordnet werden sollte, um solche Ziele zu fördern. Vernunft bedeutete nun, die Mittel den Zwecken und Strukturen an Theorien über das Gute anzupassen. Diese Denker deuteten pragmatische Kriterien für die Rationalität der Theoriewahl an.

Der bei weitem wichtigste Fortschritt kam natürlich mit Sokrates, Platon und Aristoteles. Sokrates verkörperte, wie Platon ihn darstellte, Vernunft schlechthin. Sokrates hatte keine Antworten, keine Theorien, nur einen unersättlichen Hunger nach Verständnis, nach Sinnsuche. Dennoch mussten das Denken und Handeln für Platon selbst in Übereinstimmung mit der Vernunft stehen und an einer Idee[8] teilnehmen – und wissen, dass sie das tun. Obwohl er dem Mythos einen prominenten Platz in den Dialogen zuwies, zog sich Platon von seinem Projekt der Vernunft nicht zurück. Stattdessen erkannte er, dass Vernunft vieles von dem einschließt, was auf der Suche nach ihr auch zur Leugnung oder zum Abstreiten führen kann, wie zum Beispiel Intuition, Mythos, Suche nach Schönheit und Wahrheit. Die Idee des Guten können wir nur durch einen Geistesblitz erkennen (*Briefe* VII, 341c). Dennoch grenzte Platon den Begriff der Vernunft von dem der Meinung ab. Worunter er verstand, dass man sich seine Einstellung aus Allgemeinplätzen beschafft. Auch wenn Platon die notwendige Beziehung der Vernunft zu einem objektiven Universellen hinter dem Wissenden bejaht, erkennt er doch, dass Vernunft nur die von einem Wissenden verwendete Vernunft sein kann. Er hätte den allgemeinen klinischen Befund anerkannt, dass emotionale Re-Organisation, ein »Neubeginn«, notwendig ist, um Einsichten heilend wirken zu lassen. Nur die Vernunft, die man auch emotional besitzen kann, macht einen Unterschied.

Mit Aristoteles entstanden das erste System formaler Logik und die erste formale Aufmerksamkeit gegenüber der Vernunft selbst. Aristoteles war sich sicher, dass sowohl der Kosmos – einschließlich des menschlichen Lebens – verständlich ist, als auch dass Menschen ihn verstehen können. Weiterhin betrachtete er das kontemplative oder theoretische Leben der Vernunft als das höchste menschliche Gut. Aristoteles verdanken wir auch die Unterscheidung zwischen theoretischer und praktischer Vernunft. Für ihn liegt die Quelle praktisch-produktiven Wissens im Wissenden und den Absichten des Wissenden. *Theoria* dagegen *denkt*, so dass die Quelle, das Prinzip oder der Ursprung im Gegenstand liegt, den man kennt, und nicht im Wissenschaftler. Physik ist ein Beispiel für theoretische, Ethik und Politik für praktische Vernunft. (Es ist ziemlich wahrscheinlich, dass Aristoteles Psychologie und Psychoanalyse als Teil

[8] Für Platon (*Der Staat* VII) waren nur die Ideen oder die Formen wirklich real. Was die meisten von uns für wirklich hielten, seien lediglich Schatten oder Reflektionen, die nur eine geteilte oder abgeleitete Realität darstellten und nicht wirklich gewusst werden könnten.

der praktischen Vernunft gesehen hätte, da sie sich auf das gute Leben beziehen.) Selbst für Aristoteles, der die praktische und theoretische Vernunft als voneinander getrennt ansah, waren beide eng miteinander verflochten. In Aristoteles *Nicomachischer Ethik* wurde die Anwendung einer Theorie zur unmissverständlichen Motivation für alle praktischen Wissenschaften. Sowohl für Platon als auch für Aristoteles ist die Vernunft eher eine Qualität weiser Menschen als eine von Theorien. Die beste Theorie ist diejenige, die ein Weiser wählen würde.

In der modernen Philosophie bot Kant (1781) eine *Kritik der reinen Vernunft* an und behauptete, dass eine solche Vernunft nicht ausreiche, um uns über alles in Kenntnis zu setzen. Vernünftig zu sein hieß für Kant, sorgfältig die Grenzen des Wissbaren zu beachten und Forschungen stets innerhalb und unter Beachtung dieser Grenzen durchzuführen. Vernunft ist eine behutsame Angelegenheit, innerhalb des menschlichen Lebens nach Bedeutung und Richtung eben dieses menschlichen Lebens zu suchen. Für Kant existiert die Theorie um der Praxis willen. Theoretische Themen wie Gott, Freiheit und Unsterblichkeit der Seele sind Bedingungen für die Möglichkeit praktischen moralischen Lebens. Er dachte, dass sogar die Physik Elemente solch praktischer Werte und Interessen mit einbezog. Kant betrachtete die Philosophie als ein Projekt zur Beschränkung sinnloser Spekulationen und strich das praktische Interesse, das in jedweder Vernunft steckt, heraus. Er wies uns auch den Weg pragmatischer Konsequenz als Kriterium für die Theoriewahl. Sein ethischer »kategorischer Imperativ« – Handle so, dass die Maxime deines Willens jederzeit zugleich als Prinzip einer allgemeinen Gesetzgebung gelten könnte – artikulierte die Wichtigkeit der Verallgemeinerung als eine Regel für die Theoriewahl. Eine spezielle Einzeltheorie oder eine, die wir nicht auf uns selbst angewandt wissen wollen, schließt von der Kantschen Vorstellung Rationalität oder Vernunft aus.

Im Gegensatz dazu bedeutete für Hegel Vernunft, jedes Ereignis als Teil eines größeren Ganzen und insbesondere als geschichtlich bedingt zu sehen. Vernünftig zu denken hieß nicht, sich einer Kantschen Kritik zu unterwerfen, sondern stattdessen Ideen und Ereignisse im Zusammenhang sehen zu können, insbesondere im zeitlichen. Hegel (1807) nannte den Organisator von Erfahrungen »Subjekt«: »Vernunft wirkt auf das Selbst-Bewußtsein eines jeden Subjekts.« (1807, S. 275) Wahre Objektivität bedeutete für Hegel die Anerkennung der Regel rationaler Subjektivität, »selbst-bewußte Vernunft« (Lauer, 1976, S. 11). Für einen Hegelianer erfordert Theorie einen Bezug zur Subjektivität, zur Dialektik und in jedem Fall zur Geschichte.[9]

Der amerikanische Philosoph Charles Sanders Peirce (1914) gab der Frage nach der Vernunft, oder wie er sagte: »Vernünftigkeit«, eine pragmatische Form. Seine Vorstellung vom rationalen Zweck – oder seine Konzeption der Vernünftigkeit – überwand die Dichotomie zwischen theoretischer und praktischer Vernunft und stellte einen Leitfaden für die Theoriewahl zur Verfügung. Gewohnheit, so glaubte er, sei die Allgemeingültigkeit in der absichtsvollen Handlung oder dem Gedanken. Vernunft ist die Kraft, Gewohnheit durch Reflexion der Erfahrung auszubilden oder zu ändern. Vernünftig zu denken, heißt denken nach einer Gewohnheit, der gleichen kritischen Rückschau ausgesetzt zu sein wie in allen anderen Gewohnheiten. Peirce erkannte, dass die Theoriewahl persönliche und subjektive Elemente hat. Dennoch impliziert eine jede solche Wahl den Anspruch, dass die Vernünftigkeit Idiosynkrasie transzendiert. Kants Moralvorstellung brauchte die Allgemeingültigkeit: Nimm als deine moralische Maxime, was du auf jeden Fall angewandt wissen möchtest. Ähnlich war für Peirce der »kategorische Imperativ« oder die grundsätzliche moralische Pflicht das *Denken,* so dass die Maxime oder das logische Organisationsprinzip eines Denkenden folgerichtig auf alles andere Denken ausgedehnt werden konnte.

Peirces konkrete Vernünftigkeit (vgl. Orange, 1984) ist allerdings teilweise ein Ideal; es existiert noch kein absolutes Maß für Theorien. Peirce dachte, dass wir immer vorsichtig sein müssen, wenn wir die Bemühungen anderer irrational nennen. Soweit sie Ergebnisse menschlicher Absichten sind, sind sie teilweise rational. Sie sind An-

[9] Die Hegelschen Wurzeln der Intersubjektivitätstheorie können aus Angst vor der Tyrannei der Teleologie bagatellisiert werden, der Annahme, der Prozess hätte einige inhärente, vorbestimmte Ergebnisse. Es gibt keinen »absoluten Geist« in der Intersubjektivitätstheorie. Wir könnten aber sagen, dass sich die Teleologie Hegels von Aristoteles einfacher Idee von der Eichel zur Eiche unterscheidet. Ebenso wie für die Evolution gilt auch für die Entwicklung nicht, dass etwas Vorherbestimmtes bei dem Prozess herauskommt.

strengungen, Mittel zum Zweck, um das Sichtbarwerden der Wahrheit zu fördern. Um das *summum bonum* oder die konkrete Vernünftigkeit zu erreichen, benötigt man nach Peirce die Gemeinschaft der Untersuchenden, deren kategorischer Imperativ die Vernünftigkeit fördern soll. Das Wachsen der Vernünftigkeit ist für Pierce das befriedigendste und ideale Ziel aller Praxis. Wir könnten hinzufügen, dass es ein sinnvolles Ziel unserer Praxis ist, zur Entwicklung sinnvoller psychoanalytischer Theorien beizutragen.

In unserem Jahrhundert brachte Alfred North Whitehead (1938) die Unterscheidung zwischen spekulativer und praktischer Vernunft ins Wanken und klärte die Thematik. Nach seiner Meinung sucht die spekulative Vernunft nach Platon das vollständige Verstehen, während die praktische Vernunft des Odysseus nach sofort wirksamen Handlungsmethoden sucht. Spekulative und praktische Vernunft sind allerdings nur verschiedene Formen derselben Vernunft; jede für sich genommen ist für Whitehead unvollständig und ohne die andere gefährlich. »Einige der größeren Katastrophen der Menschheit sind von der Begrenztheit von Menschen mit einer guten Methodik produziert worden. Odysseus hat für Platon keine Verwendung, und die Gebeine seiner Begleiter sind verstreut in alle Winde.« (1938, S. 12) (Warnungen vor »wilder Analyse« enthalten z. B. diese Besorgnis von einer Praxis ohne Theorie.) Ein Anhänger von Whitehead würde darauf bestehen, dass die Theoriewahl ganz entscheidend ist, aber das bedeutet, dass man einen andauernden Austausch zwischen dem Spekulativen und dem Praktischen braucht.

Doch um eine Theorie auf sinnvolle Weise zu verwenden, erfordert es Gedanken, Evaluation und Auswahl. Der Philosoph Robert Nozick schlägt in *The Nature of Rationality* (1993) zwei Regeln für die Theoriewahl oder für rationale Überzeugungen vor: »An keine Aussage glauben, die weniger glaubwürdig ist als eine inkompatible Alternative – der intellektuelle Anteil –, aber an eine Aussage dann glauben, wenn die erwartete Nützlichkeit (oder der Entscheidungswert) größer ist als nicht an sie zu glauben – der praktische Anteil.« (S. xiv) Da Nozick mit den Glaubenskonzeptionen der Pragmatiker darin übereinstimmt, dass deren Überzeugungen zu Handlungen vorbereiten sollen, hängen seine Kriterien davon ab, was er mit »Glaubwürdigkeit« und »Nützlichkeit« meint. Glaubwürdigkeit besteht nach seiner Auffassung in kognitiven Qualitäten wie Kohärenz und Plausibilität. Nützlichkeit schließt emotionale Qualitäten ein. Rationalität bedeutet deswegen das Herstellen sowohl von kognitivem als auch emotionalem Sinn. Jeder Vorschlag für eine Theorie, die hinter diese beiden Kriterien zurückfällt, muss mit Skepsis betrachtet werden.

Rationale Kriterien für die Theoriewahl in der Psychoanalyse

Was macht es nun sinnvoll, eine Theorie beizubehalten und eine andere zu verwerfen? Ich glaube, wenn wir die Ideen der oben besprochenen Philosophen nutzen und uns auf die Diskussion über das Verstehen aus Kapitel 2 beziehen, können wir einige wichtige Kriterien aufstellen: Die neue Theorie muss eine größere Reichweite als ältere Theorien haben oder universeller sein; praktische Bezüge und Kohärenz sind weitere Kriterien.

Platon, Hegel und Peirce würden sich alle darin einig sein, den wissenschaftlichen Positivismus und Reduktionismus zugunsten umfassenderer Theorien abzulehnen. Ähnlich betrachten einige Kritiker der Triebtheorie in der Psychoanalyse dies als ein Kriterium. Diesem Argument gemäß schließen menschliche Motivation und menschliches Erleben Bindung, künstlerische Kreativität, Interesse an Selbstentwicklung, wissenschaftliche Neugier, das Geistige und besonders die Organisation von Erfahrung ein. Eine Theorie, die mit größeren Bereichen der menschlichen Erfahrung reduktionistisch umgeht, sollte zugunsten einer umfassenderen Theorie aufgegeben werden. Lichtenbergs Werk über motivationale Systeme (1993), begründet in entwicklungspsychologischen Erwägungen, ist ein entscheidender Versuch, die Reichweite psychoanalytischer Theorien zu erweitern. Kohut und andere haben eine ähnliche Meinung gegenüber der Analysierbarkeit von Patienten vertreten. Wenn die Psychoanalyse für sich universelle Wahrheit und Weisheit über das menschliche Wesen beansprucht, aber zugleich die meisten von denen, die zu uns kommen, für zu krank hält, um eine psychoanalytische Behandlung zu beginnen, muss etwas an der Theorie falsch sein. Jene Analytiker aber, die objektbeziehungstheoretische und selbstpsychologische Ansätze in ihre Behandlungstheorien integriert haben, beanspruchen für diese eine universellere Geltung.

Das Problem des Wirkungsbereiches führt uns direkt zur Frage nach den praktischen Belangen, ein zweites Kriterium für die Theoriewahl in der Psychoanalyse. Wenn man eine ausreichend gute Theorie benutzt, macht das einen praktischen Unterschied. Zugegeben, jede psychoanalytische Schule behauptet, dass ihre Theorie, gut angewandt, bessere Ergebnisse hervorbringt als andere Theorien. Mein Standpunkt ist, dass *Wirkungen vernünftige Grundlagen für die Theoriewahl sind.* Insbesondere in der Psychoanalyse haben wir ein ständiges persönliches und berufliches Interesse daran, fortwährend Theorien zu entwickeln, die gut funktionieren. Wir erhoffen uns davon, der Erstarrung von Theorien vorzubeugen. Stolorow hat eine Reihe von Fragen formuliert, die die intellektuellen und praktischen Aspekte umfassen, die die Theoriewahl beeinflussen:

> (1) Wenn ein psychoanalytischer Rahmen eine größere Reichweite und Allgemeingültigkeit besitzt als der bisherige: Umfasst der neue Rahmen Erlebensbereiche, die früher getrennt voneinander in konkurrierenden Theorien beschrieben worden sind, so dass eine erweiterte und einfachere Perspektive möglich wird? (2) Ist der Rahmen selbstreflexiv und selbstkorrektiv? Schließt die Theorie *sich selbst* in den empirischen Bereich, den es zu erklären gilt, mit ein? (3) Am wichtigsten: Verbessert der Rahmen deutlich unsere Fähigkeit, empathischen Zugang zu subjektiven Welten in all ihrem Reichtum und ihrer Mannigfaltigkeit zu bekommen? (1988, S. 336f.)

Ich glaube, dass es viele Theorievariationen gibt, weil jede Theorie den Analytiker und den Patienten im intersubjektiven Feld unterschiedlich zuordnet. Mit unterschiedlichen Theorien im Kopf achten Analytiker auf unterschiedliche Elemente im psychoanalytischen Feld, und andersherum kreieren unterschiedliche Antworten der Analytiker auch unterschiedliche Ereignisse, die sie beobachten. Diese Unterschiede werden klar, wenn wir Diskussionen über psychoanalytische Neutralität und Intimität zuhören. Der klassische Analytiker ist der unbeteiligte Beobachter, der keine Stellung zu den Kontroversen zwischen Es, Ich und Über-Ich bezieht (A. Freud, 1936). Der Objektbeziehungsanalytiker – »ohne Gedächtnis und ohne Verlangen« (Bion, 1967) – bewahrt eine ähnliche Neutralität den inneren Objekten des Patienten gegenüber. Ein Interpersonalist sitzt dem Patienten emotional gegenüber wie ein freundlicher Gegner oder Lehrer beim Schach oder Tennis. Der Selbstpsychologe, ungeniert parteiisch für den Patienten, sitzt an dessen Seite und hilft ihm dabei, sein inneres Chaos aus seiner, des Patienten, Perspektive zu ordnen und ein starkes Selbst zu entwickeln.[10]

Diese Positionsunterschiede deuten an, dass psychoanalytische Theorien sich auf verschiedene Wege beziehen, mit Menschen zusammen zu sein. Analytiker versuchen, das intersubjektive Feld entsprechend ihren Theorien und Organisationsprinzipien für den vermuteten Nutzen des Patienten und für ihre eigene emotionale Behaglichkeit zu ordnen. Theoretischer Fortschritt kann vom Auftauchen eines Konsens über die relative Wirksamkeit dieser Wege, in Beziehung zu sein, abhängen. Dennoch werden Analytiker sich immer in unterschiedlichen Formen der Vertrautheit zu Hause fühlen, und der Konsens kann sich als unzuverlässig herausstellen. Derjenige Arbeitsstil, der für den einen Analytiker gut geeignet und somit vernünftig ist, muss – unter dem Aspekt der praktischen Vernunft – für einen Anderen nicht vernünftig sein.

Die dritte Überlegung für die Wahl einer Theorie bezieht sich auf die Kohärenz: Jeder – sogar der eingefleischteste Empiriker – möchte eine zusammenhängende Theorie haben. Menschen, die sich für Korrespondenztheoretiker halten – für die die Wahrheit das Zusammenpassen von Ding und Idee, von Original und Kopie ist –, haben Angst vor Vorwürfen bei dem Gedanken an intellektuelle Zusammenhanglosigkeit. Wenn unsere Meinungen inkonsistent zu werden drohen, fühlen sich die meisten von uns fast moralisch verpflichtet, Wege zu finden, um sie in Übereinstimmung zu bringen. Folglich sind eklektische Versuche, mehrere Theorien, deren zu Grunde liegende Annahmen unverträglich miteinander sind, gleichzeitig beizubehalten, im Allgemeinen unbefriedigend. Solches Unbehagen kann auch teilweise erklären, warum einige Theorien reduktionistische Erklärungen favorisieren: Sie reduzieren nämlich Inkohärenz. Für jene, die sich in den Grenzen des Reduktionismus winden, liegt die Herausforderung in der Entwicklung umfassende-

[10] Fosshage (1992a) schlägt vor, dass wir zwischen zwei Haltungen oder Positionen hin- und herpendeln: innerhalb der Perspektive des Patienten (die Haltung des Selbstpsychologen) und außerhalb von ihr (in der Position des Interpersonalisten).

rer Theorien oder Paradigmen (Kuhn, 1962). Diese müssen die Mannigfaltigkeit der Phänomene berücksichtigen, so dass wir nach Wegen suchen müssen, all die theoretischen Annahmen und Daten, die wir haben, zueinander passend zu machen. Ich glaube, dass eine vernünftige Psychoanalyse sich mit keinem weniger anspruchsvollen Vernunftideal begnügen kann.

Wenn man Theorien als Peircesche »Glaubensgewohnheiten« (1931-35) sieht, ist es hilfreich, die Bedeutung der Theoriewahl aufzuzeigen. Gewohnheiten können gut, schlecht oder besser sein. Sie können sich ändern, wenn sich menschliche Ziele ändern. Sie können mehr oder weniger vernünftig sein, nicht nur nach formalen logischen Kriterien, sondern auch was die Forderung nach Allgemeingültigkeit und kurzfristigen oder höchsten menschlichen Zielen betrifft. In der Psychoanalyse schließen diese Ziele natürlich ein, durch psychoanalytisches Verstehen zu heilen. *Wenn das oberste Ziel von Psychoanalyse die Reorganisation der Erfahrungswelt einer Person ist, wird uns eine vernünftige Theorie zu diesem Ziel führen.* Leider ist der Fortschritt, der zu solch einem Ergebnis führt, schwer zu messen. Die Schwierigkeiten veranlassen uns, uns mit einigen Unklarheiten zu befassen, die in die Psychoanalyse eingewoben sind.

Verstehen und Nicht-Wissen – oder: von der psychoanalytischen Fehlbarkeit

Eine zweite Notwendigkeit für eine sinnvolle psychoanalytische Epistemologie ist ein Fehlbarkeitsbewusstsein, eine Haltung, die einsieht, dass das, was wir »wissen« oder verstehen, unvermeidlich Stückwerk ist und oft genug einfach falsch. Das Wort »Fehlbarkeit« entstand in der Philosophie als Reaktion auf die Erklärung der römisch-katholischen Kirche von der päpstlichen Unfehlbarkeit. Nach dieser Doktrin kann der Papst nicht Unrecht haben, wenn er *ex cathedra* (vom päpstlichen Stuhl aus) über Glaubenssachen oder Moral spricht. Philosophen wie Peirce setzten die Haltung der Wissenschaft dagegen – »reuevolle Fehlbarkeit« –, womit sie den vollkommenen Dogmatismus und Irrationalismus der institutionalisierten Religion entlarvten.

Allerdings ist der Wunsch zu wissen, dass wir wissen, nicht auf die Religion beschränkt. Ein Student fragte mich kürzlich, woher er wissen solle, wann wir Wahrheit oder Verständnis in der klinischen Arbeit erreicht haben. Meine Antwort bezog Hinweise auf pragmatische Kriterien mit ein: Wirkungen auf das Leben des Patienten und auf den psychoanalytischen Prozess und ein ausreichend gutes Verständnis zu erzielen. Ich erwähnte auch die sokratische Vorstellung, dass Weisheit oft in der Anerkennung dessen besteht, was wir nicht wissen.

Die Frage meines Studenten enthält allerdings eine von den epistemologischen Untersuchungen moderner Philosophie und Wissenschaft abgeleitete Annahme, nämlich dass wir uns sicher sein müssen, dass wir wissen (Bernstein, 1983, nennt dies die »kartesianische Angst«). Viele Philosophen des letzten Jahrhunderts haben die Suche nach Sicherheit als Gradmesser für die Wahrheit ausdrücklich aufgegeben. Sowohl amerikanische als auch europäische Denker haben sich der Logik, der Wissenschaftsphilosophie, der Evolutionsbiologie, der menschlich-psychologischen Erfahrung und der Heisenbergschen Unschärferelation zugewandt. Sie benutzen diese Wissenschaften, um ihre Behauptung zu stützen, dass sich Realität entwickelt und dass der Wissende unvermeidlich das zu Wissende beeinflusst. Theorien selbst erfahren eine allmähliche Umwandlung – wenn sie in der Gemeinschaft der Untersucher weiterentwickelt werden (Peirce, 1931-1935) – und erfahren auch Ersatz (Kuhn, 1962). Dennoch wird in psychoanalytischen Schriften und Curricula oft die Ansicht zum Ausdruck gebracht, manchmal auch nur indirekt, dass ein einmal gefundener Wahrheitskern über das Funktionieren des Menschen – Metapsychologie – und über den Wandlungsprozess darin – klinische Theorie – immer schon existiert. Nach dieser Vorstellung müssten wir unsere Theorie nur verfeinern und sorgfältiger anwenden. Nichtsdestotrotz sei der Wahrheitskern schon immer verfügbar.

Zur Kritik des Positivismus innerhalb der Philosophie

Amerikanische Philosophen – unter diesem Aspekt kehren sie zum klassischen Ideal von Sokrates zurück – haben unsere Aufmerksamkeit wieder auf den Prozess der Untersuchung gelenkt. Peirce

(1877) beschrieb in *The Fixation of Belief* Methoden, die Menschen verwenden, um »die Irritation des Zweifels« zu beseitigen und ihre Glaubenssätze zu festigen. Indem er die Methoden von Beharrlichkeit und Geltung verlässt, beschreibt er die Methode der Wissenschaft. Peirce, ebenso wie Kuhn ein Jahrhundert später, dachte an die Naturwissenschaften, die kopernikanische und die darwinistische Revolution. Für Peirce ist Wissenschaft eine öffentliche und sich selbstkorrigierende Methode, bei der jede unerwartet auftretende Tatsache neue Hypothesen generiert. Wenn die Hypothese überlebt, behalten wir sie als Theorie so lange bei, bis die nächste überraschende Tatsache auftaucht. Glaube ist dann der Mangel an aktuellem praktischen Zweifel. In der Psychoanalyse schlossen solche überraschenden Fakten, die zu Theorierevisionen geführt haben, Freuds Entdeckung der Übertragung und Ferenczis Anerkennung der Prävalenz von Kindesmissbrauch ein. Heutzutage könnten wir zu den überraschenden Fakten die Entdeckung weitreichender kognitiv-relationaler Fähigkeiten und interaktiver Prozesse in der frühen Kindheit zählen, die zu neuen Überzeugungen führten.

Peirce warnte allerdings öfters, dass wir unsere Überzeugungen immer in der Schwebe halten müssten, um überraschende Tatbestände zu bemerken und den Untersuchungsprozess selbstkorrektiv halten zu können. Er schlug vor, man solle als Gegenmittel zum Dogmatismus ein großes Schild am Eingang eines jeden Klassenzimmers aufhängen, auf dem zu lesen steht: »Versperre nicht den Weg der Forschung.« Das allerletzte Ergebnis der Untersuchungen, die Wahrheit, wäre nach Peirce die »auf lange Sicht« von der Gemeinschaft der Untersucher geteilte Meinung. (Früh schon drängte Kohut, 1973, darauf, dass Psychoanalytiker wie eine Gemeinschaft von Gelehrten denken und funktionieren sollten.)

Peirces Freund William James (1907) sprach vom »Barwert« der Ideen und der Wahrheit als das, was »funktioniert«. Mit seinen provozierenden Worten wollte er die Aufmerksamkeit auf seinen »radikalen Empirismus« lenken. Er dachte, dass alle philosophisch reflektierbaren Angelegenheiten und Untersuchungen Fragen seien, die aus der Erfahrung entwickelt würden und letztlich unter Berufung auf Erlebbares lösbar seien. Wahrheit war für James einem ständigen Strukturierungsprozess aufgrund eines Austausches zwischen Ideen und Erfahrungen und deren Überprüfung ausgesetzt.

Er meinte, dass »Wahrheit einer Idee *geschieht.* Etwas *wird* wahr, wird durch Ereignisse *wahr gemacht.*« (1909) Nicht dass eine Idee falsch sei, bis eine Erfahrung sie bestätige; die Idee selbst sei nur pragmatisch und erfahrungsgemäß leer.

Vor nicht allzu langer Zeit haben amerikanische Historiker und Wissenschaftsphilosophen, wie z. B. Kuhn und Popper, die Aufmerksamkeit auf den Prozesscharakter der Wahrheit und auf die Suche nach Wahrheit in der wissenschaftlichen Gemeinschaft gelenkt. Kuhn (1962) beschreibt den Ersatz wichtiger Theorien oder von überbrückenden Paradigmen durch umfassendere Theorien und die immensen Widerstände, die neuen Ideen im Allgemeinen entgegengebracht werden.[11] Er schreibt diesen Widerstand dem dem Wissenschaftsbetrieb innewohnenden Charakter mit seiner Organisationsstruktur zu: den Zeitschriften, Lehrplänen, Besitzständen und Konferenzen usw. Diese können nach seiner Meinung die Verbreitung, Förderung und Annahme von neuen Ideen hemmen. Popper (1959) andererseits sah in der Beibehaltung von Annahmen, die prinzipiell oder praktisch nicht falsifizierbar sind, ein viel größeres Hindernis für Wachstum und Veränderung wissenschaftlicher Theorien.

Ähnlich haben europäische Denker wie Husserl (1931) eine Abwendung vom Dogma hin zur Erfahrung empfohlen. Husserl trat für seine Methode der transzendentalen Phänomenologie ein, dafür, alle Vorannahmen auszuklammern oder sie ruhen zu lassen, um die reine Erfahrung zu erreichen und das Wesen der Ideen zu erkennen. Heute sind sich die meisten Psychologen und Philosophen darin einig, dass alle Erfahrung – sogar die Wahrnehmung – strukturiert ist, so dass Beobachtung immer theoriebeladen und unvoreingenommenes Erkennen, wie Husserl es fordert, unmöglich sind. Trotzdem hat Husserls Ermahnung uns ermuntert, unsere Theorien in der Schwebe zu halten und die gespannte Aufmerksamkeit auf das Erleben zu richten.

Die philosophische Hermeneutik hat, besonders in den Human-

[11] Ich hörte kürzlich eine Erzählung, vielleicht apokryph, dass die britische Psychoanalytikerin Susan Isaacs gestresst von einer psychoanalytischen Tagung zurückgekehrte, auf der ihre Vorstellungen hart angegangen worden waren. Ihr Ehemann, Allergologe, soll die Bemerkung gemacht haben: »Es gibt kein mächtigeres Allergen als eine neue Idee.«

wissenschaften, mit viel Energie die Ablehnung der Suche nach Gewissheit vorangetrieben. Die Hermeneutik bezweifelt die Behauptung, dass Fragen über Bedeutungen jemals eine genau richtige Antwort werden haben können (Palmer, 1969). Hermeneutik versucht – zumindest agnostisch bezüglich der Frage der allerletzten Wahrheit –, die vielschichtigen Interpretationen biblischer Texte, literarischer Werke und zunehmend auch menschlicher Erfahrungen zu erforschen. Sie stellt nicht nur die Suche nach der einzig richtigen Interpretation in Frage, sondern ersetzt auch die objektivistische Annäherung an einen Text oder an den erlebenden Menschen. Stattdessen haben wir die phänomenologische Untersuchung, die sich bewusst ist, vom Text oder von einem Menschen angerührt zu werden und den Untersuchungsgegenstand selbst ebenfalls zu beeinflussen. Die Quantenphysik hat die fundamentalen Merkmale der physischen Welt gefunden, die beim Versuch, sie zu messen, verändert werden. Ähnlich weist die Hermeneutik die Annahmen der Objektivisten zurück, die manchem »wissenschaftlichen« Denken zugrunde liegen. Stattdessen konzentriert sie sich auf den zentralen Punkt der Subjektivität und der Intersubjektivität. Solch ein Fokus erfordert, dass wir die Suche nach Gewissheit durch eine Annahme der Fehlbarkeit von Erkenntnis ersetzen.

Zur Kritik des Positivismus in der Psychoanalyse

Freud stellte sich die Psychoanalyse allerdings als eine Wissenschaft vor – ganz im Geiste des Positivismus des 19. Jahrhunderts –, die auf der Neurobiologie aufgebaut ist (Sulloway, 1979). Er dachte, dass seine empirischen Methoden jene im Labor nachahmen könnten, so dass der Einfluss unwesentlicher und verwirrender Variablen reduziert würde.[12] Viele Verfahren, die zur Charakterisierung der Psychoanalyse dazugekommen sind, schulden ihren Ursprung und ihre überdauernde Wirksamkeit der Freudschen Hoffnung, dass die reinen Daten – die Assoziationen des Patienten – »sauber« auf der »leeren Leinwand« untersucht werden könnten, so dass richtige Interpretationen und verlässliche Theorien daraus resultieren würden.

Seit Mitte des 20. Jahrhunderts haben viele Psychoanalytiker die-

[12] Ellenberger (1974) merkt an, dass der junge Freud ein Jahr lang Arbeiten des englischen Empirikers John Stuart Mill ins Deutsche übersetzte.

se Vorstellung über Psychoanalytiker als anonyme und distanzierte Untersucher, die richtige Interpretationen liefern, in Frage gestellt. Wie Ferenczi, der sich mehr um die therapeutische Wirksamkeit als um Freuds Ideal wissenschaftlicher Reinheit kümmerte, haben einige Analytiker vorgeschlagen, sich stärker auf den Patienten einzulassen. Indem sie die großen Unterschiede in den Schwierigkeiten der Patienten, ihre Probleme darzustellen, anführten, forderten Alexander und French (1946) eine erheblich größere Flexibilität in der Praxis als üblich. Sie schlugen vor, Psychoanalyse weniger von ihren technischen Regeln und von der Entwicklung einer Übertragungsneurose her zu definieren. Stattdessen dachten sie sich die Grundlagen der Psychoanalyse definiert als psychodynamische Prinzipien und Ziele. Wenngleich Alexander hauptsächlich mit der Vorstellung »korrigierender emotionaler Erfahrungen« in Verbindung gebracht wird, richtete er seine besondere Aufmerksamkeit tatsächlich auf die individuellen Bedürfnisse des Patienten und auf das Aufgeben von starren Regeln. Gerade weil Menschen Individuen sind, so glaubte Alexander, müsse Psychoanalyse ein inhärent unsicheres und vorläufiges Unternehmen sein. Alexanders »Flexibilität« schenkte den eigenartigen Wegen der Patienten, nach Sinn in ihrem Erleben zu suchen, besondere Beachtung. Sie kündigt bereits die »optimale Responsivität« an, die Bacal (1985) schließlich als Ersatz für Abstinenz und Frustration vorschlägt. Weder Flexibilität noch Responsivität, die beide auf empathischem Verstehen beruhen, sind mit einem starren Bemühen um Richtigkeit oder Gewissheit vereinbar.

George Klein (1976) wies darauf hin, dass der Überbau der Metapsychologie unsere Fähigkeit behindert hatte, aus klinischen Daten zu lernen. Er versuchte eine »Theoriesezierung« von Freuds Werk. Er wollte die klinisch reichen Empfehlungen aus dem herausfiltern, was er als das unnötige Prokrustes-Bett erfahrungsferner Motivations- und Persönlichkeitstheorien ansah, die als psychoanalytische Theorien bekannt geworden sind. Zum Teil von Kleins Arbeit inspiriert, möchte ich hier auf die anhaltende Neigung von Analytikern zu solchen Prokrustes-Betten hinweisen – sowohl theoretisch als auch in der Praxis – und werde eine mögliche Erklärung für solch andauernde Bindungen an diese Vorstellungen vorschlagen.

Atwood und Stolorow (1984) haben, wie Klein, eine radikale

Kehrtwendung gemacht – ähnlich wie Kants »subjektive Wende« in der Geschichte der Philosophie. Sie vermeiden starre *a priori*-Vorstellungen über Persönlichkeit und Motivation. Ihre »psychoanalytische Phänomenologie« meidet ausdrücklich das starre Festhalten an der Triebtheorie oder an der Dreiteilung psychischer Strukturen. Stattdessen empfehlen sie eine Rückkehr zur subjektiven Organisation der Erfahrung des Patienten von seinem Selbst und Anderen. Sie raten dazu, die Beschreibungen von Pathologie, Motivation und therapeutischem Prozess in erfahrungsnahen Begriffen zu formulieren. Um zu erklären, wie der Analytiker zuhört, ersetzen sie die Erwartungen, die der Metapsychologie entnommen werden, durch die persönliche organisierende Aktivität von Analytiker und Patient.

Mit ihrer psychoanalytischen Intersubjektivitätstheorie gehen Stolorow, Brandchaft und Atwood (1987) in dieser Annäherung noch einen Schritt weiter. Sie konzentrieren sich auf den intersubjektiven Charakter der wechselseitigen Suche nach Verständnis in der Psychoanalyse – nicht auf Gewissheit oder Absolutheit. Ebenso wie die Quantenphysiker herausgefunden haben, dass der Wissende das zu Wissende beeinflußt, sogar in der Physik, beharren sie darauf, dass die Organisation der subjektiven Erfahrung des Patienten nur dann verständlich wird, wenn sie einem intersubjektiven Zusammenhang entnommen wird. Diese Vorstellung hängt – obwohl die Verfasser dies nicht ausdrücklich sagen – von einer Prozessphilosophie des Wissens und der Realität ab, ähnlich wie sie von Alfred North Whitehead (1929) formuliert wurde. Er vertrat die Auffassung, dass jedes »eigentliche Ding« sich immer wieder in *Beziehung* zu anderen eigentlichen Dingen *erschafft,* bestimmte Facetten ein- und andere ausschließend. *Um das Offensichtliche nochmals zu sagen: Niemand entsteht allein.* Solch eine relationale Ontologie vom organischen Prozess benötigt die Anerkennung des kontinuierlichen Engagements beider Teilnehmer einer Psychoanalyse. Beide nehmen an der Suche nach einem Sinn und an der Transformation subjektiver Welten teil.

Die Suche nach Sicherheit in der zeitgenössischen Psychoanalyse

Heute sehen wir in vielen Bereichen eine zunehmende Bereitschaft, Theorien in der Schwebe zu halten (vgl. Cooper, 1993). Aber viele Psychoanalytiker bleiben doch weiterhin auf der Suche nach sicheren und verlässlichen Antworten auf Fragen bezüglich Theorie und Praxis. Das fällt besonders auf, wenn Psychoanalytiker versuchen, Psychoanalyse zu definieren. Einige Autoren scheinen insbesondere daran interessiert zu sein, Psychoanalyse von Psychotherapie zu unterscheiden. Psychoanalyse, so fordern sie oft, umfasse den Glauben an unbewusste seelische Prozesse und einen Behandlungsfokus auf Widerstand und Übertragung. Andere behaupten, dass nicht solche theoretischen Vorstellungen die Psychoanalyse von der Psychotherapie abgrenzen, sondern die Verwendung der Couch oder die Häufigkeit der Sitzungen. Andere wiederum bestehen darauf, dass die Verwendung der empathisch-introspektiven Methode, die subjektive Welt des Patienten zu verstehen, das entscheidende Identifizierungsmerkmal psychoanalytischer Arbeit sei. William James könnte uns zu Recht fragen, was der »Barwert« oder der praktische Bezug dieser Diskussion ist.

Die Diskussionen über die Analysierbarkeit von Patienten scheinen ebenfalls die Suche nach Sicherheit widerzuspiegeln. Psychologen, die versuchten, eine Zulassung an einem bekannten psychoanalytischen Institut zu bekommen, haben sich anhören müssen, dass sie vielleicht nicht »analysierbar« seien, und konnten sich deshalb nicht für die psychoanalytische Ausbildung qualifizieren. Außerdem akzeptieren einige Institute die Arbeit von Kandidaten nur, wenn deren Patienten den Kriterien für Analysierbarkeit entsprechen. Solche Unterscheidungen scheinen hauptsächlich dem Machterhalt und der Kontrolle zu dienen, um Behandlungsmisserfolge zu rationalisieren und die Selbstachtung jener zu wahren, die sie verursachen. Flexibleres Denken hat zur Suche nach Theorien und Techniken geführt, bei denen mehr Menschen für analysierbar gehalten werden. Viele ziehen auch die Möglichkeit in Betracht, dass die Analysierbarkeit eines Patienten vom analytischen Paar und nicht vom Individuum allein abhängt.

Ein anderes Beispiel für die Suche nach einzig richtigen Antworten ist die Frage nach der »korrekten« Deutung. Deutungen können als korrekt erscheinen, weil sie von den Grundannahmen einer vertrauten psychoanalytischen Theorie ausgehen. Wie einige wissenschaftliche Theorien können sie einfach, sparsam und »elegant« sein. Unter einem pragmatischen Aspekt können sie mehr Assoziationen aus dem Patienten herauslocken. Sicherlich können einige Deutungen schädlich sein – üblicherweise jene, die eher von der Theorieausrichtung des Analytikers stammen als von der direkten Aufmerksamkeit auf den Patienten. Was erstaunlich bleibt, ist die Bedeutsamkeit, die auf eine Art objektiver Korrektheit statt auf ein wechselseitiges Engagement setzt, um in einen Verstehens- oder Heilungsprozess zu kommen. Dieses Phänomen deutet an, dass Analytiker manchmal mehr auf der Suche nach einer Art kognitiver Wahrheit sind – das uns ein Gefühl, irgendwo geerdet zu sein, vermittelt –, als dass sie versuchen, das emotionale Chaos mit seinen wirren Verstrickungen zu verstehen.

Praktische Fragen, oft von Kandidaten in psychoanalytischen Instituten gestellt und von älteren Analytikern beantwortet und manchmal sogar in psychoanalytischen Konferenzen und Zeitschriften diskutiert, zeigen eine Dringlichkeit, die von der Notwendigkeit kartesianisch »klarer und deutlicher Ideen« zeugt. Darf ich dem Patienten jemals meine Erfahrung enthüllen? Muss jeder Patient die Couch benutzen? Ist irgendeine Handlung außer dem mündlichen Austausch in einer Psychoanalyse annehmbar? Solch schwerwiegende Fragen legen als Voraussetzung zum Erlernen der Psychoanalyse nahe, dass auf prozedurale Fragen allgemein anwendbare Antworten zu finden sein müssten.

Die Dringlichkeit der Fragen kann auch die empfundene Gefahr für unsere Selbstkohäsion widerspiegeln, die einige Patienten für uns darstellen. Kohut (1984) gab ein Beispiel für Starrheit als Ergebnis des Bedürfnisses der Analytikerin, technischen Verfahrensregeln zu folgen:

> Ich kenne beispielsweise eine Analyse, die, nachdem ein schwer traumatisierter Patient zwei Jahre lang stetige Fortschritte gemacht hatte, scheiterte, weil die Analytikerin darauf bestand, die Position ihres Stuhls zu verändern, damit der Patient ihr nicht mehr in bestimmten entscheidenden Augenblicken ins Gesicht sehen konnte. Die Analytikerin versuchte, diesen Schritt vor dem Patienten damit zu rechtfertigen, daß sie sagte, die Regeln der Analyse untersagten diese Art der Befriedigung – wenn

> sie ihm die Befriedigung gäbe, ihr emotional beteiligtes Gesicht sehen zu können, werde das das »Erinnern« und »Durcharbeiten« behindern. Dadurch wiederholte sie die chronisch kalte Haltung der schizoiden Mutter des Patienten, die dem Kind von Geburt an bizarre Verhaltensregeln aufgezwungen hatte und nicht in der Lage gewesen war, mit natürlicher Wärme und Besorgnis zu reagieren. Der Analysand fühlte sich unfähig, diese Veränderung zu ertragen, und beendigte die Behandlung. (S. 316)

Dieses Beispiel veranschaulicht das Festhalten an starren technischen Regeln – rationalisiert als notwendig für die Heilung des Patienten, aber angewandt ohne Bezug zur Erfahrung des Patienten. Offenbar stützt solche Starrheit die positive Bewertung des Analytikers von sich selbst als Experten. Kohuts Geschichte zeigt aber auch die unglücklichen Ergebnisse solcher Starrheit und gibt einen Hinweis auf die möglichen Ursachen vieler Behandlungsmisserfolge. Natürlich werden Übertragungsantworten zu anderen analytischen Haltungen oder Mustern führen. Z. B. kann ungewöhnliche Flexibilität bei einem Patienten, bei dessen Eltern die psychischen Zustände schnell wechselten, vielleicht Alkoholiker, als Retraumatisierung erlebt werden. Hier allerdings beschäftigen wir uns mit den schädlichen Wirkungen von Regeln, bei denen man eigentlich davon ausging, dass sie die Suche des Analytikers nach Gewissheit unterstützen.

Geschichtlich mag die Institutionalisierung, die sich in solcher Besorgnis um Korrektheit in Theorie und Technik widerspiegelt, ihre Ursprünge in Freuds Abwendung von der offiziellen Medizin und der daraus folgenden Notwendigkeit haben, den Psychoanalytikern einen arztähnlichen Status zu verleihen. Freuds Bedürfnis, den Ruf seiner psychoanalytischen Bewegung zu schützen, war eine weitere Quelle des analytischen Vertrauens auf Regeln (Ricci/Broucek 1994). Ellenberger (1970) schreibt: »Mit Freud beginnt die Ära der neuen dynamischen Schulen mit ihrer offiziellen Doktrin, ihrer rigiden Organisation, ihren spezialisierten Zeitschriften, ihren geschlossenen Mitgliedschaften, und es wurden den Mitgliedern verlängerte Initiationen aufgelastet.« (S. 418)

Warum dauert die Suche nach Gewissheit und Korrektheit in Theorie und Praxis unter Psychoanalytikern immer noch an? Ich glaube, dass diese Suche deutlich ausdrückt, dass Analytiker Selbstobjekt-Erfahrungen (Bacal/Thomson, 1993) brauchen, um angesichts des Chaos und des Schmerzes, denen sie immer wieder in ihrer Arbeit begegnen, eine stabile psychische Organisation zu bewahren. Ohne korrekte Theorien, korrekte Interpretationen und korrekte Technik, mit denen wir die vielen Momente des Zweifels bestehen, könnten wir unseren Halt verlieren. Wir könnten Angst vor Fragmentierung bekommen. Alter Schmerz und Verwirrung könnten in uns aufsteigen, um in unserer Arbeit herumzuspuken. Ich glaube, dass viel von der Starrheit und der Suche nach Sicherheit, die ich eben beschrieben habe, der Versuch ist, sich als Analytiker vor diesen Furcht erregenden Bedrohungen für das gewachsene Gefühl einer stabilen Selbst-Erfahrung zu schützen.

Die fallibilistische Alternative

Mit anderen Arten von Unterstützung für die Analytiker – wie Intervision, Supervision, befriedigende persönlichen Bindungen und ausgefüllte Außeninteressen – könnten sich die Fragen und Bedenken verändern und die Ungewissheit weniger Angst erregend sein. Welche Arten von Interventionen – so könnten wir fragen – und welche Arten von Deutungen und Antworten fördern das gegenseitige Verständnis davon, wie sich die Erfahrungen des Patienten organisiert haben? Wie werden emotionale Bindungen zwischen Patienten und Therapeuten aufgebaut, aufrechterhalten und wiederhergestellt? Wie ist der Zusammenhang zwischen diesen Bindungen und dem Veränderungsprozess? Wie können wir aus unseren Misserfolgen oder Fehlern lernen?

Wenn wir also unsere Theorien in der Schwebe halten – sowohl in der Meta- wie auch in der klinischen Theorie –, wird es zunächst erforderlich werden, dass wir uns anderswo Unterstützung für unsere persönliche Stabilität suchen. Dies kann uns auch dazu befähigen – sowohl individuell als auch kollektiv –, die Theorie in kreativere Richtungen voranzutreiben, was sich niemals entwickeln könnte, wenn wir weiterhin nach Gewissheit und Stabilität unserer Erlebensorganisation suchen müssten. Theorien, die die Fehlbarkeit des Verstehensprozesses anerkennen, könnten auch unsere Schamgefühle reduzieren, wenn wir etwas nicht wissen. Mit anderen Worten: Unsere Scham und Angst können fallen gelassen werden zu Gunsten eines Peirceschen »reuemütigen Fehlbarkeitsbewusstsein«.

Um es zusammenzufassen: In diesem Kapitel habe ich mich für zwei intellektuelle Bedingungen einer ausreichend guten analytischen Arbeit eingesetzt, die zugleich zwei Elemente einer angemessenen psychoanalytischen Epistemologie sind. Zunächst benötigen wir eine Theorie, die – sorgfältig ausgesucht – unseren Vernunftidealen entspricht. Die Weigerung, eine Theorie auszuwählen, würde die Weigerung bedeuten, unsere analytische Erfahrung auf beiden Seiten des Therapiezimmers oder der Couch zu durchdenken und zu organisieren. Statt dessen würde diese Weigerung dem Relativismus in die Hände arbeiten, einer Rückkehr zu Hegels Vorstellung von einer »Nacht, in der alle Kühe schwarz sind«. Zweitens müssen wir unsere Theorien mit dem fallibilistischen Denken in der Schwebe halten und uns überraschen lassen sowie uns darauf vorbereiten, unsere theoretischen und klinischen Fehler zuzugeben. Die analytische Ausbildung sollte die Kandidaten auf das Denken vorbereiten, nicht nur darauf, die Theorien Anderer in sich aufzunehmen, sondern auch darauf, deren Denken – falls nötig – zu revidieren.

In den nächsten Kapiteln werde ich über einige praktische und emotionale Bedingungen für die Möglichkeit eines »ausreichend guten« psychoanalytischen Verstehens nachdenken.

4

In Richtung einer Epistemologie des perspektivischen Realismus

»Ich bin so durcheinander«, berichten mir Patienten fast jeden Tag. Sie beziehen sich damit auf ihre emotionale Verwirrung und Desorientiertheit, deren Quellen und Folgen wir versuchen zu verstehen. Gemeinsam nach einem Sinn zu suchen, hilft oft, Licht ins Dunkel zu bringen. Im selben Sinne können wir psychoanalytischen Kollegen uns konzeptuellen Konfusionen nähern, die unsere berufliche Kommunikation und unsere Theoriebildung stören.

Der Verstehensprozess, psychoanalytisch und auf andere Art, ist oft mehrdeutig, versucht aber, Verwirrung aufzuklären. Mehrdeutigkeit und Verwirrung sind nicht dasselbe. Mehrdeutigkeit entsteht, wenn ein Begriff mehr als nur eine übliche Bedeutung hat und wenn ein Sprecher es entweder versäumt, eine Bedeutung zu wählen, oder es nicht schafft, die beabsichtigte Bedeutung zu spezifizieren. Manchmal, wie wir das aus den psychoanalytischen Prinzipien der multiplen Funktionen und Überdeterminierungen kennen, endet die Mehrdeutigkeit in zu großer Vereinfachung. Wir müssen oft einfach mit Mehrdeutigkeiten leben. Konzeptuelle Konfusionen wiederum erleben wir am häufigsten, wenn ein Sprecher die übliche Bedeutung oder Konnotation eines Begriffes nicht kennt oder sie von ähnlichen Begriffen nicht zu unterscheiden weiß. Heutzutage erscheinen manchmal in Diskussionen von Psychoanalytikern die für das Selbstverständnis unseres Berufes entscheidenden philosophischen Fragen sowohl mehrdeutig als auch verwirrend. Während die Mehrdeutigkeit harmlos sein mag, können die Konfusionen uns in einen klinischen Nebel hineintreiben und uns unfähig machen, unseren Patienten zu einem angemessenen Realitätsverständnis zu verhelfen, weil wir nicht wissen, wie wir für uns selbst eines finden sollen. Um die Verwirrung aufzuklären, brauchen wir sorgfältige Unterscheidungen.

Zum Rüstzeug der Philosophen gehörte lange Zeit das Unterscheiden. Aus dieser Tradition heraus versuche ich hier eine bescheidene und beschränkte Aufgabe: drei Unterscheidungen zu treffen und auf ihre Bedeutung für die psychoanalytische Theorie hinzuweisen. Im Wesentlichen unterscheide ich zwischen Subjektivität und Subjektivismus, zwischen Subjektivismus und Relativismus und zwischen Objektivismus und Realismus. Diese Unterscheidungen werden mir erlauben, diejenige Epistemologie zu formulieren, von der ich glaube, dass sie passt, um psychoanalytisches Verstehen als intersubjektiven Prozess zu beschreiben. Diese Sichtweise nenne ich »perspektivischen Realismus«.

Subjektivität versus Subjektivismus

Heute ersetzt der Begriff »Subjektivität« etwas grob Freuds Begriff der »psychischen Realität«. Die Gleichsetzung ist nicht ganz exakt, weil »psychische Realität« die Existenz oder Bedeutung von »äußerlicher Realität« impliziert, während »Subjektivität« sich üblicherweise meist auf die persönliche Organisation von Erfahrung bezieht und die Frage nach externer oder objektiver Realität offen lässt. Atwood und Stolorow (1984) entlehnen den Begriff Husserls transzendentaler Phänomenologie. Sie bereichern ihn mit Vorstellungen aus Kohuts Aufsatz »Introspektion, Empathie und Psychoanalyse« (1959), in dem er unmissverständlich forderte, dass die Domäne der Psychoanalyse sich auf das beschränke, was durch Introspektion und Empathie zugänglich ist. Subjektivität schließt sowohl den Prozess als auch die Aktivität organisierender Erfahrung und das Ergebnis dieser Organisation als relativ überdauernde Konfiguration ein. Diese überdauernde Gestalt formt und beschränkt die künftige Erfahrung einer Person und deren Aktivität.

Subjektivität unterscheidet sich von Subjektivismus. Epistemologischer Subjektivismus hält sich an die kartesianische Vorstellung, dass Wahrheit und Wissen nur über die individuelle Subjektivität zugänglich sind. Ethischer Subjektivismus bedeutet, dass das Gute oder das Böse in Handlungen von der Sichtweise des Einzelnen abhängt, dass moralische Werte radikal individuell sind. Epistemologischer Subjektivismus endet in radikalem Solipsismus, wie er z. B. bei Husserl enthalten ist, aber nicht von allen, die von seiner Arbeit angeregt wurden, geteilt wird. Im Solipsismus ist das Wissbare lediglich der Inhalt des eigenen Geistes. Für Atwood und Stolorow »stellt die Praxis der transzendentalen Phänomenologie ein vom sozialen Leben abgetrenntes Gedankenspiel dar, innerlich um sich selbst kreisend, fälschlich ein verdinglichtes Symbol der eigenen Einsamkeit mit der Entdeckung absoluten Grundes« (1984, S. 13) verwechselnd. Husserls Phänomenologie besteht auf der Allgemeingültigkeit der Reduktion, nichts für selbstverständlich zu halten. Sie anerkennt nur das als gültig, was subjektiv entsteht. Mit den Worten des Phänomenologie-Historikers Herbert Spiegelberg:

> Während es wahr ist, daß Husserl der Begründer und die zentrale Figur der [phänomenologischen] Bewegung bleibt, ist er zugleich ihr radikalster Repräsentant, und das nicht nur in dem Sinne, daß er zu den Wurzeln vorzustoßen versuchte, sondern daß er tiefer und tiefer grub und dabei oft seine früheren Ergebnisse untergrub; er war stets das extremste Mitglied seiner Bewegung, und wurde dabei zunehmend der einsamste von ihnen allen. (1960, S. xviii)

Nach Lauer (1978) endet das phänomenologische Projekt lediglich mit »Edmund Husserls splendid isolation« (S. 165).

Auch wenn die Phänomenologie sich über Husserls eigene Sichtweise hinaus entfaltet, liegt der Schwerpunkt der Forschungen zur Subjektivität, die durch Husserl inspiriert worden sind, nicht auf der gleichen Linie mit Husserls Subjektivismus/Solipsismus. Wie Lauer anmerkt, kann »es keine Frage sein, daß die Phänomenologie, geschichtlich gesprochen, in der jüngsten Zeit die wichtige phänomenologische Funktion erfüllt, die Aufmerksamkeit stärker auf das Erleben zu richten, statt nur den legitimen Anfangspunkt allen Philosophierens zu markieren« (1978, S. 167). Ähnlich könnten wir sagen, dass die Phänomenologie die Psychoanalyse zum einzig legitimen Ausgangspunkt hinführt: der Erfahrung des Subjekts. Jede phänomenologische Sichtweise der Methode und der Theorie der Psychoanalyse (Kohut, 1959; Atwood/Stolorow, 1984) erfordert, dass wir Voraussetzungen zurückstellen – diagnostische, metapsychologische und andere – und so weit wie möglich von der subjektiven Erfahrung des Patienten her arbeiten. Nur indem wir unsere theoretischen und anderen Voreinstellungen bei Seite stellen, können wir Verständnis für die wesentlichen Strukturen der Subjektivität des Patienten entwickeln. Die Wendung »so weit wie möglich« anerkennt die Grenzen dieses phänomenologischen Ansatzes, die von unserer eigenen subjektiven Geschichte und unserer Erlebensorganisation gezogen werden. Auch wenn Husserl, der sich mit dem Erleben Anderer nicht befasste, sich für diese Grenzen wenig interessierte, können wir sie dennoch nicht umgehen. Manchmal entdekken wir sie unter der Rubrik »Gegenübertragung« oder Co-Übertragung, wie ein Intersubjektivist sagen würde (vgl. Kapitel 5 zur Unterscheidung zwischen Gegenübertragung und Co-Übertragung). Außerdem wissen wir jetzt, dass wir unseren unvermeidlichen Einfluss auf die subjektive Erfahrung des Patienten anerkennen müssen.

Für Husserl (1931) aber mussten der Suche nach den wesentlichen Strukturen von Subjektivität Überlegungen zur Intersubjektivität vorausgehen. Diese Vorstellung verhinderte, dass seine Philosophie jemals bis zur Erklärung der Eigenschaften und Implikationen von Intersubjektivität vorankam. Der radikal ahistorische Charakter von Husserls Phänomenologie verhinderte die Berücksichtigung von Effekten vergangener Beziehungserlebnisse auf die Subjektivität einer Person. Deshalb schloss die völlige Nicht-Beachtung der Voraussetzungen relationale Muster von der Suche nach gegenwärtigen Strukturen von Subjektivität aus. Psychoanalytische Phänomenologie muss – um psychoanalytisch zu sein – unsere frühere und gegenwärtige Erfahrung von Anderen in Betracht ziehen. Sie darf aber nicht weniger philosophisch radikal sein als Husserls Phänomenologie. Wir können die Entscheidung, ob eine Phänomenologie, die in Geschichte und Beziehung eingewoben ist, noch Phänomenologie ist, gern den Philosophen überlassen.

Mein Punkt ist, dass wir, wenn wir den Bereich der Psychoanalyse als denjenigen der subjektiven Organisation von Erleben definieren, nicht verpflichtet sind, an Husserls radikalem Subjektivismus oder Solipsismus festzuhalten. Stattdessen geben wir unserer Subjektivität einen Kern und eine Struktur, indem wir vergangenes und gegenwärtiges Erleben assimilieren und organisieren, vor allem Beziehungserlebnisse. Ich kenne mich zum Beispiel als einen hartnäkkigen und disziplinierten Menschen, weil ich den Aussagen anderer Menschen, die über meine Arbeitsgewohnheiten sprechen, diesen Sinn entnehme. Solches Erfahrungswissen enthält sowohl das Gegebene – mein Unkraut zupfen, meine Malerei oder das Schreiben – als auch die Organisation des Gegebenen innerhalb intersubjektiver Felder.

Subjektivismus versus Relativismus

Subjektivismus deckt sich nicht mit Relativismus und kann nicht einmal kompatibel damit sein. Relativismus – eine radikale Abhängigkeit von Theorie, gesellschaftlichem Zusammenhang, Umständen oder Nützlichkeit – leugnet die Existenz jeglicher universeller Wahrheit oder moralischer Grundsätze. Für den Relativisten verändert sich die Wahrheit mit gesellschaftlich konstruierten theoretischen Strukturen und ist nicht – wie es sich für den Subjektivisten darstellt – ein Ergebnis der Subjektivität des Individuums. Goldberg zum Beispiel betrachtet Relativismus als eine Leugnung von Objektivismus: »Relativismus ist eine Sichtweise, die die Welt für eine variable Sache hält, die keine inhärente Zusammensetzung haben muss, wie wir es entscheiden, wenn wir sie kategorisieren.« (1988, S. 44) Ein Relativist kann die Wahrheit oder die Moralität nur innerhalb eines sozial akzeptierten Rahmens einschätzen. Für einen moralischen Relativisten entscheiden situative Kriterien außerhalb des moralisch Handelnden die Moralität einzelner Handlungen, während für den Subjektivisten Moral ein Ergebnis der subjektiven Präferenzen und Werte darstellt. Sowohl Subjektivisten als auch Relativisten leugnen die Existenz universeller Wahrheiten oder moralischer Werte. Die Wahrheiten und moralischen Kriterien, die sie erkennen, legen sie jedoch sehr unterschiedlich fest: der Subjektivist im Individuum, der Relativist in der theoretischen Struktur oder dem gesellschaftlichem Zusammenhang. Der amerikanische Philosoph Richard Bernstein (1983) unterscheidet sorgfältig Relativismus von Subjektivismus. Nach seiner Meinung war ein absoluter Subjektivist wie Husserl kein Relativist. Seine transzendentale Phänomenologie »beabsichtigte, die endgültige Antwort auf alle Formen von

Relativismus, Skepsis und Historizismus« (1988, S. 11) zu geben. Andererseits muss ein Relativist nicht ein Subjektivist sein. Mit Bernsteins Worten:

> Sein oder ihr [des Relativisten] wesentlicher Anspruch ist, daß es keine höhere Bezugnahme geben kann als ein vorgegebenes konzeptuelles System, Sprach-Spiel, eine Gruppe von gesellschaftlichen Praktiken oder eine historische Epoche. Es gibt eine nicht weiter reduzierbare Vielfalt solcher Systeme, Paradigmen und Praktiken; es gibt keinen substantiellen Überbau, in dem völlig unterschiedliche und alternative Systeme vergleichbar wären – keinen universellen Standard, der irgendwie außerhalb und über diesen konkurrierenden Alternativen stehen könnte. Aber der Relativist fordert nicht notwendigerweise, daß etwas Subjektives in diesen Systemen, Paradigmen und Praktiken existiert. (1988, S. 11f.)

Wir könnten Bernstein vernünftigerweise fragen, ob ein Relativist überhaupt *jemals* ein Subjektivist sein kann. Relativismus erscheint hier nicht als Husserlscher Subjektivismus, sondern als protagoreische Epistemologie und als eine moralische Position, die Universelles ablehnt. Protagoras Ausspruch »der Mensch ist das Maß« bedeutet nicht, dass individuelle Subjektivität die allerletzte Realität oder das letzte moralische Berufungsgericht ist. Der protagoreische Relativismus vermittelt, wie Bernstein sagt, »daß es keine höhere Bezugnahme geben kann als ein vorgegebenes konzeptuelles System, Sprach-Spiel, eine Gruppe von gesellschaftlichen Praktiken oder eine historische Epoche«. Vielleicht meint Fosshage (1994) diese Bedeutung, wenn er den Relativismus dem wissenschaftlichen Positivismus entgegensetzt und andeutet, dass Relativismus der psychoanalytischen Situation besser gerecht wird, insbesondere den Formen der Bezogenheit, die wir Übertragung und Gegenübertragung nennen. Aber der Relativismus bleibt verwundbar für den traditionellen Vorwurf der Inkohärenz: Um Positivismus und Relativismus vergleichen zu können, bräuchte man eine nicht-relativistische epistemologische Position, die wiederum von einer weiteren externen Position evaluiert werden müsste – und so weiter bis zum infiniten Regress. Man muss eine nicht-relativistische Position einnehmen, um den Relativismus zu wählen. In der Tat muss man sogar ein Nicht-Relativist sein, um unter Theorien zu wählen. Psychoanalyse braucht deswegen Alternativen sowohl zum Relativismus als auch zum Positivismus, zum wissenschaftlichen Empirismus und zum naiven Realismus. Es ist genau diese Notwendigkeit, die meine dritte Unterscheidung anspricht.

Objektivismus versus Realismus

Indem wir zwischen Relativismus und Subjektivismus unterscheiden, bereiten wir uns darauf vor, die so genannte objektive Realität und ihre Beziehung zum psychoanalytischen Dreh- und Angelpunkt auf das Erleben zu bedenken. Es mag so aussehen, als würde die ausschließliche Konzentration auf die Erfahrungswelt des Patienten das vernachlässigen, was Interpersonalisten »Probleme des Alltags« nennen. Die empathische Introspektion oder nachhaltige empathische Erforschung scheint den Zugang des Analytikers zu Daten, die durch normale Wahrnehmungsprozesse zu gewinnen sind, zu beschränken oder sogar zu verschließen. So wie europäische Denker wie Gadamer und Habermas fragen könnten: Was kann schon eine Welt der Bedeutungen Gutes haben, wenn sie von der Praxis, der Handlung, die von praktischer Weisheit ausgeht, abgetrennt ist?

Um die konzeptuellen Probleme, die dem Subjektivismus innewohnen, ebenso zu umgehen wie den selbstwidersprüchlichen Relativismus und die Vernachlässigung der praktischen Realitäten, müssen wir eine Unterscheidung zwischen Objektivismus und Realismus einführen (vgl. Potter, 1994). Die genauen Definitionen und die Geschichte vieler Objektivismen müssen uns hier nicht interessieren. Was sie gemeinsam haben – im Gegensatz zu allen Formen des Subjektivismus und des Relativismus – ist der Anspruch, dass es grundsätzliche und universelle Kriterien für die Beurteilung von Wahrheit und Unwahrheit, richtig und falsch, gibt. Eine übliche Form des Objektivismus, auch als Empirismus bekannt, behauptet, dass die allerletzte Instanz so etwas wie »objektive Realität« oder die »Tatsachen« sei. In der Wissenschaftsphilosophie der 1950er-Jahre (Hempel, 1951; Popper, 1959) forderte dieser Empirismus, dass jede Theorie sich die Prüfung auf Falsifizierbarkeit gefallen lassen musste, um als wissenschaftlich zu gelten. Das heißt, die Befürworter der Theorie mussten spezifizieren, welche Versuchsergebnisse zur Ablehnung oder Falsifizierung der Theorie führen würden.

Die Geisteswissenschaften, einschließlich der Psychoanalyse, konnten daher ebenso leicht wie Religion, Metaphysik und Astrologie von der wahren Wissenschaft ausgeschlossen werden. Nur eine Theorie, die sich der Falsifizierbarkeit anhand experimenteller Beweise unterwarf, wurde als wissenschaftlich anerkannt und »kognitive Signifikanz« (Hempel, 1951; Suppe, 1977) beigemessen. Deshalb haben psychoanalytische Objektivisten die Übertragung als Verzerrung angesehen, die vom beobachtenden Analytiker als solche gesehen und mit den Tatsachen verglichen werden konnte. Ein bedeutsameres Kriterium für psychologische Gesundheit war für Objektivisten der Zugang zu den Fakten oder die Realitätsprüfung.

Die post-empiristische Wissenschaftsphilosophie, die Kuhn, Feyerabend, Hesse und andere vorgestellt haben, lehnt fast ausnahmslos diese Formen von empiristischer Epistemologie ab. Die britische Philosophin Mary Hesse (1980) greift Gewinn bringend die zugrunde liegende Bedingung auf, dass radikale Unterschiede zwischen den Naturwissenschaften und den Geisteswissenschaften existieren. Sie behandelt ausführlich fünf Gegensätze, von denen Objektivisten gemeint haben, dass sie die Natur- und die Geisteswissenschaften entzweien. Der erste und der fünfte dieser Gegensätze sind am hervorstechendsten für die Sichtweise, die ich empfehle:

> 1. In der Naturwissenschaft nimmt man an, daß Erfahrung objektiv, überprüfbar und unabhängig von einer theoretischen Erklärung ist. In der Geisteswissenschaft sind die Daten nicht unabhängig von der Theorie: Was als Datum zählt, hängt ab von der theoretischen Interpretation; und die Fakten selbst müssen im Lichte von Interpretationen rekonstruiert werden...
>
> 5. Bedeutungen in den Naturwissenschaften sind von Fakten unabhängig. Bedeutungen in den Geisteswissenschaften schaffen erst Tatbestände, weil die Daten aus Dokumenten, Inschriften, intentionalem Verhalten, gesellschaftlichen Regeln, menschlichen Artefakten und dergleichen bestehen, und diese sind für den Handelnden nicht trennbar von ihren Bedeutungen. (S. 170f.)

Nehmen wir an, dass diese Unterschiede zwischen den Natur- und den Geisteswissenschaften tatsächlich existieren. Dann würde die Übertragung lediglich der Geisteswissenschaft ähneln, einer Verzerrung oder sogar eher einer Illusion ähnlich, vergleichbar mit den objektiv nachweisbaren Fakten, die uns die Naturwissenschaften beschaffen, sagen wir z. B. von medizinischen Tests. Dennoch wird nun jedes Merkmal der Geisteswissenschaften ebenso den Naturwissenschaften zugewiesen. Damit stellt die gegenwärtige Wissenschaftsphilosophie solche althergebrachten psychoanalytischen Vorstellungen wie Realitätsprüfung und Übertragung als Verzerrung ernsthaft in Frage. Hesse fasst weiter die Folgerungen von post-empiristischen Wissenschaftsphilosophien zusammen, die die Gegensätze unterlaufen:

> 1. In den Naturwissenschaften sind die Daten nicht unabhängig von der Theorie. Was als Daten zählt, muss im Licht theoretischer Interpretation bestimmt werden, und die Fakten selbst müssen im Lichte von Interpretation rekonstruiert werden...
>
> 5. Bedeutungen in der Naturwissenschaft werden von der Theorie bestimmt; sie werden eher anhand theoretischer Kohärenz als in Übereinstimmung mit Fakten verstanden. (S. 171f.)

Diese Gegensätze abzulehnen bedeutet nicht, dass es keine Unterschiede zwischen den Natur- und den Geisteswissenschaften gäbe. Trotzdem bestehen ihre Unterschiede nicht in einem honorigen wissenschaftlichen Status so genannter objektiver Tatbestände. Der so gründlich in der jüngsten Wissenschaftsphilosophie abgelehnte Empirismus bleibt allerdings in der Psychoanalyse weiter populär (Hanly, 1992). Unsere Theorie und Praxis sind bislang relativ isoliert geblieben – und bis in die jüngste Vergangenheit unbeeinflusst vom Ferment der universitären Wissenschaftsphilosophie. Von Freuds Zeit ausgehend hat die Psychoanalyse eine lange Tradition, sich eine Wissenschaft zu nennen und sich zu wünschen, eine angesehene Naturwissenschaft im empirischen Sinne zu sein. Außerdem sehnen sich Psychoanalytiker vielleicht – wenn sie denn völlig im Reich der Bedeutungen arbeiten sollen – nach der Gewissheit von Fakten und Universellem. Jedenfalls öffnet das post-empiristische Verständnis von der Natur der Wissenschaft beachtlichen Raum für die Psychoanalyse – sogar ohne zu objektiver Realität Zuflucht nehmen zu müssen –, besonders für intersubjektive und relationale Theorien.

Die Ablehnung des Objektivismus impliziert nicht die Unwahrheit jeder Form von philosophischem Realismus. Realismus basiert auf der Annahme, dass einige Dinge nicht von unserer Meinung über sie abhängen. Ein Realist glaubt, dass es etwas gibt oder dass etwas auftauchen könnte, das fast vollständig gewusst, entdeckt oder ausgesprochen werden kann. Mit den Worten von Peirce: »Das Reale ... ist das, worin schließlich über kurz oder lang die Informationen und das logische Denken enden, und das deswegen unabhängig von meinen oder Ihren Unwägbarkeiten ist.« (1868, S. 168)

Peirce gibt uns auf diese Weise eine gründliche Vorstellung vom Prozesscharakter der Realität.[13] Wissenschaftlicher Empirismus, den wir nicht mit Wissenschaft gleichstellen sollten, ist eine moderne Version des objektivistischen Commonsense-Realismus. Seine Poppersche Variante ist darauf angewiesen, dass Befürworter einer jeden Theorie jene sachlichen Zustände spezifizieren, die sie veranlassen könnten, die Theorie als unzureichend zu betrachten – das Falsifizierungskriterium. Selbst in den Naturwissenschaften ist solch empiristischer Realismus seit der Entwicklung der Quantenphysik mit ihrem Beharren auf dem Einfluss des Beobachters auf alles, was beobachtet werden soll, veraltet. Korrespondenztheorien über die Wahrheit scheinen jetzt nur noch naiv zu sein.

Andere Formen von Realismus, besonders jene, die die Wahrheit als sich allmählich in einer Gemeinschaft von Forschern (Peirce, 1931-1935) oder in einer dialogischen Gemeinschaft bilden sehen, erweisen sich als vielversprechender. Eine Version dieses kommunikativen oder intersubjektiven Realismus (Bernstein, 1992) könnte ein Perspektivismus sein, der Realität als sozialen oder sozial artikulierten Prozess versteht. Jeder Teilnehmer an der Untersuchung hätte aus einer bestimmten Perspektive einen Zugang zu einem Teil oder Aspekt der Realität. Eine unendliche – oder zumindest eine unbestimmte – Zahl solcher Perspektiven ist möglich. (Hoffman, 1983, wendet einen ähnlichen Perspektivismus auf die Übertragung und Gegenübertragung an.) Da keiner von uns vollständig über die Grenzen seiner persönlichen Perspektive hinaus gehen kann, ist unsere Sicht der Wahrheit notwendigerweise partiell, aber Gespräche können unseren Zugang auf das Ganze erweitern.

---

[13] Ironischerweise geht die ursprüngliche philosophische Bedeutung des Begriffs Realismus, d. h. dass Allgemeines unabhängig vom menschlichen Wissen existiert, auf Platon zurück, der jede Form von Commonsense-Realismus vermied.

Solch ein intersubjektiv-perspektivischer Realismus – den ich perspektivischen Realismus nenne – ist dem kulturellen und epistemologischen Relativismus, den ich oben erwähnte, nicht gleichwertig. Vielmehr sind Kulturen und Theorien selbst Perspektiven aufkeimender Wahrheit. Auch beschreibt ein solcher Realismus nicht das historisch Narrative, über das in einer Behandlung verhandelt wird (Spence, 1982; Schafer, 1983). Obwohl eine solche Erörterung eine Annäherung an einen größeren Prozess im Kleinen darstellt, kann damit nur eine andere Perspektive »der Wahrheit« zur Verfügung gestellt werden. Stattdessen erkennt der perspektivische Realismus, dass die einzige Wahrheit oder Realität, zu der Psychoanalyse sich einen Zugang verschaffen kann, die subjektive Organisation von Erfahrung, verstanden in einem intersubjektiven Kontext, ist (Stolorow/Brandchaft/Atwood, 1987). Gleichzeitig ist solch eine subjektive Organisation von Erfahrung eine Perspektive auf eine umfassendere Realität. Diese Realität können wir niemals völlig erarbeiten oder kennen lernen, ihr uns aber immer weiter nähern, sie begreifen, artikulieren und teilen. Mit anderen Worten: Im Gegensatz zu Husserls Phänomenologie kann eine intersubjektive Theorie die Bedeutung gesellschaftlichen Lebens und die Auswirkungen des praktischen Lebens in der Welt anerkennen. Kohuts Selbstpsychologie sieht Subjektivität als die vollständige Domäne der Psychoanalyse und so genannte äußere Ereignisse nur dann als bedeutsam an, wenn der Patient sie erlebt und organisiert. In der Tat schließt diese Sichtweise Commonsense-Realismus, Korrespondenztheorien und wissenschaftlichen Empirismus aus. Sie schließt nicht die Möglichkeit des Dialogischen, des Gemeinsamen oder des perspektivischen Realismus aus. In solch einem gemäßigten Realismus ist das Reale ein auftauchender, selbstkorrigierender Prozess, der nur teilweise über persönliche Subjektivität zugänglich ist, wohl aber zunehmend im gemeinsamen Dialog verstehbar wird.

5

Co-Übertragung: Die Perspektive des Analytikers

Jedes Wort ist Vorurteil.
Friedrich Nietzsche,
Der Wanderer und sein Schatten

Ich wuchs als ältestes von zehn Kindern auf. Alles war knapp, sowohl ökonomisch als auch emotional. So wurde ich erzogen, um ein Geber, nicht ein Empfänger von Fürsorge zu sein. Ich konnte mich hauptsächlich wegen der bloßen Zahl von Aufgaben wertschätzen, die ich erledigte, um die Familie in Gang zu halten. In meinen frühesten Erinnerungen falte ich Windeln und werde für die Ungezogenheiten meiner jüngeren Geschwister oder für den Schaden, den sie anrichteten, verantwortlich gemacht. Diese Geschichte – und noch vieles mehr, was ich nicht ausführlich erzählen möchte – bildet realiter meine Erfahrung als Klinikerin. Mit meiner intellektuellen und klinischen Ausbildung filtert, informiert und organisiert diese Geschichte sowohl meine Vorstellungen als auch meine Responsivität Patienten gegenüber, ob sie nun zu den ältesten, jüngsten oder mittleren gehören oder Einzelkinder sind.

Ein intersubjektiver Zugang zu psychoanalytischem Verständnis muss die subjektive Welt des Analytikers mit berücksichtigen, einschließlich seiner Theorie, seiner Persönlichkeit, seiner emotionalen Geschichte und seiner präreflexiven Organisationsprinzipien. Als Co-Übertragung bezeichnet man hauptsächlich den Beitrag des

Analytikers zum intersubjektiven Feld in der psychoanalytischen Behandlung. Weiter gefasst bezieht sich der Begriff auf die gleichzeitige und gegenseitige organisierende Aktivität von Analytiker und Patient. Er schließt nicht die traditionelle Bezugnahme zur Verzerrung oder zu der entsprechenden Idee einer objektiven Realität, zu der der Eine einen Zugang hat und der Andere nicht, mit ein. Als perspektivischer Begriff umfasst er aber die ursprüngliche Vorstellung von Übertragung – oder Übernahme – von relationaler Geschichte, in der sich jede persönliche Perspektive herausgebildet hat.

Die Gegenübertragung in der Entwicklung der Selbstpsychologie

Ich beginne mit der Überprüfung des Konzeptes der Gegenübertragung in der Entwicklung der Selbstpsychologie. Relationale Analytiker sind der Auffassung, dass die Selbstpsychologie zu wenig Aufmerksamkeit auf die Gegenübertragung richtet. Ihre hilfreiche Kritik reizte mich, mir nochmals Gedanken zur Gegenübertragung zu machen, und regte mich an, davon ein konsistenteres Konzept aus beiden – Selbstpsychologie und Intersubjektivitätstheorie – zu entwickeln.

Kohut begann sein richtungweisendes Buch *Narzißmus* (1971) folgendermaßen:

> Der Gegenstand dieser Monographie ist die Untersuchung gewisser Übertragungsphänomene oder vergleichbarer Zustände bei der Psychoanalyse narzißtischer Persönlichkeiten und der Reaktionen des Analytikers auf sie, einschließlich seiner Gegenübertragungen. (S. 17)

Mit Gegenübertragung meinte Kohut, dass Reste der narzisstischen Störungen des Analytikers die Entwicklung von und die Analyse der Selbstobjektübertragungen beeinträchtigten. Er zitierte zum Beispiel die »Neigung einiger Analytiker (manchmal als Folge der Mobilisierung ihrer Gegenübertragung) ..., mit irrtümlichen oder vorzeitigen oder auf andere Weise falschen Deutungen zu reagieren, wenn sie von ihren Patienten idealisiert werden« (S. 165). Wenn solche Gegenübertragungen stabil sind, bestehen sie nach

Kohut oft aus »quasi-theoretischen Überzeugungen oder aus einer spezifischen Charakterabwehr oder (was häufig der Fall ist) aus beiden« (S. 299). In den letzten Kapiteln von *Narzißmus* widmete Kohut den Gegenübertragungsantworten von Analytikern auf die verschiedenen narzisstischen Übertragungen große Aufmerksamkeit.

Er kam auf das Thema Gegenübertragung kurz in seinem posthum erschienenen Buch *Wie heilt die Psychoanalyse?* (Kohut, 1984) zurück, in dem er die Gegenübertragung nach seiner Definition weiterhin als nachteilig betrachtete. »Wenn wir klar sehen wollen«, schrieb Kohut, »müssen wir die Linsen unserer Vergrößerungsgläser sauber halten; wir müssen vor allem unsere Gegenübertragungen erkennen und damit den Einfluß von Faktoren minimieren, die unsere Wahrnehmung der Mitteilungen und der Persönlichkeit des Analysanden verzerren.« (S. 63f.) Er bestritt weiter die Anwendbarkeit des Prinzips, dass der Beobachter das Beobachtete beeinflusse, für die Psychoanalyse. Kohut schrieb die Schwierigkeiten beim analytischem Verständnis vielmehr »den Schwächen des Analytikers als Beobachtungsinstrument« (S. 65) zu.

Seit Kohut die Gegenübertragung als problematisch ansah, mag es für Selbstpsychologen schwierig sein, sie als wesentlichen Teil der Theorie und des Prozesses der psychoanalytischen Heilung zu betrachten. Außerdem glaubte Kohut, dass eine gute psychoanalytische Theorie, ebenso wie eine gute analytische Behandlung, sich nicht auf die Persönlichkeit des Analytikers beziehen sollte (1971, S. 222f.). Psychoanalyse sollte eine nicht-idiosynkratische Wissenschaft sein, die nicht-charismatischen Praktikern gelehrt werden kann. Die Praktiker sollen allerdings nicht traditionell neutral sein. Unterstützendes Zuhören, um etwas zu verstehen und zu erklären, sei keine neutrale Aktivität, meinte er. Ich glaube, dass Kohut – sogar noch in seinen letzten Jahren – zwischen seinem Wunsch hin- und hergerissen war, einerseits die menschlichen Determinanten in der Psychoanalyse zu betonen, andererseits aufgrund seiner klassischen Ausbildung persönliche Elemente herausfiltern wollte. Diese Ambivalenz könnte ihn davon abgehalten haben, sich die Gegenübertragung so vorzustellen, wie es spätere Selbstpsychologen getan haben.

Wolf (1988) zum Beispiel übernimmt Gills (1982) Verwendung des Begriffs und sieht die Gegenübertragung umfassender als die

Beziehungserfahrung des Analytikers mit dem Patienten (1988, S. 137). Er unterscheidet zwischen unterschiedlichen Gegenübertragungen: 1. die Freude des Analytikers an seiner Wirksamkeit; 2. die »angemessenen Gegenübertragungen«, »begründet in den archaischen Resten seiner Selbstobjektbedürfnisse« (1988, S. 144) und 3. die reaktiven Gegenübertragungen – die von Kohut entdeckten Neigungen, defensiv die idealisierenden, spiegelnden und Verschmelzungs-Übertragungen aufzudecken. Da Wolf einer der engsten Mitarbeiter von Kohut war, ist seine Wendung zu einer umfassenderen Konzeptualisierung der Gegenübertragung wichtig.

Die Intersubjektivitätstheorie geht mit ihrer Sicht der Bedeutung der Gegenübertragung noch weiter. Für Atwood und Stolorow entsteht der psychoanalytische Prozess aus der Überschneidung und dem Wechselspiel zweier unterschiedlich organisierter Subjektivitäten. Sie schreiben, dass »Patient und Analytiker gemeinsam ein unauflösliches psychologisches System bilden« (1987, S. 13). Ihre Vorstellung von Psychoanalyse erinnert an Gadamers (1976) Darstellung des spielerischen Austausches:

> Wie man miteinander ins Gepräch kommt und nun von dem Gespräch gleichsam weitergetragen wird, darin ist nicht mehr der sich zurückbehaltende oder sich öffnende Wille des einzelnen bestimmend, sondern das Gesetz der Sache, um die es im Gespräch geht, welches Rede und Gegenrede hervorlockt und am Ende aufeinander einspielt. (S. 152)

Innerhalb eines solchen Dialoges verstehen Stolorow, Brandchaft und Atwood (1987) Gegenübertragung als »die psychologischen Strukturen und organisierenden Aktivitäten des Analytikers« (S. 65). Sie behaupten, dass »Übertragung und Gegenübertragung zusammen ein intersubjektives System von wechselseitigem Einfluß bilden« (S. 65).

Einige Selbstpsychologen, insbesondere jene, die von Intersubjektivitätstheorien beeinflusst wurden, haben sich deutlich von Kohuts negativer Sicht der Gegenübertragung ab- und einer umfassenderen Definition des Begriffs zugewandt. Die Selbstpsychologie erkennt nun klarer den Einfluss des beobachtenden Analytikers (dessen Erleben der analytischen Beziehung Gegenübertragung im umfassenderen Sinne ist) auf das Beobachtete an. In selbstpsychologischen Falldarstellungen finden wir zunehmend Diskussionen über die organisierende Aktivität des Analytikers, dessen Geschichte und Persönlichkeit. Wir schreiben seltener so, als ob der Analysand der Einzige wäre, der sein Erleben organisiert oder neu organisiert (Goldberg, 1988; Thomson, 1991).

Selbstpsychologen sind allerdings so verwickelt und betroffen bezüglich des Erlebens ihrer Patienten, dass wir manchmal vergessen, dass wir auch noch da sind. Bisher hat uns unsere ehrenvolle Anstrengung, die Patienten von ihrem Standpunkt aus zu verstehen, davon abgehalten, zu erkennen und daran zu erinnern, dass wir auch etwas zur *Formung* der Erfahrung des Patienten beitragen (der Einfluss des Beobachters auf das Beobachtete). Unsere Bemühungen können auch dadurch torpediert werden, dass wir erkennen, dass wir das Erleben eines Anderen nur auf dem Hintergrund unseres gleichermaßen subjektiven Erlebens verstehen können. Mit den Worten von Lomas (1987):

> Es liegt in der Natur der Sache, daß Menschen sich einander nicht vollständig öffnen können. Unsere Vorstellungen gründen auf ehemaliger Erfahrung. Nichts ist gänzlich neu in uns, sonst könnten wir nichts wirklich schätzen. Wie sehr wir auch danach streben, eine unbelastete, aufnahmebereite Haltung zu entwickeln, bringen wir doch in jeden Austausch die Gesamtsumme unserer Geschichte ein, eine uns eigene Interpretation, die am besten zusammenhängende, einnehmbare und am wenigsten beängstigende *Gestalt*, die wir haben entwickeln können. (S. 39f.)

Der sich augenscheinlich verbreitende Widerstand, die Übertragung als Verzerrung anzusehen, steht im Einklang mit der Erkenntnis, dass stets zwei Subjektivitäten am Werk sind. Diese Weigerung sollte sich weiter verbreiten, um von der Idee einer Verzerrung in der Gegenübertragung wegzukommen.

Außerdem glaube ich, dass das Konzept der Gegenübertragung wenig Sinn für denjenigen Kliniker macht, der Theorien von angeborener Aggression nicht akzeptiert. Stattdessen sehen wir Wut und Feindseligkeit als verständliche Antworten auf Entbehrungen, auf Missbrauch und auf Frustration entscheidender emotionaler Bedürfnisse nach Anerkennung, Bestätigung, Validierung und anhaltender Unterstützung. Die Vorsilbe »gegen« unterstellt unter anderem, gegen etwas zu reagieren oder zu opponieren, während relationale Psychoanalytiker, besonders Selbstpsychologen, sich üblicherweise als mit dem Patienten verbündet ansehen. Zumindest unterstellt der Gebrauch des Begriffs »Gegenübertragung« die Möglichkeit, außerhalb des Erlebens des Patienten stehen zu können, als ob Gegenübertragung ein abgegrenztes Ding wäre, das ein Kliniker *benutzen* könnte. Im Gegenteil: Ich glaube, dass Verstehen unvereinbar damit ist, abseits zu stehen. Ich glaube, dass der Begriff »Co-Übertragung« besser unsere Teilnahme *zusammen mit* dem Patienten im intersubjektiven Feld oder Spielraum des psychoanalytischen Gespräches anerkennt. Dieser umfassende Begriff beseitigt die Konnotation, die analytische Beziehung sei automatisch oder in den meisten Aspekten kontrovers. Stattdessen bestätigt sich Loewalds Sicht (1986), dass

> es nicht ratsam ist, sogar unmöglich, Übertragung und Gegenübertragung als getrennte Dinge zu betrachten. Sie sind zwei Gesichter der gleichen Dynamik, verwurzelt in den unüberschaubaren Verstrickungen mit anderen, in denen individuelles Leben entsteht und im Leben des Individuums in zahllosen Ausformungen, Derivaten und Umwandlungen überdauert. (S. 276)

»Co-Übertragung« bedeutet die organisierende Aktivität von Patient und Analytiker wie »zwei Gesichter der gleichen Dynamik«. Weder die eine noch die andere Aktivität hat ein Etikett mit herabsetzenden Konnotationen nötig.

»Co-Übertragung« impliziert nicht, ebenso wenig wie die mit ihr zusammenhängende »Intersubjektivität« und der »gegenseitige Einfluss«, dass es keine Unterschiede zwischen der Teilnahme des Analytikers und der des Patienten in der Analyse gäbe. Vielmehr impliziert und erkennt Co-Übertragung an, dass immer zwei unterschiedlich organisierte Subjektivitäten am Austausch teilnehmen. Trotzdem ist der Analytiker oder der Therapeut immer primär zum Wohl des Anderen da. Anzuerkennen – wie die Idee der Co-Übertragung dies tut –, dass Psychoanalyse vollständig zwei Subjektivitäten mit einbezieht, beseitigt nicht die wichtigen Unterschiede zwischen ihnen. Aron (1992) formuliert dieses scheinbare Paradoxon in hilfreicher Weise, indem er zwischen Gegenseitigkeit und Symmetrie unterscheidet. Gegenseitigkeit heisst – wie Eleanor Roosevelt zu sagen pflegte –, dass »Verstehen eine Zwei-Bahn-Straße« ist, dass also die subjektiven Welten sowohl des Patienten als auch des

Analytikers komplett in den Prozess verwickelt werden. Symmetrie würde Gleichheit – oder zumindest ein Gleichgewicht – zwischen den Beiträgen und Rollen beider Partner bedeuten. Nach Arons und auch meiner Meinung ist Psychoanalyse eine wechselseitige, aber asymmetrische Beziehung.

Co-Übertragung, Empathie und die hermeneutische Untersuchung

Empathie nimmt einen zentralen Platz in der selbstpsychologischen Theorie ein, weil Kohut darauf bestand, dass die psychoanalytische Domäne definitionsgemäß die Bereiche umfasst, die durch Introspektion und Empathie (oder stellvertetende Introspektion) entdeckt werden können. Empathie jedoch ist die erkennende Aktivität eines Subjekts, das seine eigene psychologische Organisation aufweist. Deswegen braucht insbesondere die Selbstpsychologie eine umfassende Vorstellung von Gegenübertragung (oder Co-Übertragung) als eine notwendige, wenn auch nicht hinreichende Bedingung für die Möglichkeit, empathisch zu sein. Mit dem Begriff der Empathie unternahm Kohut den klar umrissenen Versuch, die subjektive Wirklichkeit eines anderen Menschen zu betreten. Stolorow, Brandchaft und Atwood (1987) nennen diesen Prozess »Dezentrierung«, um die Subjektivität des Patienten zu verstehen. Ein dialogischer oder perspektivischer Realismus benötigt solche stellvertretenden Introspektionen für die Kommunikation und das Teilen von Perspektiven. Ein solcher empathischer Dialog kann sowohl Verständnis für bisherige Perspektiven als auch die Herstellung von neuen schaffen. Um empathisches Verständnis zu erreichen, erweitere ich meine Perspektive (ich gebe sie nicht auf), indem ich mich frage, wie der Standpunkt der anderen Person, seine Gefühle, Überzeugungen und Antworten einen Sinn machen oder vernünftig sein könnten. Da sich die Perspektiven erweitern müssen, um sich aneinander anzunähern, ist Empathie ein inhärent intersubjektiver Prozess.[14]

---

[14] Sowohl innerhalb als auch außerhalb der Selbstpsychologie gibt es jene, die darauf beharren, dass die Selbstpsychologie eine »Ein-Personen-« und keine

Philosophische Hermeneutik kann die Unvermeidlichkeit der Co-Übertragung erklären. Hermeneutik war, wie wir gesehen haben, ursprünglich eine Reihe von Regeln oder Methoden, um biblische Texte zu interpretieren. In jüngerer Zeit sahen Schleiermacher und Dilthey die hermeneutische Untersuchung als Versuch, die Bedeutung eines Textes unter Bezugnahme auf den Geist des Autors zu erfassen (*mens auctoris*). Wie man sich Zugang zu den Motiven des Autors verschaffte, war ein praktisches Problem. Mit der Erweiterung historischen Bewusstseins im 19. Jahrhundert begann die Hermeneutik auch die Geschichte – wir könnten sagen: die Entwicklung – als notwendiges Instrument, um alles zu verstehen, mit zu umfassen. Die moderne Hermeneutik sieht einen Text, ein Gemälde oder einen Traum als eine »Sache selbst« an (nicht nur als ein Produkt der Intentionen des Autors), teilweise verständlich aus der Perspektive eines Interpreten. Der Interpret nimmt sozusagen an einem Gespräch mit dem Text teil. In diesem Austausch entstehen immer neue Bedeutungen. Wir können nichts über den Text wissen, ohne den Interpreten einschließlich seiner Theorien, persönlichen Geschichte und Organisationsprinzipien zu kennen. Es gibt keine einzelne, vollständig existierende Wahrheit über den Text, die Person oder den Traum. Stattdessen existiert für den hermeneutischen Denker eine unbestimmte Anzahl möglicher Interpreten und Perspektiven. Deren Kommunikation kann umfassendere und kohärentere – und in diesem Sinn wahrere – Sichtweisen, Perspektiven, Verständnisse und Theorien ermöglichen.

Gadamer ist nun der profilierteste Befürworter des hermeneutischen Perspektivismus. Um seine Sicht zu übernehmen, bräuchte man eine umfassendere psychoanalytische Vorstellung von Gegenübertragung oder von Co-Übertragung. Gadamer behauptet zunächst, dass das Vorurteil unvermeidlich sei. Mit Vorurteil meint er das unvermeidlich irgendwo vis-à-vis zu sein, was auch immer wir zu wissen oder zu verstehen suchen. Er versucht auf diese Weise, das »Vorurteil« von seinen negativen Konnotationen zu befreien – eine

---

relationale Theorie sei. Ich glaube, dass das anhaltende Vertrauen in das emphatische Verstehen ein inhärenter Zwei- (oder mehr) Personen-Prozess ist, der die Selbstpsychologie klar innerhalb der relationalen Theorien in der Psychoanalyse verortet.

ebenso schwierige Aufgabe wie die »Gegenübertragung« zu einem neutral oder positiv besetzten Begriff zu machen. Gadamers Versuch lautet wie folgt: Dass

> nicht so sehr unsere Urteile als unsere Vorurteile unser Sein ausmachen. Das ist eine provokatorische Formulierung, sofern ich damit einen positiven Begriff des Vorurteils, der durch die französische und englische Aufklärung aus dem Sprachgebrauch verdrängt worden ist, wieder in sein Recht einsetze. Es läßt sich nämlich zeigen, daß der Begriff des Vorurteils ursprünglich durchaus nicht allein den Sinn hat, den wir damit verbinden. Vorurteile sind nicht notwendig unberechtigt und irrig, so daß sie die Wahrheit verstellen. In Wahrheit liegt es in der Geschichtlichkeit unserer Existenz, daß die Vorurteile im wörtlichen Sinne des Wortes die vorgängige Gerichtetheit all unseres Erfahren-Könnens ausmachen. Sie sind Voreingenommenheiten unserer Weltoffenheit, die geradezu Bedingungen dafür sind, daß wir etwas erfahren, daß uns das, was uns begegnet, etwas sagt. Gewiß heißt das nicht, daß wir, durch eine Mauer von Vorurteilen eingefriedet, nur das durch die enge Pforte lassen, was seinen Paß vorweisen kann, auf dem steht: hier wird nichts Neues gesagt. Gerade der Gast ist uns willkommen, der unserer Neugier Neues verheißt. (1976, S. 224)

Ähnlich warnte der amerikanische Philosoph Peirce:

> Wir können nicht mit dem vollständigen Zweifel anfangen [im Sinne von Descartes]. Wir müssen mit all den Vorurteilen anfangen, die wir aktuell haben, wenn wir Untersuchungen in der Philosophie beginnen. Wir können nicht unsere Voraussetzungen durch Regeln ausräumen, weil es uns nicht ansteht, daß Vorurteile unsere Sache seien, die in Frage zu stellen sein könnten. (1931-1935, Bd. 5, S. 156)

Eine andere Möglichkeit, über die Notwendigkeit von Voreingenommenheiten (oder von Co-Übertragung) zu sprechen, ist, sowohl die Interpretation als auch den Interpreten und insbesondere die Geschichtlichkeit des Interpreten mit einzubeziehen. Für Gadamer stellt Interpretation nicht den Versuch dar, die Gedanken eines Autoren zu lesen, wie Schleiermacher und Dilthey das glaubten. Vielmehr erschafft der dialogische Prozess, das Wechselspiel von Interpret und Text oder Patient, etwas Neues: das Verstehen. Interpret und Text sind gleichermaßen wichtig, und die Geschichtlichkeit, einschließlich der Vorurteile (die Organisationsprinzipien) des Interpreten, übernimmt eine organisierende Rolle. Für Gadamer leugnet die Zuschreibung von Subjektivität zu einem Text und von

Objektivität zu einem Interpreten in gefährlicher Weise den Beitrag des Interpreten zur Erschaffung von Bedeutungen.[15]

Ich argumentiere nicht dahingehend, dass wir unsere Vorurteile oder Organisationsprinzipien einfach akzeptieren sollen; vielmehr müssen wir sie immer wieder überprüfen. Wir überprüfen sie nicht anhand empirischer Kriterien, um sie auf Verzerrungen hin zu testen, sondern im Gespräch. Europäische Philosophen benutzen oft die Metapher vom Horizont, um das Blickfeld oder die vom einzelnen Standpunkt aus verfügbaren Perspektiven anzudeuten. Wir prüfen unsere Voreinstellungen, indem wir versuchen zu erkennen, ob sie mit erweiterten Horizonten zusammenpassen. In ähnlicher Weise können wir unsere Organisationsprinzipien revidieren, um neue Erfahrungen mit einfließen zu lassen (wie in der Piagetschen Akkomodation), oder wir können neue Organisationsprinzipien entwickeln (als einen Neubeginn), um neue Erfahrungen mit zu berücksichtigen. Umgangssprachlich sprechen wir manchmal von Erziehung oder vom Reisen als »Erweiterung unseres Horizonts«, wenn wir unsere Perspektive auf die Welt erweitern. Ob nun richtig oder falsch: Menschen vertreten üblicherweise die Vorstellung, dass eine weitere Perspektive wahrscheinlich mehr Wahrheit enthält und dass Enge irgendwie sonderbar ist. »Tiefer ist besser« ist die psychoanalytische Version dieser Annahme. (Auf den Einwand, dass wahnhafte Menschen behaupten, breit und tief in die Bedeutungen hineinzusehen, könnte eine Antwort sein, dass wir über die Elaboration von Komplexität sprechen, während Illusionen üblicherweise stark vereinfachen.) Durch die hermeneutische Sichtweise erlangen wir eine breitere oder tiefere Erfahrung von etwas, indem wir erkennen und anerkennen, wer wir sind: in unserer Geschichtlichkeit und mit unseren Voreinstellungen. Nur so können wir uns auf den

[15] Owen Renik, der die Arbeit von Schwaber (1992) kommentiert, hat es neulich sehr gut ausgedrückt: »Anstatt zu sagen, daß es *schwierig* ist, daß ein Analytiker eine Position *bewahrt,* in der seine oder ihre analytische Aktivität sich objektiv auf die innere Realität eines Patienten konzentriert, würde ich sagen, daß es *unmöglich* ist, daß ein Analytiker in dieser Position sein kann, nicht einmal *für einen Augenblick*: Da wir in der analytischen Situation auf der Grundlage von persönlichen Motivationen, von denen wir erst hinterher wirklich wissen, andauernd handeln, ist unsere Technik, einschließlich unseres Zuhörens, unentrinnbar subjektiv.« (1993, S. 560)

spielerischen Austausch einlassen, der unser Verständnis verbreitert und vertieft.

Psychoanalytisch gesprochen müssen wir unsere Co-Übertragung, unseren Standpunkt oder unsere Perspektive erkennen und anerkennen, wenn wir zur Empathie (oder stellvertretenden Introspektion) fähig werden wollen. Wir müssen die Linsen kennen, durch die wir den Text lesen oder den Patienten erfahren, um echte psychoanalytische Arbeit zu leisten oder um authentisch von unserer Arbeit zu sprechen.

Solch ein hermeneutisches Bewusstsein sagt nichts über Fragen des Für und Wider von so genannten Gegenübertragungsenthüllungen. Antworten auf diese Fragen fallen in den Bereich der optimalen Responsivität (Bacal, 1985). Normalerweise entscheide ich solche Angelegenheiten pragmatisch. Oft muss ich schnell entscheiden, wenn ein Patient fragt: »Was denken Sie«? Oder: »Was sind Ihre Gefühle dazu?« Manchmal muss ich ehrlich sagen, dass ich es nicht weiß oder noch nicht in Worte fassen kann. Der Patient erfährt dadurch, dass auch ich um Verstehen kämpfe. William James (1902) formulierte gelegentlich die zentrale pragmatische Maxime so: »An ihren Früchten werdet ihr sie erkennen.« Falls eine Intervention oder eine Antwort für einen bestimmten Patienten Verständnis oder Selbst-Konsolidierung hervorbringt, verdient dies nach dieser Sichtweise ernsthafte Überlegung und umgekehrt.

Hier hingegen steht die Natur des Verstehens selbst zur Diskussion. Zur Diskussion steht die These, dass die *Co-Übertragung* (oder die Gegenübertragung in einem umfassenden Sinn) *eine notwendige, aber nicht hinreichende Bedingung für die Möglichkeit zur Empathie ist.* Co-Übertragung umfasst sowohl Geschichtlichkeit als auch die Voreinstellungen/Horizonte philosophischer Hermeneutik, in etwa äquivalent zur persönlichen Geschichte und den Organisationsprinzipien. Um psychoanalytisch verstehen zu können und psychoanalytisches Verstehen zu verstehen, müssen wir unsere persönliche Geschichtlichkeit anerkennen und unsere Voreinstellungen prüfen. Um psychoanalytisch zu arbeiten, müssen wir Zugang zu unserer Geschichtlichkeit haben. In meinem Fall muss ich zum Beispiel wissen, wie ich durch meine Stellung in der Familie auf Einzelkinder oder auf jüngere Geschwisterkinder reagiere, wem gegenüber ich Neid entwickeln kann, wem gegenüber ich mich übermäßig verantwortlich fühle oder mich als unverantwortlich und schädlich sehe. Wir müssen uns auch darauf vorbereiten, unsere Horizonte selbstkritisch zu betrachten und jene Voreinstellungen zu revidieren, die unsere Fähigkeit einschränken, das Erleben eines anderen Menschen zu verstehen.

Um schließlich die Frage des Stellenwertes der Gegenübertragung in jedweder psychoanalytischen Theorie nochmals zu prüfen, möchte ich mich der alten Frage des hermeneutischen Zirkels zuwenden. Viele haben versucht, das Paradoxon zu formulieren, dass Verständnis unvermeidlich zirkulär sei, wenn wir uns einen Teil ansehen, um das Ganze zu sehen, und wenn wir auf das Ganze schauen, um einen Teil zu verstehen. Palmer (1969) fasst die Vorstellungen von Friedrich Ast (gest. 1841), einem Philologen der Frühromantik, zusammen: »Weil der Geist die Quelle aller Entwicklung und allen Werdens ist, findet man den Geist des Ganzen im einzelnen Teil; ein Teil wird vom Ganzen und das Ganze von der inneren Harmonie seiner Teile verstanden.« (S. 77) Ähnlich erklären sich für Schleiermacher das Ganze des Textes und die Teile des Textes gegenseitig (Palmer, 1969). Dilthey (1989) stellt das Beispiel eines Satzes zur Diskussion, dessen Verständnis und Bedeutung sich nur durch das Erkennen der unvermeidlichen Wechselwirkung des Ganzen und seiner Teile erschließen.

Diese Vorstellung vom Verstehen hat Folgen für die Diskussion zwischen jenen, die das Hier und Jetzt in den Vordergrund rücken, und jenen, die die Geschichte und die Entwicklung in ihrer klinischen Arbeit hervorheben. Wenn man eines vernachlässigte, würde nach Diltheys Meinung Verständnis behindert werden. Bezogen auf unsere Zwecke beleuchtet Dilthey (1989) für das Verstehen allerdings nur die Notwendigkeit der Dialektik zwischen Ganzem und Teil, Vergangenem und Gegenwärtigem. Es war Gadamers (1991) bedeutender Beitrag, die Zukunft als Faktor in die Dialektik mit einzuschließen. Sein Werk zeigt, dass der hermeneutische Kreis kein Teufelskreis ist, sobald die Geschichtlichkeit und die Horizonte des Interpreten ihren rechten Ort finden.

Gadamer sieht klar, dass sowohl das Riskieren wie auch das Testen von Voreinstellungen in der »dialogischen Begegnung« den Weg zum Verständnis des hermeneutischen Zirkels bahnen. Die Natur des Verständnisses impliziert, dass wir nur verstehen können, was wir schon kennen. Wenn wir es riskieren, unsere Organisationsprinzipien im Dialog mit einem Text oder einer Person zu überprüfen, werden neue Bedeutungen möglich. Solch eine neue Bedeutung kann ein neues komplizierteres Organisationsprinzip sein oder eine zukünftige Form emotionaler Erfahrung, die nur durch das Gespräch entstehen kann. Dieser Zugang zum Prozess des psychoanalytischen Verständnisses in der Sprache der Intersubjektivitätstheorie (Stolorow et al., 1987) ist gänzlich unverträglich mit objektivistischen und empiristischen Theorien über die Wahrheit oder mit einer ausschließlichen Fokussierung auf die Subjektivität des Patienten. Stellvertretende Introspektion oder Empathie ist implizit ein Gespräch zwischen Perspektiven.

Gadamers Vorstellung umgeht damit den befürchteten Subjektivismus und Solipsismus des hermeneutischen Zirkels. Er glaubt, dass der Weg zum Verstehen im hermeneutischen Zirkel unvermeidlich über die Selbsterkenntnis des Interpreten läuft. Wenn wir für sein »Verstehen« »empathisches Verständnis« und für »Text« »Patient« setzen, werden die Konsequenzen für die psychoanalytische Selbstpsychologie und für jedes psychoanalytische Verstehen klar:

> Wenn wir beim Lesen eines Textes den Wunsch haben, ihn zu verstehen, erwarten wir immer, daß er uns über etwas *informiert.* Ein von echter hermeneutischer Haltung gebildetes Bewußtsein wird für die Ursprünge und gänzlich fremden Merkmale, die von außerhalb des eigenen Horizonts dazukommen, empfänglich sein. Diese Empfänglichkeit wird jedoch mit keiner objektivistischen »Neutralität« erlangt: Es ist weder möglich oder notwendig noch wünschenswert, daß wir uns selbst in Klammern setzen. Die hermeneutische Haltung setzt nur voraus, daß wir selbstbewußt unsere Meinungen und Vorurteile benennen und diese als solche qualifizieren. Und indem wir das tun, befreien wir sie von ihrem extremen Charakter. Wenn wir diese Haltung einhalten, erlauben wir dem Text als authentisches, unterschiedliches Wesen zu erscheinen und seine eigene Wahrheit zu äußern, neben und gegen unsere eigenen vorgefaßten Vorstellungen. (Gadamer, 1979, S. 151f.)

Um es zusammenzufassen: Ich benutze eine Perspektive, die von der philosophischen Hermeneutik stammt, um meine Behauptung zu untermauern, dass Gegenübertragung im umfassenden Sinn unentbehrlich für Empathie ist und dass sie eine notwendigen Bedingung für Empathie darstellt. Eine solche Sicht der Gegenübertragung sollte einen prominenten Platz in der Selbstpsychologie oder in jedweder psychoanalytischen Theorie finden, die sich bewusst ist, dass Empathie ein intersubjektiver Weg zum Verständnis ist. Ich schlage weiterhin vor, dass Gegenübertragung in diesem umfassenden Sinn in *Co-Übertragung* umbenannt wird und dass wir den Begriff Gegenübertragung für die abgegrenzten und reaktiven emotionalen Erinnerungen des Analytikers reservieren, die das empathische Verstehen und die optimale Responsivität beeinträchtigen.

6

Gegebene und interpretierte Erfahrungen

Wenn Psychoanalytiker vor fünfzig Jahren gefragt worden wären, was sie denn psychoanalytisch verstehen möchten, hätten die meisten entweder geantwortet, sie möchten die »Übertragung und den Widerstand« verstehen oder den »Charakter«. Heutzutage sind wir eher geneigt zu sagen, wir möchten das Erleben einer anderen Person verstehen oder vielleicht die geteilte Erfahrung des »analytischen Paares« (Nissim-Momigliano/Robutti, 1992). Trotzdem können wir uns wie unsere philosophischen Vorfahren genötigt sehen zu erklären, was wir mit »Erfahrung« denn überhaupt meinen. In der Alltagssprache sagt man, man lernt aus Erfahrung, oder etwas ist wirklich ein Erlebnis, ein Ereignis, das sich lohnt, im Gedächtnis behalten zu werden. Wir nennen jemanden einen erfahrenen Analytiker oder Seelenklempner, und wir benutzen das Wort »Erfahrung« als ein aktives, transitives Verb wie bei »ich erlebte das als Beleidigung«. Selbstpsychologen behaupten, nahe am Erleben des Patienten zu bleiben und ihre Theorie in »erlebnisnaher« Sprache zu formulieren. Der Begriff ist schlüpfrig und schwierig aus Gründen, die klar werden, wenn wir seine Geschichte betrachten. Nun, eine kurze Betrachtung des Begriffes und der Vorstellung von »Erfahrung« mag einige Kontroversen in der psychoanalytischen Theorie erhellen, wenn nicht sogar beenden. Ein moderater perspektivischer Realismus oder hermeneutischer Pragmatismus kann uns helfen, sowohl die gegebenen (ursprünglichen, unvermeidlichen) und die interpretierten (organisierten, konstruierten) Aspekte des Erlebens zu erkennen und zu bestätigen. Lassen Sie uns zuerst einige explizite und implizite Vorstellungen des Erfahrungsbegriffs in der analytischen Theorie prüfen.

Der Begriff der Erfahrung in der psychoanalytischen Theorie

Erfahrung ist kein traditionell psychoanalytischer Begriff. Er taucht weder im Index der *Standardausgabe* der Freudschen Werke noch in Moore und Fines Buch *Psychoanalytische Begriffe und Konzepte* (1990) auf. Vielleicht setzen wir ein gemeinsames Verständnis dieses Begriffes als selbstverständlich voraus. Nichtsdestotrotz liegen dem Begriff »Erfahrung« radikal unterschiedliche Vorstellungen in der psychoanalytischen Theorie und Praxis zugrunde. Ich werde diese Vorstellungen als wissenschaftlichen Realismus, zeitgenössischen Idealismus und als gemischte Konzeptionen charakterisieren. Später werde ich auf die philosophische Ideengeschichte des Begriffs zurückkommen.

Wissenschaftlicher Realismus beinhaltet die ontologische Vorstellung, dass das, was wahr und real ist, eigentlich außerhalb von uns ist. Sein ständiger Begleiter ist der epistemologische Anspruch, dass wir – oder wenigstens einige von uns – sagen können, was wahr und was nicht wahr ist. Ein solcher Realismus sieht sich üblicherweise einer Korrespondenztheorie der Wahrheit verpflichtet (vgl. Protter, 1985; Potter, 1994). Die Korrespondenztheorie behauptet, dass Wahrheit in der Zusammengehörigkeit von immer schon bestehenden Tatbeständen und unseren Ideen oder Begriffen über sie besteht. Freuds wissenschaftlicher Realismus – einschließlich seiner Treue zur Korrespondenztheorie – verrät sich durch seine häufigen Verweise auf eine »äußere Realität«: Die äußere Realität fordert etwas von uns, desillusioniert uns, beraubt uns geliebter Menschen und so weiter. Trotzdem ist es immer äußere Realität, außerhalb des Subjekts, außerhalb der seelischen Wirklichkeit, nicht weiter reduzierbar *Gegebenes*. Wenn der Begriff »Erfahrung« in Freuds *Standardausgabe* auftaucht, ist es üblicherweise die Übersetzung des Wortes Erlebnis oder Erfahrung im Sinne von Geschehen oder Ereignis. Dieser Gebrauch des Wortes Erfahrung deutet hauptsächlich an, dass die Externalität weitgehend als vom Subjekt unabhängig gedacht wird. Innerhalb des empiristischen epistemologischen Projektes des wissenschaftlichen Realismus wird entschieden, wie, in welchem Umfang und mit welchem Grad von Gewissheit der Geist solch eine unabhängige Realität des Gegebenen erkennen kann. Der Beobachter hat dabei wenig oder gar keinen Einfluss auf das Beobachtete.

Die amerikanische Ich-Psychologie hob die Anpassung und die Realitätsprüfung hervor. Sie akzeptierte oder nahm eine Korrespondenztheorie der Wahrheit (Hanly, 1992) an, gemeinsam mit der Idee von Erfahrung als einer mehr oder weniger genauen Erfassung dessen, was tatsächlich geschah. Die Vorstellung von der Verzerrung durch den Patienten und von der Analyse als korrigierende Maßnahme gegenüber den Verzerrungen spiegelt diesen Standpunkt wider. Ich-Psychologen sehen die Anpassung an die Realität als wichtigen Bestandteil seelischer Gesundheit an.

Am anderen Ende des Spektrums finden wir zeitgenössische Stimmen, die vehement diesem wissenschaftlichen Realismus und der Korrespondenztheorie der Wahrheit entgegentreten. Diese zeitgenössischen Idealisten wenden sich gegen den wissenschaftlichen Realismus und behaupten, dass wir Erleben *erschaffen*: entweder im Geist oder im analytischen Gespräch oder in beiden. Je nach Ausmaß der Radikalität sind diese Sichtweisen eine Rückkehr zum Idealismus des Philosophen Berkeley im 18. Jahrhundert, für den das Subjekt die einzige Quelle der Erkenntnis war. Als Ontologien implizieren diese Idealismen, dass das Reale das Geistige ist; als Epistemologien behaupten sie, dass wir nur unsere eigenen geistigen Produkte oder die der Konversation kennen, was immer wir auch *machen* oder kreieren. Sie beinhalten eine Kohärenztheorie, nach der die Wahrheit einem ganzen Glaubenssystem innewohnt, und die Theorie ist dann wahr, wenn sie sowohl logisch als auch ästhetisch kohärent ist.

Prominente Befürworter verschiedener Richtungen des psychoanalytischen Idealismus sind die Konstruktivisten Hoffman (1983; 1991; 1992a), die Narrativisten Spence (1982) und Schafer (1983) sowie der Fiktionalist Geha (1993). Hoffman (1991) hält seine Meinung für eine relativistische und meint mit Konstruktivismus nicht nur eine Herausforderung in Bezug auf den Trugschluss vom »naiven Patienten« und der leeren Leinwand, sondern eine allgemeinere epistemologische Position. Er nennt seine Position jetzt »kritischen Konstruktivismus« (Hoffman, 1992b; 1993). »Erfahrung als Ganzes genommen«, erklärt er, »wird zum Teil durch das, was wir daraus machen, konstituiert, retrospektiv im Zusammenhang mit Interpretation und vorausschauend im Zusammenhang mit Aktionen, die Erfahrungen formen.« (1993, S. 18) Dieser differenziertere Konstruktivismus, obwohl noch als radikale Kritik traditioneller Standpunkte gedacht, gehört kaum zu den extremeren Meinungen.

Ein weiterer moderater Idealismus ist der von Schafer (1983). Obwohl er glaubt, der analytische Prozess besteht weitgehend aus der Erzeugung von Narrationen, argumentiert er, dass die Subjektivität selbst unseren Narrationen Grenzen setzt: »Die introspektive Narration sagt uns, daß wir unserem Leben als Zeuge gegenüberstehen, weit entfernt davon, es zu konstruieren oder herzustellen. Es setzt damit deutliche Grenzen im Diskurs über menschliche Aktivität und Verantwortung.« (S. 225)

Spences (1982) narrative Wahrheit stellt eine extremere Position dar. Aus seiner Sicht wissen wir in der analytischen Situation nichts außer den Narrationen, die von Patient und Analytiker konstruiert werden.

Der radikalste Kritiker des psychoanalytischen naiven Realismus, Geha (1993), nennt seine Sichtweise Fiktionalismus. Ich lasse ihn selbst zu Wort kommen:

> Psychoanalyse gestaltet die Welten, die sie interpretiert. Sie erschafft sie; sie findet sie nicht, deckt sie nicht auf oder entdeckt sie. Eine Analyse in ihrer Gesamtheit konstituiert eine Arbeit *narrativer Fiktion,* aufgebaut um all die vielen vertrauten Texte, die während des analytischen Prozesses ans Tageslicht kommen, von Träumen bis zu Versprechern. Folglich bahnt Psychoanalyse im wesentlichen ein Konstruktionsunternehmen an, nicht das einer *Re*konstruktion oder zumindest nicht die Rekonstruktion von irgend etwas anderem als die Erfindungen des Geistes. (S. 214f.)

> Eine Erzählung korrespondiert nicht mit äußeren Dingen. Sie ist selbstreferentiell. Sie spiegelt, wenn Sie so wollen, nichts anderes wider als die Querverweise ihrer eigenen integralen Elemente. Jedes Element einer Erzählung ist bestimmt – wie die Gestalt-Psychologie einst betonte – durch die Integration, die als die erkannte Erzählung entsteht. Das heißt, die Elemente sind verortet, haben Affekte und dürfen anstecken,

und ihnen wird ausschließlich innerhalb der Begriffe eben dieser Erzählung Bedeutung verliehen. Jedes Stück der Erzählung stellt man sich vor. Das Buch handelt von sich selbst. (S. 225)

Dass eine solche Meinung in einer so hoch geschätzten Fachpublikation wie den *Psychoanalytic Dialogues* ein Publikum findet, bezeugt das tiefgehende Unbehagen der Analytiker über den wissenschaftlichen Realismus. »Realität« (die Meinung des Analytikers) und »Verzerrung« (die Sichtweise des Patienten) müssen immer noch als akzeptable psychoanalytische Konzepe lebendig und interessant sein – entweder in einer irgendwie gearteten äußeren Welt oder in unserem fiktionalen Zugang zur gegenwärtigen psychoanalytischen Szene, um solch drastische theoretische Stellungnahmen hervorzurufen. Der dem extremen Subjektivismus und Relativismus inhärente Solipsismus wird in Gehas Ansatz eine unvermeidliche *folie à deux*, eine gemeinsame Fiktion, aus der es kein Entrinnen gibt – vielleicht nicht einmal in eine andere Fiktion.

Viele analytische Theoretiker jedoch, einschließlich der eher moderaten psychoanalytischen Idealisten Hoffman und Schafer, benutzen gemischte Erfahrungskonzeptionen. Während Kohut in seinem Aufsatz »Introspektion, Empathie und Psychoanalyse« (1959) die zentrale Stellung der Introspektion und der Empathie als einzige Zugänge zu psychologischen Phänomenen betont, erkannte er doch auch, dass solche empathische und introspektive Beobachtung Erkenntnisse der Wissenschaften nutzen kann:

> Es mag sich natürlich manchmal als nützlich erweisen, wenn sich der Psychologe bei der Ausrichtung seiner Forschung von gewissen geeigneten biologischen Befunden oder Grundannahmen leiten läßt. Die Probe aufs Exempel ist aber am Ende immer durch psychologische Beobachtung zu machen, und es ist falsch, die Deutung eines bestimmten seelischen Zustandes aus biologischen Annahmen zu extrapolieren — ganz besonders dann natürlich, wenn sie unseren psychologischen Befunden widersprechen. (Kohut, 1959, S. 847)

Guntrip (1969) nahm später genau diese Position ein. Sowohl Kohut als auch Guntrip wollten die zentrale Bedeutung des Psychologischen betonen – was immer durch Introspektion und Empathie erfahrbar ist –, ohne zu leugnen, dass Erfahrung immer das Erfahren von irgendetwas ist. Sie erkannten, dass die nicht-psychologischen Wissenschaften mit ihren eher externen Perspektiven uns Informationen zur Verfügung stellen können, um uns zu leiten, wenn wir die Bedeutungen von komplexen seelischen Zuständen suchen.

Stolorow und Atwood (1992) benutzen ebenfalls eine gemischte Konzeption von Erfahrung: sowohl gegebene als auch interpretierte. Mehrdeutigkeiten aber bleiben. Sie benutzen zum Beispiel »Erfahrung« hauptsächlich als Nomen. Sie beziehen sich auf »Strukturen von Erfahrung« und auf »Organisation von Erfahrung«, einer zentralen Idee in ihrer Theorie psychoanalytischer Intersubjektivität. Was meinen sie mit Erfahrung? Zunächst ist ihre Frage nach dem *Was,* das wir strukturieren oder organisieren. Dies klingt, als sei Erfahrung eine bloße, unbearbeitete Gegebenheit, eine logische Notwendigkeit für einen Empiriker, aber eine psychologische Unmöglichkeit. Gleichzeitig bestätigen die Autoren, die mehr Phänomenologen als Empiriker sind, weitgehend Kohuts Meinung, dass Introspektion und Empathie den einzigen Zugang zu wahren psychoanalytischen Daten ermöglichen. Wir können daraus schließen, dass sie subjektiv organisierte Erfahrung meinen, nicht die bloße Repräsentation äußerer Realität. Außerdem beharrt ihre Intersubjektivitätstheorie, wie die Selbstpsychologie generell, auf der wesentlichen Rolle, die die emotionale Umgebung für die Bildung von Erfahrung spielt. Manche könnten dies als einen Widerspruch in ihrer Theorie sehen. Eine wohlwollendere Lesart sieht die Intersubjektivität aber genau als den Versuch, sowohl die äußeren oder relationalen als auch die inneren oder subjektiven Elemente in der Bildung persönlicher Erfahrung zu begründen. Ihre Vorstellung ruft nach einer Konzeption von Erfahrung – wenn sie sie nicht sogar schon entwickelt hat – als immer schon teilweise organisierte und komplexer als eine simple »aufblühende und schwirrende Konfusion« (James, 1892, S. 29).

Stolorow und Atwood (1992) überprüfen auch die Vorstellung vom Unbewussten und stellen damit weitere Fragen zum Begriff der Erfahrung an die Psychoanalyse. Sie umreißen drei Arten von Unbewusstem. Ihr »präreflexives Unbewusstes« bezieht sich auf Strukturen von Erfahrung – oder Organisationsprinzipien –, die selbst keine Erfahrungen sind, sondern sehr allgemeine Folgerungen und Erwartungen, die sich aus Erfahrungen bilden. Diese sind unbewusst, soweit sie außerhalb des Bewusstseins wirken, ähnlich wie unsere grundlegenden biologischen Systeme, wenn sie intakt und gesund sind. Erfahrung heißt hier vergangener und gegenwärtiger Inhalt, der, ob nun dem Bewusstsein zugänglich oder nicht, von Organisationsprinzipien organisiert wird. Stolorow und Atwoods zweiter Tpy von Unbewusstheit, ihre »dynamische Unbewusstheit«, enthält wie das dynamische Unbewusste Freuds Erinnerungen an Ereignisse, Teile von Selbsterkenntnis und relationalem Wissen, das uns einmal bewusst war. Dieses Material wurde dann unbewusst, weil es Konflikte für den Erkennenden mit sich brachte. Aus der Sicht Stolorows und Atwoods wurde dieses Wissen abgespalten, weil es notwendige Rücksichtnahmen auf Bezugspersonen gefährden würde oder weil die psychische Intaktheit von potenziellen Mitwissern gefährdet wäre. Auch hier erfordert die Vorstellung von Erfahrung kein Bewusstsein. Stattdessen benötigt das dynamische Unbewusste die Leugnung, die Dissoziation oder vielleicht die Verdrängung von Ereignissen oder Teilen relationalen Wissens, das bereits Erfahrung geworden war. Das präreflexive Unbewusste erschafft damit das dynamische Unbewusste. Nicht dass das präreflexive Unbewusste ursächlich wäre; vielmehr bewahrte es »gewisse Strukturen oder Organisationen von Erfahrung auf, die auf präreflexiver Ebene die Verdrängung oder die Leugnung bestimmter Inhalte erforderte« (Atwood, persönliche Mitteilung, 1994). Schließlich enthält das »unvalidierte Unbewusste« solche Ereignisse, Emotionen oder Elemente von Selbsterfahrung, die keine rezeptive Anerkennung und Antwort von Bezugspersonen fanden. Ich meine, dass diese nicht validierten Elemente nicht vollständig zu Erfahrung geworden sind und dem bewusstem Erleben nun nicht zur Verfügung stehen. (Miller, 1990, hat in ähnlicher Weise über die Notwendigkeit geschrieben, Zeugenschaft eines Trauma abzulegen, vgl. Kapitel 9.) Bewusste Erfahrung ist artikulierbare Erinnerung, sowohl für die Ereignisse als auch für die Emotionen, die sie in Erfahrung organisieren.

Ein weiterer Versuch, Erfahrung zu konzeptualisieren, kommt von den an der Säuglingsforschung beteiligten Psychoanalytikern. Daniel Stern (1985) zum Beispiel beschreibt die Entwicklung organisierter Beziehungserfahrung. Der Einfluss der Bezugsperson verbindet sich mit angeborenen und sich entwickelnden Fähigkeiten des Säuglings zur subjektiven Beziehungserfahrung. Den Prozess, in dem sich die Repräsentationen generalisierter Interaktionen (representations of interactions generalized, RIGs) des Säuglings am deutlichsten und vollständigsten ausbilden, kann man Erfahrung nennen. Beebe und Lachmann (1988) bringen auf ähnliche Weise ein anspruchsvolles Modell der gegenseitigen Beeinflussung in die Diskussion. Sie deuten an, dass Erfahrung aus einer Mischung aus äußeren und inneren Elementen hervorgeht, eben durch das, was ich als »gegeben und interpretiert« bezeichne. Einwände gegen diese Meinung – und zur psychoanalytischen Beschäftigung mit Säuglingsbeobachtung und früher Kindheit im Allgemeinen – kommen oft von jenen, die zu dem idealistischen oder dem empiristischen Pol des Kontinuums tendieren. Diejenigen, die die empiristische Idee von Unabhängigkeit oder objektiven Fakten, die darauf warten, erfasst zu werden, vertreten (die wissenschaftlichen Realisten), stehen Daniel Sterns Arbeit kritisch gegenüber, weil er sich auf Erfahrung als Prozess konzentriert, als etwas, das sich entwickelt. Diejenigen, die dem Pol der Idealisten oder sozialen Konstruktivisten näher sind, stehen der Säuglingsforschung deswegen kritisch gegenüber, weil sie sich auf Annahmen über Allgemeingültigkeit, Realität, menschliche Natur oder angeborene Fähigkeiten verlassen. Solche Annahmen führen zu einem Unbehagen bei der Vorstellung, dass das meiste oder alles, was wir wissen, unsere alleinige oder gemeinsame Konstruktion ist, also eine Erzählung oder Fiktion.

Ogdens *Frühe Formen des Erlebens* (1989) veranschaulicht die Notwendigkeit, unsere Vorstellungen von Erfahrung klar und konsistent zu machen. Ich finde seine Verwendungen des Begriffes Erfahrung – wenn auch oft evokativ – verwirrend, wenn man sie vergleicht. Er spricht zum Beispiel von einer »schizophrenen Spaltung, in der sehr wenig von einem Selbst existiert, das fähig wäre, etwas zu schaffen, zu formen und innere und äußere Reize, die normalerweise Erfahrung konstituieren, zu organisieren« (S. 196). Hier benutzt er eine Vorstellung von Erfahrung als Reiz, so wie es wissenschaftliche Empiriker, kategorische Realisten und klassische Behavioristen tun. Andererseits spricht er durchweg über komplexe Erfahrungen wie die der Ambivalenz. Er versucht, die kleinianischen »Positionen« auszudehnen, wenn er über depressive, paranoid-schizoide und autistische Formen von organisierter Erfahrung spricht. Er formuliert eloquent die analytische Aufgabe:

> Als Analytiker versuchen wir, dem Analysanden bei seinen Anstrengungen zu helfen, sich von Formen organisierter Erfahrung (sein bewusstes und unbewusstes »Wissen von sich selbst«) zu befreien, die ihn einsperren und daran hindern, die Erfahrung, etwas nicht zu wissen, lang genug zu tolerieren, um Verständnis auf einem anderen Weg zu entwickeln. Der Wert, neue Wege des Verständnisses zu entwickeln, liegt nicht nur in dem größeren Selbst-Verständnis, das man erreichen kann, sondern ebenso in der wichtigen Möglichkeit, dass überhaupt ein größerer Spielraum für Gedanken, Gefühle und Wahrnehmungen entstehen kann. (1989, S. 1)

Verbunden mit einer Vorstellung von emotionaler Sicherheit, die das Nicht-Gewusste erträglich macht, wäre Ogdens Meinung über die analytische Aufgabe meinen Vorstellungen nahe. Er benutzt hier eine komplexe Vorstellung von Erfahrung als organisierte und als reorganisierende, aber er tut seinem eigenen reichen Verständnis von Erfahrung keinen Gefallen, wenn er Erfahrung einfach als Reiz definiert.

Dieser kurze Überblick veranschaulicht meine Behauptung, dass zeitgenössische Psychoanalyse objektivistische, idealistische und gemischte Vorstellungen von Erfahrung umfasst. Lassen Sie uns jetzt einen Blick auf die Geschichte der Philosophie werfen, um über diese Konzeptionen weitere Klarheit zu bekommen.

Erfahrung in der Geschichte der Philosophie

Obwohl Aristoteles zwischen theoretischem und praktischem Wissen (Erfahrung) unterschied, kam Erfahrung als Begriff erst im späten Mittelalter mit Roger Bacon (gest. 1292) als Antidot gegen die Autorität in die philosophische Diskussion (Copleston, 1950). Ebenso argumentierte der Philosoph William von Ockham (gest. 1349) – bestens bekannt durch »Ockhams Rasiermesser« oder dem Prinzip der Sparsamkeit, das beinhaltet, dass wir einige Realitäten niemals aufgrund von Autorität oder Verstand allein erkennen können, wie z. B. die Existenz der Freiheit, sondern nur, weil die Erfahrung uns zwingt, sie anzuerkennen. Er führte damit, ohne den Begriff des zwanzigsten Jahrhunderts zu benutzen, die Vorstellung vom »Gegebenen« oder von der »Gegebenheit« des Wissens ein.

Später unterschied der Philosoph der Renaissance und Wissenschaftler Francis Bacon (Copleston, 1950) zwischen *bloßer Erfahrung* und *wahrer Erfahrung*. Bloße Erfahrung meint den *common sense* und betrifft alles, wonach wir greifen, was uns über den Weg läuft und aus dem wir einen Sinn zu machen versuchen. Wahre Erfahrung ist dagegen wissenschaftlich und geplant. Sie hat etwas zu tun mit dem Anzünden des Lichts der Theorie und damit, bestimmte Tests zu machen. Damit erkannte Bacon, dass die Verwendung des Begriffs »Erfahrung« in der Umgangssprache und im täglichen Leben oft auf bloße Gegebenheiten verweist, während eine vollständigere Vorstellung den organisierenden Beitrag des Erkennenden mit einbezieht.

Mit Descartes fiel Francis Bacons Vorstellung zweier Typen von Erfahrung – »bloße« und »wahre« – weg. Er streute den systematischen Zweifel in Bezug auf alles Erfahrungswissen und lehrte das alleinige Vertrauen in die Vernunft oder in »klare und charakteristische Ideen« als die einzigen zuverlässigen Kriterien. Wenn er auch anerkannte, dass die Existenz von Naturerscheinungen wie Magnetismus nicht aus rationalen Systemen allein geschlossen werden kann, bestand er doch darauf, dass wir solche sachlichen Dinge nur erkennen können, wenn wir sie von der Vernunft her verstehen. Der Erfahrung, »dieser Betrügerin«, sollten wir immer skeptisch gegenüber bleiben.

Als Reaktion darauf behaupteten die britischen Empiriker Locke und Hume, dass alles Wissen durch die Sinne komme. Für sie verdiente nur dasjenige unser Vertrauen, was Bacon die »bloße Erfahrung« nannte. Humes berühmte Kritik der Kausalität – wir kennen nur Koinzidenz (heute würden wir Korrelation sagen), keine Ursache – verlässt sich auf diese Vorstellung der bloßen, unorganisierten, vernunftfreien, atomistischen Erfahrung. Erfahrung wurde reduzierbar auf die Wahrnehmungen der Wirkungen äußerer Realität auf den immateriellen Geist.

Ironischerweise evozierte die Reduktion von Erfahrung auf Sinnesdaten eine augenscheinliche Gegenposition: Berkeleys idealistisches »Sein bedeutet, wahrgenommen zu werden«. Sinnesdaten sind unverständlich, nur Ideen (die heutigen Konstruktionen, Narrationen und Fiktionen) sind wissbar. Jetzt ist Erfahrung das Erzeugnis der Intelligenz und der kreativen Gedanken des Erfahrenden.

Trotz stärkerer Rückfälle in kartesianischen Rationalismus, in Empirismus und auf Empirie basierenden Idealismus – seit der Zeit von Kant (1781) – ist Erfahrung sowohl als gegeben wie auch als interpretiert angesehen worden. Für Kant (1781) wurden Daten, gewonnen aus Sensation und Wahrnehmung, nur durch die Kategorien oder Strukturen der Vernunft – dem Verstehen – zu Wissen. Der Geist weiß nichts Wissenschaftliches von sich aus. Es ist als ein strukturiertes Potenzial für Erkenntnis und Bewertung vorhanden oder – wie Kant sagen würde – für Erfahrung offen. Wie die Wahrnehmungsfähigkeiten des Säuglings für Bezogenheit »erwarten« die Kantschen Kategorien die Wahrnehmungsdaten, um Erfahrung zu formen oder wissenschaftliches Wissen zu bilden. Die Kategorien organisieren die Wahrnehmungsdaten in Erfahrung hinein.

Fasziniert von der Idee der Erfahrung könnten die amerikanischen Pragmatiker Kants eigentliche Erben sein. Das Werk von Peirce veranschaulicht zum Beispiel die Notwendigkeit, die ganze Aufmerksamkeit sowohl auf das Gegebene als auch auf das Interpretierte in jeder Erfahrung zu richten. So sprach er von »natürlicher Erfahrung« (1931-1935, Bd. 4, S. 172), von »überraschenden Fakten« und von »Erfahrung als Schock« (Bd. 2, S. 139). Dieser Teil der Erfahrung ist eine Veränderung, die das Subjekt nicht leugnen kann; Erfahrung »ist das erzwungene Element in der Geschichte unseres Lebens« (Bd. 5, S. 581). »Wir erleben vor allem den Wandel.« (Bd. 1, S. 336) Solche Erfahrung ist sowohl Quelle als auch Test unseres Wissens.

Wie auch immer, wissenschaftliche Erfahrung war sowohl für Peirce als auch für Bacon und Kant viel mehr als »reine« Beobachtung:

> Moderne Studenten sind erfolgreich gewesen, weil sie ihr Leben nicht in ihren Bibliotheken und Museen verbracht haben, sondern in ihren Laboratorien und im Feld; und während sie in ihren Laboratorien und im Feld waren, haben sie auf die Natur nicht mit einem naiven Auge geschaut, d. h. in passiver Weise ohne Unterstützung von Gedanken, sondern sie haben *beobachtet*, d. h. sie haben wahrgenommen mit Hilfe der Analyse – und haben Vorschläge für Theorien getestet. (Bd. 1, S. 34)

Peirce schätzte sowohl die natürliche Qualität der Erfahrung als auch die strukturierten Elemente. Diese hat er in seine Theorie der Hypothesen integriert, nach der Wissenschaft dann fortschreitet, wenn sich überraschende Tatbestände auf unsere Theorien auswirken. Dann müssen wir bereit sein, diese Theorien zu revidieren, uns neue Möglichkeiten vorzustellen und in das Feld oder Labor mit neuem Blick zurückzukehren.

Für William James diente Erfahrung in ähnlicher Weise als ständige Herausforderung an eingefahrene Theorien. Für James war Erfahrung die *materia prima*, die zugrunde liegende Wirklichkeit von allem. Dinge und Gedanken, Körper und Geist, Verstand und Gefühl waren geradezu Formen von Erfahrung (1905). Er nannte seine Position – die ihn an das empiristische, wissenschaftlich realistische Ende des Spektrums platzierte – radikalen Empirismus. Er argumentierte wie sein Freund Pierce, dass Emotion und Intuition Teile des menschlichen Lebens seien und deswegen auch Teile menschlicher Vernunft. Emotion – oder, wie Psychologen heutzutage sagen, Affekt – war für James oft jener Teil der Erfahrung, der nicht geleugnet werden konnte oder sollte. Emotion und Erfahrung sind aber an sich weder objektiv (gegeben) noch subjektiv (interpretiert). In seinen Worten: »Subjektivität und Objektivität sind nicht Angelegenheiten ureigener Erfahrungen, sondern ihrer Klassifizierung. Klassifizierungen hängen von unseren aktuellen Interessen ab.« (S. 74) So kann ich mein Leiden zum Beispiel objektiv betrachten: »Ich habe Schmerzen im Fuß«, oder subjektiv: »Ich fühle mich miserabel«, je nachdem, ob ich medizinisch behandelt werden oder lieber Mitgefühl hervorrufen möchte. Für James war Erfahrung weder Gegebenes noch Interpretiertes, sie war an sich. Diese Doktrin reiner Erfahrung führte zu Vergleichen zwischen James und dem Phänomenologen Husserl. Zu Emotionen erklärte James weiter,

> daß der relativ »reine« Zustand andauert. Im praktischen Leben hat es nie eine dringende Notwendigkeit dafür gegeben zu entscheiden, ob sie als streng mentale oder streng physische Fakten betrachtet werden müssen. So bleiben sie zweideutig; und, wie das Leben so spielt, ist ihre Zweideutigkeit eine ihrer Annehmlichkeiten. (S. 76)

James sah in der Erfahrung das vollständige Substrat, das Blühen und die Konfusion, die durch menschliche Ziele organisiert werden müssen.

Die philosophische Hermeneutik hat einen anderen Ansatz für das Problem der Erfahrung entwickelt. In Gadamers Fassung meidet sie die Fragen und Kontroversen traditioneller Epistemologie und kritisiert ihren Versuch, Erfahrung aus Subjektivität herzuleiten. Mit anderen Worten: Gadamer lehnt das ganze kartesianische Unternehmen ab, nach dem Realität vom Verstand abgeleitet wird. Mit dem kartesianischen Projekt verlässt Gadamer alle auf den gleichen dualistischen und individualistischen Annahmen basierenden empiristischen Philosophien. (Dieses traditionelle epistemologische Projekt hat in der Psychoanalyse eine Kritik von Stolorow und Atwood, 1992, unter dem Kapitel des »Mythos von der isolierten Psyche« erfahren.) Jeder Versuch, das Gegebene und das Interpretierte in einer Erfahrung in irgendeiner Weise voneinander abgrenzen zu wollen, ist für jemanden, der hermeneutisch denkt, verbohrt und zum Misserfolg verdammt.

Stattdessen ersetzt Gadamer Diltheys Empathie – das Bemühen, sich in die Erfahrung eines Anderen hineinzuversetzen und mit der Einzigartigkeit der Bedeutungen eines Anderen Verbindung aufzunehmen – durch seine eigene Vorstellung von Verständigung, die sich im Gespräch entwickelt. In Gadamers Worten:

> Wir sagen zwar, daß wir ein Gespräch »führen«, aber je eigentlicher ein Gespräch ist, desto weniger liegt die Führung desselben in dem Willen des einen oder anderen Gesprächspartners. So ist das eigentliche Gespräch niemals das, das wir führen wollten. Vielmehr ist es im allgemeinen richtiger zu sagen, daß wir in ein Gespräch geraten, wenn nicht gar, daß wir uns in ein Gespräch verwickeln. Wie da ein Wort das andere gibt, wie das Gespräch seine Wendungen nimmt, seinen Fortgang und seinen Ausgang findet, das mag sehr wohl eine Art Führung haben, aber in dieser Führung sind die Partner des Gesprächs weit weniger die Führenden als die Geführten. Was bei einem Gespräch »herauskommt«, weiß keiner vorher. Die Verständigung oder ihr Mißlingen ist wie ein Geschehen, das sich an uns vollzogen hat. So können wir dann sagen, daß etwas ein gutes Gespräch war, oder auch, daß es unter keinem günstigen Stern stand. All das bekundet, daß das Gespräch seinen eigenen Geist hat, und daß die Sprache, die in ihm geführt wird, ihre eigene Wahrheit in sich trägt, d. h. etwas »entbirgt« und heraustreten läßt, was fortan ist. (Gadamer, 1975, S. 387)

Wir könnten Gadamer fragen, ob er meint, dass Verständigung ohne eine Vorstellung von subjektiver Erfahrung auskommen kann, und ob die Vorurteile, die er für so wertvoll in den Bemühungen um das Verstehen hält, nicht irgendwie organisiertes subjektives Erleben sind. Nichtsdestotrotz wirft er für die Psychoanalyse die Möglichkeit auf, dass Verständnis mehr ist als Empathie und dass unser Fokus auf Erfahrung unser historisches und intersubjektives »Eingebettetsein« (Stolorow/Atwood, 1992) nicht beachtet. Gadamer spornt uns an, eine gründlichere relationale Vorstellung von Erfahrung zu entwickeln oder die Idee von Erfahrung fallen zu lassen.

Da Erfahrung als Wort und Konzeption allerdings überall in der Psychoanalyse zu finden ist, werde ich Gadamers Kritik im Kopf behalten und einige Möglichkeiten vorschlagen, darüber nachzudenken. Diese Ideen sind nicht originell, aber sie müssen explizit gemacht und in die Aufmerksamkeit gerückt werden. Wenn man sie allerdings zusammenbringt, sollte klarer werden, warum weder der wissenschaftliche Objektivismus noch simpler sozialer Konstruktivismus angemessene psychoanalytische Epistemologien sind.

Erfahrung als Verstandenes

Ich schlage vor, wie folgt über Erfahrung nachzudenken:

1. Alle Erfahrung ist sowohl gegeben als auch interpretiert. Ich meine damit nicht, dass wir uns Erfahrung entweder als gegeben oder als interpretiert vorstellen können, wie etwa das gleiche Phänomen der Quantenphysik entweder als Teilchen oder als Welle vorstellbar ist (oder die Enten und Kaninchen der Gestalttheorie). Vielmehr sind beide Eigenschaften der Erfahrung, gegeben *und* interpretiert, notwendig, um Erfahrung aus jeder Perspektive darstellen zu können. Üblicherweise können wir den genauen Beitrag jedes Elementes nicht kennen, noch können wir sie üblicherweise klar voneinander unterscheiden. Manchmal besteht das Gegebene aus früher organisierten Erfahrungen; es ist, mit anderen Worten, das relativ Gegebene. Diese gemischte Vorstellung von Erfahrung braucht unsere Fähigkeit, Mehrdeutigkeiten zu ertragen. Die Kontroverse über falsche und wieder gewonnene Erinnerungen veranschaulicht unsere Schwierigkeit bei der Akzeptanz dieser unvermeidlichen Ungewissheit und Mehrdeutigkeit.
2. Gegebenheit bezieht sich auf grobe, zumindest teilweise unverarbeitete, unleugbare Ereignisse oder Geschehnisse. Umgangs-

sprachlich sagen wir: »Das ist so.« Das heißt, die Sache erklärt sich selbst. Gegebenheit bezieht sich auf das Gefühl, dass einem etwas mit sechzig Stundenkilometern ins Gesicht klatscht. Dennoch kann das Gegebene eine emotionale Antwort oder Reaktion mit einschließen. Das Gegebene kann dazu führen, dass unsere ehemals organisierten Erfahrungen mit eingeschlossen werden. Das Gegebene ist eine notwendige epistemologische, logische und psychologische Bedingung für die Möglichkeit, etwas erlernen zu können.

3. Etwas machen verweist auf eine subjektive und relationale organisierende Aktivität wie in dem Satz: »Was machst du daraus?« Wie Kants Kategorien von Verstehen, aber ein wenig intersubjektiver konfiguriert als diese, ist unsere organisierende Aktivität eine zweite notwendige Bedingung für die Möglichkeit von Erfahrung. Was auch immer in der Gegenwart gegeben ist, organisieren wir emotional und kognitiv aufgrund früherer relationaler Erfahrung. *Etwas zu erleben bedeutet, das Gegebene zu organisieren.* Erleben ist ein Entwicklungsprozess, kein fertiges Produkt. Fantasien und Träume, Erzählungen und Konstruktionen sind spezielle Formen organisierender Aktivität.
4. Ereignisse werden zu Erfahrung durch emotionale Bearbeitung in einem expliziten oder impliziten intersubjektiven und historischen Zusammenhang.
5. Ein Gefühl oder ein Ereignis wieder zu erleben, bedeutet, das vergangene Ereignis, das in der Vergangenheit in Erfahrung umgewandelt worden ist, als das nun aktuell Gegebene zu sehen und es zu reorganisieren oder entsprechend der alten oder der neuen emotionalen Organisationsprinzipien oder Modi emotionaler Folgerungen wieder neu zu gestalten. Wir erreichen entweder im inneren Dialog oder im Gespräch mit Anderen ein neues Verständnis.
6. In der Psychoanalyse umfassen Übertragung und Gegenübertragung (oder Co-Übertragung) sowohl das Gegebene als auch das Interpretierte. Teil des Gegebenen ist für jeden Teilnehmer das Anderssein des Anderen, die grobe Wirklichkeit eines Nicht-Ich. (Natürlich enthalten die Erfahrungen des Andersseins Elemente des Gegebenen und des Interpretierten, worauf George Atwood

mich hingewiesen hat; pers. Mitteilung, 1994) Was »gemacht« wird, ist meine Interpretation oder mein Verständnis des Anderen von meinem besonderen Blickpunkt aus, der meine emotionale Geschichte und meine Theorien mit einschließt.

7. Die Grenze zwischen dem Gegebenen und dem Interpretierten verschiebt sich mit dem intersubjektiven Kontext. Ich meine nicht, dass das Gegebene und das Interpretierte Pole der Erfahrung darstellen, aber zusammengenommen umfassen sie Erfahrung. Einen »Realitätssinn« zu haben, heißt, dass wir die Überzeugung besitzen, dass der größere Teil unserer Erfahrung auf der gegebenen Seite liegt (Ferenczi, 1909).
8. So weit bloße und unorganisierte Ereignisse Menschen entweder überwältigen oder keinen responsiven emotionalen Kontext finden, können sie darin versagen, zu Erfahrung zu werden. Sie bleiben dissoziiert, unbewusst, sind für die Integration zu einem vollständig erfahrenen Leben nicht verfügbar.
9. Die Unterscheidung zwischen dem Gegebenen und dem Interpretierten entspricht allerdings nicht dem Kontinuum zwischen Unbewusstem und Bewusstem. Zugegeben, es werden uns Ereignisse und Gefühle, die wir überwältigend oder als zu schwierig zu verstehen finden – Ereignisse, die uns relativ durcheinander gebracht haben –, wahrscheinlich weniger bewusst. Aber wie Freud uns gelehrt hat, finden sie schon ihren Weg an die Oberfläche. Das Gegebene und das Interpretierte umfasst alle Erfahrungen, bewusste und unbewusste.

Um es zusammenzufassen: Erfahrung resultiert aus der unendlichen und ständigen Wechselwirkung oder dem Dialog zwischen dem Gegebenen und dem Interpretierten. Sie entsteht innerlich und zwischen den Subjektivitäten in jedem intersubjektiven Feld. Individuell und gemeinsam geben wir dem einen Sinn (oder eine Erfahrung), was teilweise grob, unorganisiert, überraschend oder verwirrend ist.

Zuletzt eine Frage, die dieses ganze Problem einschließt. Stellen Sie sich vor, wir sollten uns bereit erklären, das Wort *Erfahrung* nur als Verb zu benutzen. Wir könnten uns dann zum Beispiel nicht mehr auf Strukturen von Erfahrung beziehen, nicht einmal mehr auf Selbst-Erfahrung. Wir würden stattdessen jedes Mal sowohl auf die organisierende Aktivität des Interpretierenden als auch auf dessen Interpretationen verweisen müssen. Alle Erfahrung würde zu Interpretation oder organisierender Aktivität werden. Weder glaube ich, dass solch eine Verschiebung im Gebrauch des Wortes jemals Anklang finden wird, noch kann ich diese Verschiebung selbst konsistent durchhalten. Aber diese Frage rückt meine zentrale These in den Mittelpunkt, die heutzutage weitgehend von allen Psychoanalytikern geteilt wird, die den Einfluss des Beobachters auf das Beobachtete anerkennen: Wann immer wir erleben, *tun* wir etwas *für* etwas – wenn wir nach einem Sinn suchen oder organisieren: für das Gegebene, das teilweise Unorganisierte, sogar das Chaotische. Psychoanalytische Verständigung besteht aus der gemeinsamen Arbeit, diesem Erleben einen Sinn zu geben.

7

Affekt und emotionales Erleben

Die Erfahrung, die einen psychoanalytischen Epistemologen interessiert, ist die emotionale Erfahrung. Menschliches emotionales Leben ist das, was Psychoanalytiker zu verstehen und zu heilen versuchen. Wenn unser Körper wehtut, konsultieren wir den Arzt, zumindest am Anfang. Wenn wir unser Denken verbessern möchten, gehen wir zur Schule oder lesen Bücher. Wenn unsere Autos nicht fahren, bringen wir sie zu einem Mechaniker. Wenn wir unfähig sind, unser emotionales Leben zu verstehen oder mit ihm zurechtzukommen, können wir einen Therapeuten aufsuchen. Normalerweise nehmen Menschen ihr emotionales Leid ernst und als Grund, sich helfen zu lassen. »Ich weiß nicht, warum ich mich so schlecht fühle.« Dennoch waren Emotionen nach psychoanalytischer Auffassung lange Zeit weniger real, sondern wurden eher als bloßes Epiphänomen, als abgeleitet von jenen wesentlichen Motivatoren, den Trieben, angesehen. Emotionen oder Affekte waren entweder Signale sexueller oder aggressiver Konflikte oder Auswirkungen fortgesetzter und erfolgloser unbewusster Versuche, diese Konflikte zu lösen. Da Emotionen Schwierigkeiten bedeuteten, beinhaltete eine psychoanalytische Behandlung die Reduktion oder sogar das Entfernen von Emotionen. Indem man Unbewusstes bewusst machte, voll kognitiver Einsicht, sollte es beinahe unnötig werden, dass emotionale Signale aus dem Unbewussten auftauchen.

Neuere psychoanalytische Arbeiten betrachten – im Gegensatz zu dieser lang anhaltenden Betonung des Kognitiven – Affekte als psychoanalytisches Grundgerüst. Krystal (1988) zum Beispiel weist als

Kern der meisten Psychopathologien die Unfähigkeit aus, die eigenen Gefühle zu entschlüsseln und in die Persönlichkeit zu integrieren. In jüngster Zeit hat Spezzano (1993) gefordert, dass Psychoanalyse, sowohl die nach Freud als auch die der Objektbeziehungstheoretiker, immer auch eine Theorie der Affekte miteinschließen soll. Nach Spezzanos Meinung ist Psychoanalyse eine Theorie der Affekte. Diese und andere Autoren sorgen für ein bedeutendes Gegengewicht zum kognitiven Schwerpunkt sowohl der traditionellen als auch einiger gegenwärtiger psychoanalytischen Theorien. Ich werde ihre Beiträge hier detaillierter berücksichtigen, schlage dann aber einige andere Akzente vor, die ich für die psychoanalytische Theorie des emotionalen Erlebens für entscheidend halte. Zuletzt werde ich, um meine Sicht des psychoanalytischen Verstehens als gemeinsamer Sinnsuche zu illustrieren, meine Perspektive auf einen Affekt anwenden, den jeder im emotionalen Alltagsleben kennt, den Neid.

Zuerst aber einige Bemerkungen zur Terminologie. »Affekt«, manchmal »Affekte« im Plural, ist ein Begriff, den Psychoanalytiker für primäre oder fundamentale Emotionen verwenden, üblicherweise vom Standpunkt eines Beobachters aus beschrieben. Wenn jemand selbst über seine Emotionen spricht, das heißt, wenn sie subjektiv erlebt werden, nennen wir sie Gefühle. Wir sagen: »Ich fühle« oder »Ich habe ein Gefühl«, nicht: »Ich habe diesen oder jenen Affekt.« Obwohl Krystal (1988) sagt, dass »Affekt« und »Emotion« synonym seien, haben die Wörter unterschiedliche Konnotationen. Ich ziehe es vor, »Emotion« für Gefühlsprozesse zu benutzen. Diese gehören zu Kohuts »komplexen psychologischen Zuständen«, die nur durch Introspektion und Empathie erkannt und gekannt werden können.

Der Begriff »Affekt« auf der anderen Seite bezieht sich auf atomistische Annahmen, die ich weiter unten kritisieren werde. Der technische Begriff »Affekt« trägt nichts zur Idee der »Emotion« bei und führt uns einen Schritt weiter weg von der fühlenden Person oder derjenigen, die unfähig ist zu fühlen. Allerdings werde ich, wenn ich die Arbeit Anderer diskutiere, den Gebrauch ihrer Terminologie übernehmen. Wenn ich aber meinen Ansichten folge, werde ich »Gefühl« oder »Emotion« für subjektive emotionale Erfahrungen benutzen. Ich werde »Emotion« oder »emotionales Erleben«

für das benutzen, was wir nur durch Introspektion und Empathie erkennen können, also durch psychoanalytische Beobachtungsmethoden. »Emotionales Erleben« wird sich auch auf die Gesamtheit oder Komplexität subjektiv erlebter Gefühle beziehen, aber so als würden sie von außerhalb beschrieben. In diesem Sinne könnte dann z. B. jemand sagen: »Ich verstehe nicht – oder ich hasse – mein emotionales Leben.«

Neuere psychoanalytische Arbeiten über Affekte

Die wichtige Arbeit von Henry Krystal, zusammengefasst in *Integration and Self-Healing: Affect, Trauma and Alexithymia* (1988), stellt eine Einführung in neueres psychoanalytisches Denken dar. Krystals Beitrag enthält auch seine Sichtweise über Affekte als ursprünglich undifferenzierte somatische Antworten, die sich unter normalen Umständen zur Differenzierung, Artikulation und Desomatisierung hin entwickeln. Wenn ein Kind ausreichend gut erzogen wird, lernt es von der Kleinkindzeit an, besonders aber in der Latenz, emotionale Spannung zu ertragen und ein Wissen davon zu haben, dass sie vorübergehen wird. Diese Fähigkeit, intensive emotionale Schmerzen ohne übermäßige Ausweichhandlungen durch Betäubungsmittel wie Drogen, Alkohol, Nahrung oder durch emotionalen Tod zu ertragen, nennt Krystal »Affekttoleranz«. Affektzustände zu ertragen und zu wissen, dass die Zukunft der überwältigenden Vergangenheit nicht ähneln muss, hält er für das grundlegende Prinzip seelischer Gesundheit.

Nach Krystals Meinung sind die schwersten Hindernisse auf dem Weg zur *Fähigkeit* zur Affekttoleranz massive Traumata in der Kindheit und im Erwachsenenalter. Die Arbeit mit Hunderten von Holocaust-Überlebenden lehrte ihn – ebenso wie es später jenen gelehrt werden sollte, die Vietnamkriegsveteranen, Opfer von Vergewaltigungen und schweren Misshandlungen in der Kindheit in Therapie nahmen –, die Gefühle des Eingefroren-, des Erstarrt- und Blockiert-Seins und das Sich-im-Leben-tot-Fühlen anzuerkennen, die teilweise das Trauma im Erwachsenenalter und bei Kindern im sprachfähigen Alter ausmachten (Terr, 1990). Andere (Courtois, 1988; van der Kolk, 1984; 1987; Horowitz, 1986; Herman, 1991) haben die instrusiven Symptome posttraumatischen Stresses beschrieben: Alpträume, aggressive Durchbrüche, übertriebene Schreckreaktionen und *flash backs*. Traumata aus präverbalen Entwicklungszeiten des Kindes, so weit wir Erwachsenen uns das überhaupt vorstellen können, bestehen im Erleben überwältigender Emotionen, verlängert in unendlichem Terror, erlitten ohne Entkommen oder Hoffnung auf Hilfe. Krystal glaubt, dass Residuen der Traumata im Erwachsenenalter sich entweder als emotionales Eingefroren-Sein oder als panische Reaktionen auf jedes erlebte Gefühl zeigen. Emotionen werden dann als Rückkehr der gefürchteten, zeitlosen und überwältigenden Schrecken der Kindheit erlebt. Krystal, wie Spitz und Bowlby vor ihm, sieht den frühen Verlust als paradigmatisches Beispiel für ein massives infantiles Trauma. Kinder, die nach dem Kriegstod ihrer Mütter in Beratungsstellen gebracht wurden, kämpften schrecklich und verfielen dann in hilflose Starrheit, dem Vorläufer der Alexithymie.

Mit »Alexithymie« meint Krystal, »dass Patienten in der Fähigkeit beeinträchtigt sind, Emotionen als Signale für sich selbst zu nutzen« (1988, S. 243). Ihr emotionales Leben verläuft üblicherweise somatisch, nonverbal, undifferenziert und vage. Solche Menschen erkennen Gefühl nicht als Gefühl, weder bei sich selbst noch bei anderen. Stattdessen werden sie körperlich krank oder einfach taub. Für Alexithymiepatienten umfasst die Therapie das Erkennen, das Differenzieren und Desomatisieren von Affekten. Obwohl Krystal hauptsächlich über schmerzhafte emotionale Zustände spricht, sieht er den Affekt als solchen als konstruktiv und nützlich.

Wenn wir von der Fruchtbarkeit der klinischen und theoretischen Arbeit Krystals ausgehen, scheinen meine Unterschiede klein zu sein, aber sie haben weit reichende theoretische und praktische Konsequenzen. Zunächst fand die umfangreiche Säuglingsforschung, wie sie von Tronick (1989) zusammengefasst wurde, mimische Antworten bei Neugeborenen, die Entsprechungen zu Ärger, Angst, Freude, Neugier usw. aufweisen. Wenn die emotionale Reaktionsfähigkeit ursprünglich so differenziert ist, lautet die Frage: Was ist im emotionalen Leben passiert, bevor wir diese lebensfrohen Kinder als ältere Kinder oder als erwachsene Patienten mit Alexithymie sehen? Vielleicht müssen wir das Trauma als etwas sehen, das blockiert, was schon existiert, und damit eher als etwas, das mit der ursprünglichen Entwicklung von Affektdifferenzierung und Desomatisierung interferiert.

Mein zweiter Unterschied zu Krystal betrifft seine Sicht der Emotionen als eine rein innere Angelegenheit. Er diskutiert wohl den Einfluss der Umwelt auf die Fähigkeit zur Affekttoleranz und die Wirkung äußerer Traumata durch einen Täter auf das emotionale Erleben. Dennoch hält er die Affektregulation hauptsächlich für eine individuelle Aufgabe und seelische Gesundheit als eine Angelegenheit der Fähigkeit der einzelnen Person, diese Aufgabe zu meistern. Ähnlich betrachtet er ein Trauma, vor allem in der Kindheit, als überwältigendes Privaterleben von endlosem Schrecken. Eine Verschiebung zu einer relationalen Perspektive der menschlichen Natur, der Entwicklung, Gesundheit und Pathologie würde Krystals Arbeit ins Zentrum des aktuellen psychoanalytischen Denkens stellen.

In diesem Sinne behaupten Stolorow, Brandchaft und Atwood (1987), dass das intersubjektive Feld Affekte formt und aufrecht erhält. Sie beziehen sich auf Krystals Arbeit und heben das Ausmaß hervor, von dem die Fähigkeit zur Affekttoleranz abhängt, z. B. wie Familien auf die Emotionen ihrer Kinder reagierten. Allgemeiner gesagt: emotionales Erleben formt sich als automatische Antwort eines Menschen auf die Geschichte elterlicher Antworten auf die Ausdrucksformen des Kindes. Im Erwachsenenalter allgemein und speziell in der Behandlung entwickelt sich emotionales Leben – von der relationalen Geschichte strukturiert – in ähnlicher Weise und heilt im gegenseitigen Austausch.

Stolorow und Atwood (1992) sehen das Trauma selbst in intersubjektiven Begriffen. Sie behaupten, dass der erschütternde und schmerzhafte Affekt unerträglich und überwältigend wird, weil das Kind keine verständnisvolle und tröstliche Antwort findet:

> Schmerz ist nicht pathologisch. Es ist vielmehr die Abwesenheit von angemessener Einstimmung und Responsivität auf die schmerzhaften emotionalen Reaktionen des Kindes, die ihn unerträglich und damit zur Quelle von traumatischen Zuständen und Psychopathologie macht. (S. 54)

Für einen Patienten z. B., der im Alter von acht Jahren einen geliebten Onkel aufgrund eines Flugzeugabsturzes verlor, war es nötig, dass seine Eltern auf *seine* Gefühle und Sorgen ebenso gut achteten wie auf ihren eigenen Kummer. Die Analyse stellt für diesen Patienten eine Möglichkeit, eine emotionale »zweite Chance«, zur Verfügung, Einstimmung und Responsivität auf seine emotionalen Zustände zu finden, so dass sie weniger grauenhaft und damit erträglicher werden.

Von einem relationalen Standpunkt aus hat Charles Spezzano (1993) versucht, das zu beseitigen, was er als psychoanalytische Vernachlässigung des Affekts seit Freud ansieht, und in eine Theorie des Affekts in die Psychoanalyse zu integrieren. Sein Ansatz macht klar, dass Freud eine Theorie des Affekts entwickelte und benutzte.

In ähnlicher Weise zeigt Spezzano, dass Objektbeziehungstheoretiker in Großbritannien – besonders Fairbairn und Winnicott – und in Nordamerika (Loewald, 1980) eine Theorie der Affekte in ihr Denken mit einbezogen. Sie bereicherten damit Freuds Theorie. Spezzano glaubt gleichzeitig, dass Freud und diese Theoretiker durch ihre Fokussierung auf Strukturtheorien ihre psychoanalytische Affekttheorie verdunkelten und damit marginalisierten. Spezzanos eigener Beitrag soll, wie er es sieht, dieses Missverständnis korrigieren, indem er ausdrücklich seinen Anspruch deutlich macht, dass Psychoanalyse eine Theorie von Affekten *ist*. Von dieser Sichtweise aus behauptet er, dass die menschliche Psyche darin besteht, dass sie »dialektische Arrangements erregender Zustände verschiebt« (S. 214) und dass die »Psychoanalyse die volle affektive Entwicklung zu erreichen sucht« (S. 215). Nach Spezzanos Meinung bedeutet psychoanalytische Heilung:

> Innerhalb der haltenden Beziehung in der Analyse bekommt der Analysand eine zweite Chance, Kompetenz in der Nutzung seiner Affekte als Information über seine unbewusste seelische Aktivität zu erwerben, insbesondere über seine Kontaktgestaltung mit anderen Menschen. Mehrfache Erfahrungen kompetenter Affektregulation innerhalb der Übertragung geben dem Patienten das Material, mit dem er sich eine Selbstrepräsentation konstruieren kann, die ein wahrnehmbares Gefühl affektiver Kompetenz aufrechterhalten kann. Die Überzeugung, daß man sein affektives Leben kompetent regulieren kann, ist ein Zustand des Wohlbefindens. (1993, S. 216)

Auch wenn er die Arbeit der Intersubjektivisten nicht erwähnt, erklärt Spezzano, dass er Affekt als intersubjektiv geregelt und gehalten sieht. Er erklärt auch, dass seine Affekttheorie nicht ausschließlich kognitiv oder gar repräsentational gedacht ist, und greift eine Form heraus, die ich »emotionales Gedächtnis« nennen werde (vgl. Kapitel 8):

> Sie [vgl. Dreyfus/Wakefield, 1988] stellen den Prozess hier als einen stärker repräsentierten dar als ich. Ich versuche, zu einer anderen Situation zu gelangen, in der eine Repräsentanz der Mutter oder des Vaters die vorherrschende Objektrepräsentanz wird und auf diese Weise eine emotionale Färbung für das ganze emotionale Leben des Kindes bekommt. (...) Eine metaphorische Weise, diese Idee zu erfassen, ist die Vorstellung, ein Kind könnte von der Hitze Floridas, wenn es dort aufwächst, gänzlich durchflutet werden und sich immer drückend heiß fühlen. Wenn der Schmerz eines Kindes, seine Einsamkeit und seine Angst zu oft und zu lange andauern, wird das Kind irgendwann jenen Affekt oder eine Mischung davon andauernd fühlen. (1993, S. 225)

Trotz meiner Bewunderung für Spezzanos sorgfältig nuancierte Arbeit beinhaltet sie meiner Meinung nach, wie dies auch für die Arbeiten von Tomkins (1962) und Krystal (1988) gilt, eine atomistische Behandlung einzelner primärer Affektzustände als zugrunde liegenden Vorgang (das Gegebene). Diese Theorien beinhalten, dass es ursprüngliche oder basale Affekte gibt, die sich wie die Elemente des Periodensystems verbinden können, die wir aber einzeln studieren können. Emotionen sind nach dieser Sicht wie die Bits der Sinnesdaten des Empirikers, die die Komplexität und Bedeutung für die Beziehung vermissen lassen, die sie aber haben sollten, wenn sie, nach Spezzanos Sicht, intersubjektiv geregelt und gehalten werden. Relationale oder intersubjektive Erfahrung kommt entwicklungsmäßig später und organisiert das Gegebene.

Diese Affekttheoretiker (Tomkins, Krystal und Spezzano) können in ihrem Wunsch nach theoretischer Eleganz und Einfachheit auch in die Falle des Reduktionismus gehen. Klassische Triebtheoretiker bestanden darauf, dass »alles in Sexualität und Aggression« ende; Greenberg (1991) ersetzt jene Triebe durch Effektanz und Sicherheit. In ähnlicher Weise hoffen Affekttheoretiker (z. B. Krystal und Spezzano), ein einfaches Erklärungsprinzip für das menschliche emotionale Erleben zu finden. Wie Freud implizieren sie manchmal, dass es Ziel des menschlichen Lebens sei, angenehme Affektzustände zu suchen und unangenehme Zustände zu vermeiden. Jedoch schon Aristoteles erklärte vor langer Zeit, dass Lust und Schmerz Nebenprodukte menschlicher Aktivität seien, keine Endprodukte an sich. Lust und Schmerz sind Erlebenszustände, keine Dinge an sich. Die Vereinfachung, die in der Reduktion von Emotionen auf Zustände oder Dinge steckt, nennt Whitehead »den Trugschluss deplatzierter Konkretheit«. Ironischerweise ist die Kehrseite dieses Trugschlusses zu viel Abstraktion. Die Affekttheoretiker gehen auch in diese Falle. Eine »Affekt« genannte Abstraktion wird zum allgemeinen Erklärungsprinzip. Eine solche Abstraktion löst die emotionale Komplexität auf und erfindet den Mythos des isolierten Affekts, isoliert von Kontext und emotionaler Komplexität.

Die Säuglingsforschung (Stern, 1985; Tronick, 1989) erlaubt uns, die menschliche Natur weniger reduktionistisch zu sehen. Geboren mit einem differenzierten und komplexen emotionalen Leben besitzen Säuglinge extensive relationale und organisatorische Fähigkeiten. Ich frage mich, ob Babys nicht vielleicht schon mehrere Monate pränatale emotionale Beziehungserfahrung besitzen, die sie im Angesicht von so viel Neuem nach der Geburt zu organisieren fortsetzen. Wir können uns vorstellen, dass ein Baby sogar vor der Geburt von der Mutter eine Fähigkeit oder eine Unfähigkeit – zum Beispiel Angst – bei sich behalten hat, oder das Gefühl, dass Tröstung und Beruhigung möglich oder nicht möglich sind, in sich aufgenommen hat. Von Anfang an ist die intersubjektive Situation das Zuhause des emotionalen Erlebens. Dieses Feld organisiert Emotionen und gibt ihnen eine Bedeutung, und das Feld selbst wird ebenfalls von Emotionen organisiert.

Vielleicht meint Spezzano in erster Linie, dass der Affekt (wie die Triebe), um in der Psychoanalyse ernst genommen zu werden, entwicklungsmäßig der Bezogenheit vorausgehen muss. Obwohl seine allgemeine Perspektive deutlich relational ist, kann diese Sichtweise – dass der Affekt der Bezogenheit vorausgehen muss – ihn unglücklicherweise zu Motivationsquellen zurückführen, die hauptsächlich oder ausschließlich im Patienten zu finden sind. Eine gänzlich relationale Sichtweise der Psychoanalyse, eine, die sogar die Emotionen aus Beziehungen heraus entstehen sieht, würde den Wert des Affekts nicht mindern. Stattdessen sieht sie die Menschen als immer während Sucher nach Sinn in ihrem emotionalen Erleben, das sie implizit und explizit in der Beziehung mit anderen Menschen leben. Mein Ansatz betont die inhärent komplexe und beziehungsorientierte Natur des emotionalen Lebens. Mit dieser Sicht von Komplexität stimme ich Spezzano zu, dass emotionales Leben das Grundgerüst der Psychoanalyse ist, das *Was*, das wir zu verstehen suchen.

Emotionales Erleben ist komplex und relational

Als Erwiderung zu den oben diskutierten Ansichten möchte ich zwei wesentliche Merkmale von Emotionen betonen: ihre Komplexität und Abhängigkeit von historischen und gegenwärtigen Beziehungszusammenhängen. Beginnen wir mit der Komplexität des emotionalen Erlebens.

Das emotionale Erleben, ein nicht-reduzierbarer, komplexer Prozess, benötigt eine Epistemologie, die dem Zwang zur Vereinfachung widersteht. Geschichte und Bezogenheit machen emotionales Erleben sogar noch komplizierter. Wir organisieren und reorganisieren andauernd in Bedeutungsschichten. Die Psychoanalyse hat diese Komplexität seit langem anhand multipler Funktionen (Waelder, 1936) und der Überdeterminierung (Freud, 1910) erkannt. Entsprechend dem Prinzip der vielfachen Funktion kann jedes psychische Phänomen, z. B. ein Traum oder ein Symptom, vielen psychologischen Zwecken zugleich dienen. Überdeterminierung heißt analog, dass jedes psychische Ereignis viele Ursachen haben kann. Später hat Kohut die Psychoanalyse als tiefenpsychologische Wissenschaft bezeichnet, die sich mit »komplexen psychischen Zuständen befaßt« (1977, S. 248). Er bestand darauf, dass psychologisches Leben, in einem tief gehenden Verständnis, niemals simpel oder reduzierbar auf mentale Teilchen sein könne.

Wenn wir versuchen, einen »Affekt« aus der Kontinuität und der Komplexität eines emotionalen Lebens herauszufiltern und diesen Affekt benutzen, um etwas zu erklären, machen wir zwei Fehler. Zuerst abstrahieren und extrahieren wir etwas, das unüberschaubar ist. Zum zweiten können wir die Integrität des Erlebens einer Person verletzen. Obwohl einige dieser Verletzungen unvermeidlich sind, weisen Patienten uns oft darauf hin. Wenn wir versuchen, einem Patienten dabei zu helfen, ein Gefühl zu artikulieren, hören wir oft: »Aber das ist nicht alles...« Oder: »Es ist mehr als das...« Oder: »Es ändert sich weiter...«

Ein Effekt, in der Psychoanalytische nur von einzelnen Emotionen zu sprechen, war die Fokussierung auf Ambivalenz und ihre Akzeptanz als Modell seelischer Gesundheit. Nach dieser Sicht sind wir immerwährend hin- und hergerissen zwischen Liebe und Hass, die man sich als zwei basale und einfache Affekte vorgestellt hat. Wir müssten lernen, beide Affekte gegenüber einem Menschen zur gleichen Zeit zu fühlen. Im Gegensatz dazu sehe ich das emotionale Leben schon in seinen Ursprüngen als komplex an. Es macht mehr Sinn, sich zu fragen, wie es sich auflösen und so stark vereinfachen konnte. Wie brachten die Antworten in einer Familie ein Kind dazu, zu glauben, dass die Liebe zu den Eltern mit Zorn oder Enttäuschung oder dem Interesse an etwas anderem als den Eltern unverträglich ist? Wie entwickelte das Kind die Überzeugung, dass es gefährlich für bedeutsame Bindungen ist, sich dabei selbst zu fühlen?

Allerdings sind Isolation oder Dissoziation einiger Emotionen vom gesamten emotionalen Erleben nur eine Form von Schwierigkeiten. Viele Emotionen, wie Scham und Furcht, sind innerlich selbst geschichtet. Scham umfasst Selbsthass angesichts des expliziten oder impliziten Anderen oder eine wahrgenommene oder erwartete Missbilligung durch ihn. Scham ist komplex, oft vielschichtig und meist andauernd, mit Augenblicken heftigeren Schmerzes. Manchmal sagen die Menschen sogar: »Ich schäme mich, dass ich darüber beschämt bin.« Ebenso betrifft das Gefühl von Furcht sowohl das emotionale Gedächtnis als auch die Erwartung weiteren Schmerzes oder Schreckens und schließt üblicherweise ein Gefühl depressiver Hilflosigkeit ein.

Ein zweites wesentliches Merkmal emotionalen Lebens ist sein relationaler Charakter. Gefühle sind Antworten auf relationale Ereignisse oder Bedürfnisse. Der emotionale Ausdruck ist ein Versuch, Beziehungen zum Anderen herzustellen und zu regulieren. Das soziale Lächeln von Säuglingen ist ein *soziales* Lächeln. Lachen und Weinen sind Methoden der »Objektsuche« (Fairbairn, 1952). Jede sorgfältige Beziehungstheorie über die menschliche Natur oder über Psychoanalyse muss das emotionale Leben in diesem Zusammenhang betrachten. Emotionales Erleben beginnt, setzt sich fort und heilt in bestimmten intersubjektiven Zusammenhängen. Seine scheinbare Kontextunabhängigkeit – die Psychiatrie zum Beispiel spricht von »inadäquatem Affekt« – kann uns dahingehend in die Irre führen, Emotion für ein rein inneres Signal zu halten. Stattdessen sehen wir aus der intersubjektiven Perspektive den augenblicklichen emotionalen Ausdruck geformt in einer Beziehungsgeschichte und hervorgerufen und ausgelöst durch das gegenwärtige intersubjektive Feld. Der Bezug zur Zukunft besteht oft in der Erwartung, dass die zukünftige Beziehungserfahrung derjenigen in der Vergangenheit ähnlich sein wird, jedoch die ängstliche Hoffnung mit einschließt, dass jemand anders reagieren wird.

Emotionales Erleben ist nicht nur komplex und relational, emotionales Erleben ist auch emotional. Diese scheinbare Tautologie ist nur deswegen wichtig, weil sowohl in der psychiatrischen als auch in der psychoanalytischen Fachsprache versucht wurde, Emotionen zu beschreiben und mit ihnen zu arbeiten, als ob es Kognitionen oder Triebderivate wären: In jedem Fall ruhen sie im Individuum. Im Gegensatz dazu sehe ich Emotion hauptsächlich als relationale, nicht-kognitive und nonverbale Antwort. Emotionen können mit Kognitionen oder Schemata verkettet werden, aber sie haben ihre eigene Wirklichkeit. Sogar die Sprache der Intersubjektivitätstheorie ist bei diesem Thema mehrdeutig. Die Diskussion über »Organisationsprinzipien« (Stolorow/Brandchaft/Atwood, 1987), Repräsentanzen (Beebe/Lachmann, 1988b) und Schemata (Fosshage, 1994)[16] hat eine kognitive Konnotation, die den Emotionen eine eigene Wirklichkeit abspricht. Folglich spreche ich über »emotionale Organisationsprinzipien« und »emotionale Modi von Schlussfolgerungen«, weil sie eben genau genommen emotional funktionieren – üblicherweise so automatisch, dass es schwierig ist, sie zu identifizieren.

Die Neigung der Psychoanalyse zu kognitiven Formulierungen wird sogar noch augenfälliger, wenn wir beginnen, unsere klinische Arbeit zu beschreiben: als »das Unbewusste bewusst machen«, als »unbewusste Organisationsprinzipien beleuchten« oder als »klären von Repräsentanzen oder Schemata«. Ich glaube, das Versäumnis

[16] Fosshage (1994) bemüht sich um ein Gleichgewicht, wenn er von affektiv-kognitiven Schemata spricht.

der Psychoanalyse, den Emotionen eine eigene Existenzberechtigung einzuräumen, ist ein Anzeichen für die weit verbreiteten Meinung, nicht genau zu wissen, wie Psychoanalyse heilt. Keine der wichtigen Veröffentlichung gibt eine Antwort auf die Frage, warum Psychoanalyse funktioniert, wenn sie funktioniert, und warum sie das nicht tut, wenn sie nicht funktioniert. Das Problem ist, wie Ferenczi sehr wohl wusste, dass Psychoanalyse emotionale Medizin für emotionale Krankheiten ist. Ideen, Einsichten, Interpretationen und andere kognitive Ansätze können die emotionale Heilung unterstützen, aber sie können sie nicht selbst bewerkstelligen. Diese schmerzhafte Wahrheit erkennend, kommen italienische Psychoanalytiker wie DiChiara (in: Nissim-Momigliano/Robutti, 1992) zu dem Schluss, dass nur dann Hoffnung auf Heilung besteht, wenn der Psychoanalytiker in sich selbst für genau *diesen* Patienten einen Raum finden kann. Ähnliche Ideen kommen von Ferenczi-Nachfolgern wie Balint, Kohut und den Ornsteins (vgl. Orange, 1995) sowie von den britischen Unabhängigen Suttie, Fairbairn, Guntrip, Bowlby und Winnicott.

Vielleicht hat unsere Neigung zu kognitiven Äußerungen zum Teil ihren Ursprung in den schmerzhaften emotionalen Erfahrungen des Analytikers, die er während einer erfolgreichen analytischen Behandlung durchmacht. Wir können uns nicht distanzieren – wie Gadamer (1975) uns ermahnt –, wenn wir verstehen wollen. Wir müssen ins emotionale Leben des Patienten eintauchen, müssen an dessen emotionalem Erleben teilnehmen, das wir gemeinsam im intersubjektiven Feld zusammen erschaffen. Diese erschöpfende Arbeit benötigt eine Tiefe und Intensität, die nicht von Cartoons eingefangen werden können, die Psychoanalytiker Notizen schreibend hinter der Couch zeigen. So suchen wir nach Worten und Ritualen, um etwas emotionale Intensität abfließen zu lassen und unsere Verbindung zu unseren Patienten ein wenig zu verdünnen. Nichtsdestotrotz zahlen unsere Patienten den Preis für unsere Distanzierung oder für unsere Abneigung oder unser Unvermögen, emotional verfügbar zu sein. Solche Verfügbarkeit bedeutet die Bereitschaft zu einer komplexen und emotionalen Beziehung.

Wenn emotionales Leben wahrlich komplex, relational und emotional ist, folgen daraus gewisse klinische Konsequenzen. Eine ist, dass unsere Patienten mit ihrem »ja, aber...« nicht unbedingt im Widerstand sind, sondern stattdessen nach einem umfassenderen Verständnis für »komplexe seelische Zustände suchen« (Kohut, 1959). Wenn wir daran glauben, dass Emotion sich wirklich von Kognition unterscheidet, werden wir diese beiden in den Gesprächen mit den Patienten differenzieren und jedem Anteil unseren Respekt in dem gesamten menschlichen Leben zollen. Wir werden Rücksicht auf das »Gefühl für die Dinge« nehmen – unseres oder das des Patienten –, ob dieses Gefühl nun verbalisierbar ist oder nicht. In Winnicotts Geist werden wir in vielen psychoanalytischen Behandlungen mehr Raum für Kunst, Musik und Dichtung anbieten, um ein gemeinsames emotionales Leben zu erschaffen. Wir werden diese »Gefühlsformen« (Hobson, 1985) auch weniger auf irgendeine Form der Kognition oder Einsicht reduzieren müssen.

Ich werde jetzt ein Beispiel für das Verstehen einer Emotion als komplexe, beziehungsgeschichtliche und wirklich emotionale Angelegenheit anführen. Der in Scham eingebettete Neid zeigt den Gegensatz zwischen Reduktionismus und dem Versuch des Psychoanalytikers, komplexe psychologische Konfigurationen zu entdekken.

Neid und Scham

Nach der Ausgabe des *Oxford English Dictionary* von 1971 bedeutete »Neid« im vierzehnten und fünfzehnten Jahrhundert »bösartiges oder feindliches Gefühl« und »absichtlich Böses, Schaden, Unfug«. In den letzten Jahrhunderten wurde die Bedeutung zum »Gefühl von Verletzung und bösem Willen, verursacht durch die Überlegung, dass jemand anderes mehr Vorteile besitzt als man selbst«. Während Freud die mehr aktuelle Bedeutung benutzte, besonders in seinen Schriften zur Psychologie der Frau (Freud, 1925), gibt es in der Psychoanalyse eine Neigung, repräsentiert durch Klein und Kernberg, sich an die früheren Bedeutungen zu erinnern. Nach ihrer Meinung äußern sich menschliche konstitutionelle Aggression und angeborene Destruktivität in den Bemühungen, das »gute Objekt« zu zerstören, nur weil es eben gut ist. Ich möchte an dieser Stelle kurz die Positionen von Klein und Kernberg überprüfen und eine Alternative vorschlagen, Neid innerhalb der psychoanalytischen Theorie der Intersubjektivität zu verstehen.

Klein (1957) definierte Neid als gegen das gute Objekt gerichteten Hass. Sie glaubte, dass Kinder sich aufgrund angeborener Aggressivität über die Mutter ärgern wegen ihres Besitzes guter Dinge, z. B. Milch, und weil die Mutter die Verfügung über diesen Vorrat hat und die Kinder deswegen von der Mutter abhängig bleiben müssen. Säuglinge wollen dieses Gute verderben und zerstören, weil sie nicht alles für sich selbst haben können. Die kleiniansche Sicht verortet den Ursprung des Neides direkt im Individuum und sieht, dass die Person durch den Neid fortschreitend isoliert wird. Sowohl böse als auch gute Objekte werden zerstört, die Verfolgungsangst nimmt zu und alle Hoffnung geht verloren, weil die guten Möglichkeiten eliminiert wurden.

In ähnlicher Weise beschreibt Kernberg (1986) den Neid, den Borderline-Patienten gegen ihre Analytiker richten, weil diese Patienten – wie Kleinkinder aus der Sicht Melanie Kleins – Abhängigkeit fürchten. Um sich vor ihren Ängsten zu schützen und nicht in einer rezeptiven und abhängigen Position zu sein, werten diese Patienten ihre Analytiker ab und attackieren sie. Mit Kernbergs Worten: »Die größte Angst dieser Patienten ist es, von irgend jemandem abhängig zu sein, weil Abhängigkeit bedeutet zu hassen, zu neiden und sich der Gefahr ausgesetzt zu sehen, ausgebeutet zu werden, mißhandelt und enttäuscht.« (1986, S. 220) Dieses Unvermögen, etwas anzunehmen, schreibt Kernberg der Reaktivierung von »oraler Wut und Neid« zu. Oft beobachtet er, dass diese Unfähigkeit das Lernen innerhalb und außerhalb der Analyse verhindert. Die Patienten fühlen, dass ihr Neid den Analytiker zerstören wird, weshalb sie sich dieser Gefahr nicht aussetzen oder sie nicht überwinden können.

Während aus Sicht von Klein und Kernberg Neid stets Ausdruck angeborener Aggressivität und natürlicher Feindseligkeit ist, meinen Selbstpsychologen, dass Neid oft Ausdruck eines defizienten, unzulänglichen oder beschämenden Selbsterlebens des Patienten ist. Kohut machte den Zusammenhang zwischen Scham und Neid deutlich:

> Die intensiven Reaktionen solcher Menschen auf ihre Enttäuschungen und Fehlschläge sind ebenfalls – mit seltenen Ausnahmen – nicht Folge der Einwirkung des Über-Ichs. Nachdem solche Menschen Niederlagen

> beim Verfolgen ihrer ehrgeizigen und exhibitionistischen Ziele erlitten haben, empfinden sie zuerst brennende Scham und dann, wenn sie sich mit erfolgreichen Rivalen vergleichen, häufig intensiven Neid. Diesem Zustand von Scham und Neid können letztlich selbstdestruktive Impulse folgen. Auch diese dürfen nicht als Angriffe des Über-Ichs gegen das Ich verstanden werden, sondern als Versuche des leidenden Ichs, das Selbst zu beseitigen, um die kränkende, enttäuschende Wirklichkeit des Fehlschlages auszulöschen. (1971, S. 210)

Neid drückt also lang andauernde Gefühle von Scham und Unzulänglichkeit aus, die in der unmittelbaren Folge auf ein Versagenserlebnis erzeugt wurden.

Alice Miller beschreibt Neid als weit verbreitete Manifestation zugrunde liegender Unzulänglichkeitsgefühle:

> Eine Patientin sagte einmal, daß sie das Gefühl habe, immer auf Stelzen zu gehen. Muß nicht jemand, der immer auf Stelzen gehen muß, immer wieder neidisch auf diejenigen sein, die auf ihren eigenen Füßen gehen können, auch wenn sie ihm gegenüber kleiner und »normaler« zu sein scheinen? Und ist er nicht an die immerwährende Wut gegen jene gebunden, die ihn ängstlich gemacht haben, ohne Stelzen zu gehen? Auf diese Weise kann auch auf andere Dinge Neid auftauchen, das Ergebnis der Verschiebung als Abwehrmechanismus. Grundsätzlich ist er aber neidisch auf gesunde Menschen, weil sie sich nicht andauernd anstrengen müssen, um sich Bewunderung zu verdienen, und weil sie nichts tun müssen, um jemanden auf die eine oder andere Weise zu beeindrucken, aber frei sind, »durchschnittlich« zu sein. (1986, S. 330)

Im Gegensatz zu den konstitutionellen Aggressionstheorien sieht Miller Neid als reaktiv, als Ergebnis eines emotionalen Klimas, in dem ein Kind des gesunden Stolzes und der Selbstachtung beraubt wurde.

Eine intersubjektive Sicht würde die Auffassungen von Kohut und Miller einen Schritt weiter führen und den Neid als Antwort spezieller und regelmäßiger Erlebensmuster in der emotionalen Umgebung sehen. Diese Muster oder Organisationsprinzipien (Stolorow et al., 1987) könnten ursprünglich aus Misserfolgserlebnissen entstehen – selbst ebenfalls intersubjektiv erzeugtes Erleben –, bei denen die Bezugspersonen mit Verurteilung antworteten und den Schaden komplizierten. Insbesondere könnte ein Elternteil andere Menschen auf die Misserfolge des Kindes aufmerksam gemacht haben und/oder das Kind mit einem Geschwister, Verwandten oder

Nachbarn verglichen haben, der schneller lernte oder besser koordiniert war. Das Kind, das sich als Reaktion darauf in den Augen jener, deren Meinungen ihm am wichtigsten waren, unwert und abgewertet fühlte, bildete ein Muster von auf Scham gegründetem Neid. Immer wenn jemand irgendetwas Gutes besitzt, wird es zum Signum für den Misserfolg des Kindes und seiner Wertlosigkeit. Oft ist dieser Neid mit der grundsätzlichen Überzeugung gekoppelt, zum Scheitern verurteilt zu sein. Dann kommen natürlich wieder viele Misserfolge – und die verletzenden Vergleiche gehen weiter.

Möglicherweise entwickelt sich diese Scham schon im ersten Lebensjahr. Stern (1985) meint, dass der Säugling schon im ersten Lebensjahr ein rudimentäres Selbst ausbildet, einschließlich dessen, was er das »intersubjektive Selbst« nennt. Dieses Selbst basiert auf Affekteinstimmung und umfasst die Wahrnehmung des Säuglings, dass der Andere sein emotionales Erleben bemerkt. Ich stelle mir vor, dass ständige oder traumatische Fehleinstimmungen die Entwicklung eines Gefühls von Effektanz beeinträchtigen. Ich habe außerdem den Verdacht, dass diese Fehleinstimmungen die frühe Grundlage für das spätere Gefühl des Kindes von Wertlosigkeit bilden, mit seiner begleitenden neidischen Überzeugung, dass Andere immer mehr haben als es selbst (oder mehr wert sind).

Wenn wir streng auf die intersubjektiven Zusammenhänge achten, in denen Neid vorkommt, könnten wir die Theorie über die angeborene Aggression bezüglich des Neides in Frage stellen. Ein Patient in den frühen Dreißigern zum Beispiel, der ursprünglich die Behandlung wegen Panikanfällen aufsuchte, wurde äußerst ängstlich in sozialen Situationen, in denen er sich mit jungen Ehepaaren unterhalten musste, die schon ein eigenes Haus besaßen. Sein Neid auf Hauseigentümer, besonders auf jene, deren Eltern ihnen mit einer Anzahlung ausgeholfen hatten, drückte seine Scham und seine Verlegenheit über sein eigenes ursprüngliches »Zuhause« aus. Dort nämlich hatte sein schimpfender Vater ihn als Kleinkind verlassen und ihn seiner alkoholkranken Mutter und schizophrenen Großmutter überlassen. Beide schrien sehr oft und konnten von den Nachbarn gehört werden. Die Scham spiegelte auch seine Erwartung wider, dass Andere ihn als Verlierer sehen könnten. Dieser Patient verbrachte seine ersten drei Jahre in der Behandlung damit, dass er mich zu überzeugen versuchte, dass er – der Patient – eine wahrlich schreckliche Person sei und dass etwas furchtbar falsch mit ihm gelaufen sei. Ich konnte oder wollte seine Sicht, die er mir unterstellte, nicht übernehmen. Dies schuf einen veränderten intersubjektiven Kontext, in dem er sein Erleben von sich selbst und Anderen neu organisieren konnte.

Eine andere Patientin, die Inzest und Gewalttätigkeiten überlebt hat, beneidet immer wieder ihre Altersgenossinnen um ihre »Normalität«. Sie beneidet sie um ihr Glück, ihre Familien, ihre scheinbare Gemütsruhe. Dieser Neid entsteht allerdings oft in einem bestimmten intersubjektiven Zusammenhang: Sie hat einiges aus ihrer Geschichte und ihre Gefühle von Hoffnungslosigkeit einmal einem Freund oder Familienmitglied anvertraut, der sie aufforderte, die Vergangenheit ruhen zu lassen und ihr Leben weiter zu leben. Zuerst zieht sie sich von diesem Möchte-gern-Ratgeber zurück, fragt sich dann aber, warum sie all diesen guten Ratschlägen nicht folgen kann, und beneidet jene, die das können. Sie beginnt dann, anhaltend heftigen Selbstekel zu entwickeln; der Neid verwandelt sich in Scham. In der Behandlung erwartet sie von mir eine ähnliche Ungeduld ihr gegenüber, und sie ist immer wieder auf der Hut vor dem kleinsten Anzeichen dafür, dass ich sie unmöglich oder ekelhaft finden könnte.

Noch ein drittes Beispiel: Eine Schauspielerin wurde depressiv, als ihre Berufskolleginnen Rollen bekamen, für die sie vorgesprochen hatte, oder wenn diese »sehr bekannt« wurden. Sie neidet ihnen ihren Erfolg, ihr Geld, ihre Freunde, ihr Selbstbewusstsein. Wenn sie selbst als Schauspielerin arbeitet, empfindet sie wenig Neid und freut sich für Andere, die erfolgreich sind. Ihr Erfolgsgefühl überdauert allerdings niemals die aktuelle Spielzeit. In ihrer Familie wurde ihre Theaterarbeit niemals akzeptiert, und nach fünfzehn Jahren und einigen Erfolgen im »Geschäft« fragt ihr Vater immer noch, wann sie endlich erwachsen und eine Arbeit finden werde. Ihre Mutter nimmt an, dass die Patientin aus allem, was sie unternimmt, eine Katastrophe zu machen versucht. Der Neid entsteht als Ausdruck von Beschämung über die Misserfolgserwartungen ihrer Familie und ihrer eigenen. »Was ist falsch mit mir?«, schluchzt die Patientin und nimmt auch von mir an, dass dies für mich die richtige Frage sei. Ihre bisherigen Leistungen erscheinen ihr für gewöhnlich ganz unwirklich.

In der Behandlung kann der Neid auf den Therapeuten/Analytiker diese Beschämung ausdrücken. Die Ausbildung des Analytikers, sein Büro, sein Honorar, sein Urlaub und sogar die Art, sich zu kleiden, können Neid hervorrufen, verknüpft mit dem Gefühl des Patienten, ein hoffnungsloser Fall zu sein. Kürzlich sagte ein junger Mann, dass er mich um mein Gefühl von Sicherheit beneide. Patienten glauben oft, dass ihre Therapeuten mehr wissen oder besitzen, bessere Familienbeziehungen unterhalten und seelisch gesünder sind als sie. Zwar gibt dieser Glaube oft die generalisierten Überzeugungen der Patienten wider, doch ist er auch oft die Folge unserer beruflichen Haltung oder unseres reservierten Verhaltens. Dieser auf Scham basierende Neid entsteht oft in bestimmten Situationen intersubjektiver Disjunktion oder Fehleinstimmung. Manchmal überhöre ich im Bericht eines Patienten seine Verzweiflung über misslungene Versuche, Freundschaften und intime Beziehungen zu entwickeln. Dann kann der Patient daraus schließen, dass solche Anliegen für mich ohne Bedeutung sind, dass ich all diese Dinge im Überfluss habe und möglicherweise solch einen beschämenden und hoffnungslosen Fall nicht verstehen könne. Größere Aufmerksamkeit auf den intersubjektiven Kontext, in dem sich Neid auf den Therapeuten entwickelt, kann damit für die Diskussion, ob Neid als angeborene Aggression theoretisch zu verstehen ist, mehr Klarheit bringen. So können Brüche generalisierte emotionale Organisationsprinzipien ins Bewusstsein rufen, die in frühen Erfahrungen des Selbst-mit-Anderen gründen.

Um es zusammenzufassen: Ich halte es für sinnvoll, Neid in den meisten Fällen als einen Beziehungsausdruck von Scham, das heißt, von schwerer Entwertung des Selbst zu verstehen. Manchmal kann er Defizite im Selbstgefühl als etwas Kontinuierliches mit einschließen, wenn eine Person überwiegend unfähig ist, ein Gefühl für die Realität der vergangenen Erfolge zu bewahren. Neid entsteht üblicherweise, wenn eine Person sich selbst mit Anderen zum Schaden des eigenen Selbst vergleicht. Er wird oft durch spezielle Fehleinstimmungen ausgelöst, die Menschen als Indikator dafür nehmen, dass etwas mit ihnen falsch ist. Wenn wir auf den Neid antworten, nicht indem wir ihn als Ausdruck des Hasses oder der Aggression aufzeigen, sondern auf das Gefühl hinweisen, sich unzulänglich zu fühlen oder sich in einer intersubjektiven Fehleinstimmung zu erleben, fühlen sich Patienten üblicherweise verstanden und erleben ihre Selbsterfahrung mit Respekt behandelt.

Neid veranschaulicht damit meine Behauptung, dass emotionales Leben in sich komplex und relational ist. Die Emotion selbst ist komplex, auch wenn ihre Intensität uns verführen könnte, sie als simple Einheit zu sehen. Außerdem hat sie komplexe Bindungen zur ganzen Organisation emotionaler Erfahrung einer Person und zur besonderen Beziehungssituation, in der sie entsteht. Die Heilung eines emotionalen Lebens voller Neid beinhaltet weniger die Affekttoleranz (Krystal, 1988) als das Verständnis von Patient und Analytiker für die komplexen Verwicklungen des grundlegenden *emotionalen* Gefühls von einer Person mit einem defizienten relationalen Selbst. Wenn das Selbstgefühl durch emotionale Antworten in der Behandlung stärker wird, geht der Neid zurück oder verschwindet ganz, und damit viel von der Scham.

Im Wesentlichen habe ich dahingehend argumentiert, eine atomistische Vorstellung von Affekten – ein zu einfacher Ersatz für Triebe als erklärende Begründung in der Psychoanalyse – durch Aufmerksamkeit auf die Gesamtheit und Komplexität des emotionalen Erlebens einer Person zu ersetzen. Die Details und die Geschichte der näheren Umstände sind wichtig, aber nur soweit sie zum Verständnis des organisierten emotionalen »Gefühls einer Person« beitragen. Weder dürfen wir das gesamte emotionale Erleben auf die Summe seiner Teile reduzieren, noch die affektiven Bäume mit dem emotionalen Wald verwechseln.

8

Das emotionale Gedächtnis

> Ich würde die Sprache des Zorns
> verlernen...
> Ich würde an meinen Schmerz glauben,
> und das Auge ruhig auf der wachsenden
> Rose.
> Theodore Roethke, *Die Sehnsucht*

Psychoanalytisches Verständnis braucht Erinnerung. Um für uns selbst einen Sinn zu finden, müssen wir uns daran erinnern, wie wir dazu gekommen sind, so zu fühlen und zu handeln, wie wir es tun. Ein wichtiges Problem zeitgenössischer Epistemologie war jedoch ihr ahistorischer Charakter. Die jüngste psychoanalytische Betonung des Hier und Jetzt und der gemeinsamen Konstruktion von Erzählungen können gleichermaßen ohne Entwicklung und Geschichte auskommen. Eine intersubjektive Vorstellung von psychoanalytischem Verständnis allerdings – die alles emotionale Leben als aus früherer Beziehungserfahrung heraus entstanden ansieht, erfordert eine stärkere Anerkennung der Erinnerungen.

»Emotionales Gedächtnis«, eine Art von Erinnerung, ist jeder gefühlte Rest der Beziehungsvergangenheit. Eine Situation, ein Ding oder ein Ereignis – eine Trennung, ein Sofa, eine Abschlussfeier – ruft Gefühle in uns hervor wie Angst, Erwartung oder Trauer, die wir vielleicht nicht verstehen. Das emotionale Gedächtnis kennzeichnet ein Bündel von Zugängen zu Wissen, zum Wiedererleben und zu Erwartungen, die weitgehend nicht-kognitiv und nonverbal sind, etwas, das in der Psychoanalyse lange bekannt ist. Das emotionale Gedächtnis umfasst Übertragung, Träume, Körpergedächtnis, vage und spezifische Befürchtungen, viele Launen, Überreaktionen sowie Erfahrungen, denen manche Formen der Wiederholung zugrunde liegen. Auch wenn der Inhalt des emotionalen Gedächtnisses verbale Erfahrung sein mag, tragen wir es üblicherweise in nonverbaler Form in uns. Beginnend mit Freud wissen Psychoanalytiker, dass nonverbale Erfahrungen Bedeutungen enthalten können. Eine Konzeption des emotionalen Gedächtnisses liefert uns die Möglichkeit, über die Zusammenhänge zwischen den Phänomenen des präverbalen und des wortlosen Gedächtnisses nachzudenken. Gemeinsam sind diesen Phänomenen die anhaltenden emotionalen Wirkungen unserer relationalen Geschichte – bewusst oder unbewusst.

Emotionale Erinnerungen sind nicht notwendigerweise pathologisch oder pathogen; sie sind menschlich. Wir tragen unsere Geschichte in uns, und nur ein kleiner Teil davon ist kognitiv verarbeitet. Der größte Teil unserer Erfahrung ist viszeral, emotional und nur teilweise organisiert. Relationale Umstände – natürlich einschließlich der impliziten Beziehungserfahrung, allein zu sein –, die irgendwie früheren ähneln, können solche emotionalen Erinnerungen auslösen oder hervorrufen. Größere Aufmerksamkeit auf emotionale Erinnerungen und auf jene Ereignisse, die sie hervorrufen, kann unser psychoanalytisches Verständnis erweitern und vertiefen. Auch wenn wir es nicht sofort erkennen können, sind es oft diese Erinnerungen, denen wir gemeinsam einen Sinn zu verleihen suchen.

Ursprünge einer Konzeption des emotionalen Gedächtnisses

Die Idee von einem emotionalen Gedächtnis hat offensichtlich Vorgänger. Auch heute bestehen mehrere Philosophen darauf – im Gegensatz zur Reduktion der Philosophie auf Sprachanalyse während der Mitte des 20. Jahrhunderts –, dass Erfahrung mehr umfasst als

Worte allein auszudrücken vermögen. Der französische Philosoph Henri Bergson (1910) zum Beispiel hob die zeitliche Kontinuität von Erfahrungen hervor, die ganz im Gegensatz zu den so beliebten atomistischen Diskontinuitäten der Empiriker standen. In seinen Worten:

> Wir neigen instinktiv dazu, unsere Eindrücke zu verdichten, um sie in Sprache auszudrücken. Daher verwechseln wir das Gefühl an sich [von zeitlicher Dauer zum Beispiel] – was ein andauernder Zustand des Werdens ist – mit seinem permanenten externen Gegenstand [die Uhr] und ausdrücklich mit dem Wort, das diesen Gegenstand [Zeit] ausdrückt. (S. 130)

Ähnlich betonte Alfred North Whitehead (1948) die notwendige Unvollständigkeit linguistischer Erkenntnis: »Es gibt keinen Satz, der seine eigene Bedeutung ausreichend erklärt. Es gibt immer einen Hintergrund von Voraussetzungen, der sich dem analytischen Verstand widersetzt.« (S. 73) Whitehead schlug sowohl bescheidene als auch gehaltvolle Sichtweisen sprachlichen Ausdrucks vor. Sprache fängt nur einen kleinen Teil der Erfahrung ein, aber Sprache verortet die Gegenwart in den Kontext der Vergangenheit, gibt ihr das Gefühl der Vergangenheit und überträgt das Vergangene ins »artikulierte Gedächtnis«.

Der Philosoph Michael Polanyi (1958) schrieb ausführlich über das *stillschweigende Wissen*, das Wissen des »Mehr-als-wir-sagen-Können«. Polanyi sprach über die persönliche Teilnahme des Wissenden, einschließlich dessen, was er das Unverständliche oder das »Unaussprechliche« nannte. Er meinte nicht die mystische Konnotation dieses Begriffes, sondern benutzte ihn als »etwas, was ich weiß und weniger genau beschreiben kann als üblich, oder sogar nur sehr vage« (S. 88). Als Beispiel zitierte er das Wissen darum, wie man Fahrrad fährt oder seinen eigenen Regenmantel erkennt. Es gibt keinen Grund, so meinte er, diese Art von Wissen zu artikulieren. Das Problem liege in der allgemeinen Annahme, dass nur das als Wissen gelte, was sprachlich ausgedrückt werden kann. Er zitierte Wittgensteins (1921) berühmten Aphorimus: »Wovon man nicht sprechen kann [als verifizierbare Behauptung der Naturwissenschaften], darüber muss man schweigen.« (S. 115) Dies drückte nach Polanyis Meinung sowohl die Hingabe an das cartesianische System,

Ideen klären und unterscheiden zu müssen, als auch die moderne philosophische Treue zur sprachlichen Klarheit aus.[17] Eine solche Klarheit hat ihren Preis: Der Reichtum stillschweigenden Wissens und sein persönlicher Charakter gehen verloren. Polanyi meint, dass dies in der Psychologie und den anderen Sozialwissenschaften ein bedeutsamer Verlust sei. Nunmehr nicht überraschend kritisiert er Freud für dessen Eintreten für eine wissenschaftliche Unvoreingenommenheit in der Psychoanalyse.

Stillschweigendes Wissen schließt topographisches Wissen – die Vertrautheit eines Chirurgen oder eines Taxifahrers mit seinem Gegenstand – und instrumentelles Wissen – die Fähigkeiten, wie z. B. die Diagnostik, die gelehrt und am Beispiel erlernt werden – mit ein. Eine andere Form unartikulierten Wissens ist »unsere eigene Fähigkeit, zwischen dem, was wir über etwas wissen, und dem, was wir darüber sagen können, zu unterscheiden« (S. 91). Das, »was wir über etwas wissen«, hat eine existentielle Bedeutung, eine wohl verstandene, aber nicht artikulierte Bedeutung.

Außerdem haben Worte selbst eine subsidiäre, unverständliche Bedeutung, die das Gedächtnis mit einschließt:

> Worte drücken nur aus, was ihnen schon aus früher erworbener Bedeutung entnommen wurde. ... Wenn ich beim Lesen eines Briefes Informationen bekomme und wenn ich mir Gedanken über die Nachricht des Briefes mache, bin ich mir nebenher nicht nur seines Textes bewußt, sondern auch aller vorherigen Gelegenheiten, bei denen ich die Möglichkeit bekommen habe, die Worte des Textes zu verstehen, und der ganze Bereich dieses subsidiären Bewußtseins ist nun fokussiert auf die Worte der Nachricht. (Polanyi, 1958, S. 92)

Polanyi spricht die Frage des emotionalen Wissens nicht direkt an. Aber sein »stillschweigendes Wissen« – Wissen aus persönlicher Teilnahme am Bekannten – ist eine wichtige konzeptionelle Grundlage für das, was ich emotionales Gedächtnis nenne. Nicht jeder Fall stillschweigenden Wissens ist emotionales Gedächtnis. Trotzdem umfassen viele Teile des prozeduralen Wissens den Sinn des relationalen Zusammenhanges, in dem sie gelernt wurden, ohne die

---

[17] Ich denke, hier versteht Polanyi Wittgenstein falsch. Wittgensteins *Tractatus Logico-Philosophicus* (1921) betont den Unterschied zwischen Sagen und Zeigen. Viele wichtige Realitätsbezüge können gezeigt werden.

Verwendung von Worten. Ein Kind lernt zum Beispiel Schuhe zu binden, die Uhr zu lesen oder ein Fahrrad zu fahren in einer speziellen emotionalen Umgebung, die intim sein mag oder distanziert, unterstützend oder verächtlich. Diese emotionalen Erinnerungen können artikulierbar werden, aber in den meisten Fällen formen sie weiterhin die darunter liegende emotionale Tönung in den Erfahrungen des Erwachsenen. Wann auch immer ein Erwachsener dann etwas Neues lernt, so fühlt er sich dabei doch sofort »ganz ungeschickt« oder wie »ein Verlierer«. Eine Erwachsene mag sich zum Beispiel unbeholfen oder verlegen fühlen, wenn ihr jemand beim Schuhe-Binden zusieht. Das stillschweigende Wissen darüber, wie man Schuhe zuschnürt, umfasst dann auch das stillschweigende Wissen – das sich intersubjektiv gebildete Organisationsprinzip –, dass man ein Versager ist.

Ähnlich zeigt Gadamers philosophische Hermeneutik die Art und Weise, wie Worte nur teilweise auszudrücken vermögen, was nicht gesagt werden kann. Im Gespräch bringen beide, Sprecher und Zuhörer, ein Netz von Voraussetzungen – Gadamers »Vorurteile« – und eine Geschichte mit ein und schaffen eine neue Geschichte durch ihren Austausch. Geschichte und Erinnerung werden damit zur unartikulierten Grundlage aller Versuche, etwas zu verstehen. Nach Gadamers (1975) Meinung formt das Vorurteil – eine bereits vorgefasste Einstellung – die Möglichkeit, dass wir überhaupt etwas verstehen können, besonders etwas Neues. Das Gedächtnis, stillschweigend oder artikuliert, unbewusst oder bewusst, ermöglicht neue Erfahrung und neues Wissen. Ebenso wenig wie wir ohne Vorkenntnis der Sprache lesen können, können wir unser emotionales gegenwärtiges Leben ohne das Netz gefühlter Bedeutungen erleben, das wir aus unserer Vergangenheit in uns tragen.

Freud (1914) formulierte in »Erinnern, Wiederholen und Durcharbeiten« als Erster für die Psychoanalyse die Idee der Wiederholung als Erinnern. Er glaubte, dass Patienten auf hilfreiche Weise dasjenige agieren, was sie nicht direkt erinnern können. Sie wiederholen die Erfahrungen, die den Symptomen, Hemmungen, »unzweckmäßigen Haltungen« und »pathologischen Charaktereigenschaften« zugrunde liegen. Damit bringen Patienten ihre Sorgen in die Behandlung, ohne die Quellen ihrer Schwierigkeiten erkennen zu müssen. Nach Freud »kann man einen Feind, der abwesend oder nicht in Reichweite ist, nicht besiegen«. Die Konzeption eines emotionalen Gedächtnisses hat so ihre Wurzeln tief in den Anfängen der Psychoanalyse.

Das emotionale Gedächtnis unterscheidet sich allerdings von der Wiederholung und umfasst mehr als diese. Die Idee von der Wiederholung – üblicherweise bezogen auf wiederholte Verhaltensmuster oder Interaktionen – beschreibt Menschen von einem externen Standpunkt aus. *Die Idee vom emotionalen Gedächtnis* hebt im Gegenteil *die Erfahrung des Subjekts* hervor: Das Subjekt fühlt jetzt so, als ob es wie früher war. In Analysen finden wir üblicherweise, dass das intersubjektive Feld solche Erinnerungen sowohl hervorruft als auch entwickelt. Kürzlich sagte ich einer Patientin, dass mir ihre Heimatstadt, die ich gerade besucht hatte, gut gefallen habe. Als Antwort begann sie, mir davon zu erzählen, wie sie damals von älteren Mädchen in der Schule gequält und terrorisiert worden sei. Sie kommentierte, dass sie sich an diese Erfahrungen viele Jahre nicht erinnert hat. Wir konnten ihren Schrecken dann mit der Wut in Verbindung bringen, die sie jetzt gemeinen Verhaltensweisen ihr gegenüber empfand. Vielleicht war es wichtig, dass ich es gewagt hatte, mein freundliches Gefühl zu äußern, das ich für ihre Heimatstadt hegte, das ihr den Zugang zum emotionalen Gedächtnis eröffnete.

Ferenczi machte uns ebenfalls sensibel für die körperlich-emotionalen Arten, wie wir unsere Geschichte in uns tragen. Seine Arbeit mit Inzestopfern (1933) nahm bezeichnenderweise das vorweg, was moderne Kliniker (z. B. Horowitz, 1986; Herman, 1992) unter posttraumatischem Stress verstehen. Er erkannte schon früh, dass Erfahrungen von Konfusion und Scham in der Erfahrung eines Kindes derart existieren können, dass sie sich durch Gespräche allein oft nicht ändern, und er fragte sich, was sonst helfen könnte. Ferenczi (1929) fand zum Beispiel heraus, dass ein Kind, das viel Hass erlebt hat, diese frühe Beziehungserfahrung in den lebenslangen Wunsch encodiert, tot sein zu wollen oder mit reduzierten Wünschen zu leben.

Ferenczi (1932) glaubte, dass Erwachsene zwei Gedächtnissysteme haben: ein subjektives (emotionales und körperliches) und ein objektives (für äußere Ereignisse). Säuglinge hätten im Gegensatz dazu nur subjektive und körperliche Sensationen und Antworten und damit nur ein subjektives Gedächtnis. Er glaubte, dass dieses subjektive Gedächtnis sich bis in die ersten drei oder vier Lebensjahren fortsetze und dort vorherrsche. Doch die Momente des Traumas erleben alle in jedem Alter als Erfahrungen auf folgende Weise: »Das ›Gedächtnis‹ bleibt im Körper fixiert und kann nur dort erweckt werden.« (S. 260f.) Ferenczi hielt es für unvernünftig zu erwarten, dass Menschen sich direkt und bewusst an solche frühen Erfahrungen oder an ein Trauma erinnern können. Stattdessen erleben sie es wieder oder erinnern sich subjektiv in der Analyse. Dadurch wird die traumatische Erinnerung erst zugänglich. Ferenczis Arbeit zeigt die Auswirkungen auf die Theorie: dass man (1) das Trauma ernst nehmen und (2) Veränderungen in der Entwicklung als Wege des Erlebens und Erkennens beschreiben muss.

Viel später beschreibt Hans Loewald (1960) das Gedächtnis als an sich relational, »unüberschaubar verflochten mit Erfahrungen von Trennung, Verlust, Objektrückzug oder Unterbrechung äußerer befriedigender Interaktionen« (S. 160). Er unterschied zwischen repräsentierter und agierter Erinnerung und meinte mit dem agierten Erinnern ausdrücklich mehr als das Agieren und Wiederholen in der Übertragung. Er behauptete, dass das agierende Gedächtnis typischerweise unbewusst sei:

> Vom Standpunkt des repräsentierenden Gedächtnisses aus, das unser normaler Maßstab ist, würden wir sagen, daß der Patient seine Vergangenheit *ist,* statt eine Vergangenheit zu *haben;* er grenzt sich nicht als Erinnernder vom Inhalt seines Gedächtnisses ab. (1960, S. 165)

Loewald dachte, dass wachsende Affekte das repräsentierende Gedächtnis stören. Üblicherweise fehlt dann die Distanz, die man für eine Repräsentanz braucht. Er glaubte auch, dass Stimmungen eine Form nicht-repräsentierter Erinnerungen seien, und brachte als Beispiel Reaktionen auf Jahrestage.

Ähnlich spricht Bollas (1987), Analytiker der *British Independent School,* von »existentiellem Gedächtnis« und von »ungedachtem Bekannten«. Er hält Stimmungen, die Suche nach transformierendem Erleben und den Umgang des Selbst mit sich für Formen des Gedächtnisses. Er glaubt, dass Stimmungen ein »konservierendes Objekt« schaffen. Dieses Objekt »bewahrt einen Zustand auf, der im Leben des Kindes genau in dem Moment vorherrschte, als es glaubte, den Kontakt zu den Eltern zu verlieren« (S. 113). Bollas meint, dass wir als Erwachsene transformierende Erfahrungen suchen, um unser Selbst-Erleben durch Änderung unserer physischen und emotionalen Umgebung so zu verändern, wie es die Bezugspersonen, also »die transformierenden Objekte«, für uns als Kinder getan haben. Selbst wie wir mit uns als Erwachsene umgehen, geschieht in der Art, wie wir uns erinnern, wie unsere Bezugspersonen mit uns als Kind umgingen, also zum Beispiel freundlich oder grob.

Wenn Bollas von »existentiellem Gedächtnis« spricht, meint er damit »nicht-repräsentationale Erinnerung«, ein im Sein fixiertes Gedächtnis. In seinen Worten ist »der Charakter einer Person eine subjektive Erinnerung an ihre Vergangenheit, festgeschrieben durch die Art und Weise der Person, mit sich und Anderen zusammen zu sein« (1987, S. 35). Später (1989) hat er das, was er »Ich-Struktur« nennt, als Gedächtnis charakterisiert. Er behauptet, dass »Säuglinge die konkrete Besonderheit der mütterlichen Sorge verinnerlichen, die ein komplexes Netzwerk aus ›Regeln des Seins und der Bezogenheit darstellt‹« (S. 195). Er glaubt, dass das Kind diese relationalen Regeln und Annahmen in eine tiefe persönliche Struktur organisiert. Weiter führt er aus:

> Ist die Ich-Struktur nicht eine Art von Gedächtnis und seine Struktur eine Aussage zur Logik seiner Bildung, so wie das Gebäude eines Architekten an dessen Intentionen erinnert? Wenn das so sein sollte, wäre diese Art von Gedächtnis operational und strukturell und nicht repräsentational und erinnernd. (1989, S. 195)

Meine Gedanken über das emotionale Gedächtnis beziehen sich, auch wenn ich mich nicht den Objektbeziehungstheorien verpflichtet fühle, sehr auf die Schriften von Bollas. Seine implizite Zurückweisung des Geist-Körper-Dualismus schafft eine Grundlage, um den Gedächtnischarakter aller menschlichen Erfahrung zu untersuchen. Sein Ausdruck »somatisches Wissen« (1987, S. 282) unterstützt die Anerkennung für die Wege, wie Erleben sich selbst in unserem ganzen Wesen als Gedächtnis verschlüsselt. Er drückt damit erneut die Überzeugung der Beziehungstheoretiker aus, dass relationale Erfahrung zu Selbsterfahrung wird. Generell drückt Bollas seinen Respekt vor »jenem Teil der Psyche (aus), der in der wortlosen Welt wohnt« (1987, S. 3).

Ebenso zielen Joyce McDougalls (1989) Gedanken auf jenes vorsymbolische und vorwiegend nicht-repräsentierte Wissen, das ich emotionales Gedächtnis nenne. Sie studiert die Qualität des Gedächtnisses psychosomatischer Krankheiten, auf welche Weise wir unsere Vergangenheit in unseren Körpern tragen. Gefühl, konstatiert sie, *»ist fundamental psychosomatisch«* (S. 95). Sie lässt den Begriff »Alexithymie« (Krystal, 1988) wegen seiner ausschließlichen Konzentration auf die fehlende Fähigkeit, Emotionen in Worte zu fassen, fallen und prüft stattdessen den positiven Gehalt des Körpergedächtnisses. Hier ist ein beredtes Beispiel ihres Denkens:

> Die im Verlauf einer Analyse zu beobachtende extreme Empfindlichkeit der narzißtischen Ökonomie bei vielen jener Patienten, die in Süchten, im Affektentzug und vielleicht auch in Somatisierungen eine Lösung gefunden haben, gestattet einige Hypothesen in bezug auf die ätiologischen Faktoren ihrer Erkrankung. In den Erinnerungen solcher Patienten ist oft von einem Familiendiskurs die Rede, der ein Ideal der Affektfreiheit verherrlichte und jedes Phantasieerleben verdammte. Über diese bewußten Erinnerungsspuren hinaus ist es mir zuweilen gelungen, gemeinsam mit meinen Patienten aus deren Träumen, Assoziationen und Übertragungen eine paradoxe Mutter-Kind-Beziehung zu rekonstruieren, in der die Mutter unfähig schien, die emotionalen Signale ihres Kindes zu deuten. Sie kontrollierte möglicherweise als Reaktion auf unbewußte Angst vor eigenen Affekten (den Erinnerungen einiger Analysanden zufolge) die spontanen Gesten und später gar die Gedanken und Gefühlen ihres Kindes bis zum äußersten. Obwohl wir nie werden wissen können, was im intimen körperlichen und seelischen Austausch zwischen Mutter und Säugling dazu geführt hat, daß ein Kind seine emotionale Erlebnisfähigkeit erstarren läßt, können wir doch beobachten, was vor sich geht, wenn stark affektgeladene Erlebnisse in einer Psychoanalyse oder im Alltagsleben enthüllt werden. Denn in der psychischen Innenwelt hat der Kontinent der Affekte zuweilen die Bedeutung von Atlantis. (1989, S. 118f.)

McDougalls Werk veranschaulicht die klinische Untersuchung und die Folgerung, die notwendig sind, um das emotionale Gedächtnis in der psychoanalytischen Situation zu nutzen. Sie neigt mehr als ich dazu, das Körpergedächtnis als pathologisch und als Resultat einer misslungenen Verbalisierung zu betrachten. Außerdem spricht sie die Sprache von Trieb und Abfuhr, obwohl ihre Ideen besser in einen relationalen Rahmen passen. Ihr Denken beleuchtet die Wirkungen von intersubjektiver Erfahrung auf das Körpergedächtnis.

Die Kohutsche Selbstpsychologie hat seit ihren Anfängen dem Wissen, den Erinnerungen und dem Erleben, die über den Bereich der Sprache hinausgehen, Aufmerksamkeit geschenkt. Kohut sagte, er sei »von dem Problem, inhaltlose traumatische Zustände zu verstehen« (1978b, S. 932), schon lange fasziniert gewesen, bevor er seine Selbstpsychologie formuliert habe. Dieses Interesse, sagte er, spornte ihn in seinen Versuchen an, ein psychologisches Verstehen von Musik zu formulieren. In seiner Arbeit über Musik unterschied Kohut den *Inhalt* einer elterlichen Kommunikation – der Verbalisierung und dem Sekundärprozess zugänglich – von ihrer *Form* oder ihrem Ton. Dieser Ton könne »bohrend oder schneidend sein, hitzig-wütend oder einen kalt durch die Demütigung der Entfernung töten« (1957, S. 241). Später drückte Kohuts zentrale Idee von der Selbstobjekt-Erfahrung seine kontinuierliche Aufmerksamkeit auf die *wortlosen Verbindungen zwischen Menschen und ihren emotionalen Bezugspersonen* aus. Kohuts Identifikation und seine Ausarbeitung der konstitutiven Entwicklungsfunktion der Idealisierung, von ihrer Natur her sprachlos und voller Sehnsucht, konnte nur auf seiner Einstimmung auf non-verbale Kommunikation und auf nonverbale Bindungen basieren.

Schließlich stellt die Theorie der Intersubjektivität, wie sie von Stolorow, Brandchaft und Atwood entwickelt wurde (1987), einen theoretischen Rahmen für das emotionale Gedächtnis zur Verfügung. Sie verstehen alle seelischen Phänomene aus dem Wechselspiel unterschiedlich organisierter Subjektivitäten, und von daher müssen sie das Gedächtnis als relational ansehen. Außerdem schlagen sie zusammen mit Daphne Stolorow (Stolorow/Stolorow, 1987) vor, dass Affekte das Kernselbst ausbilden, und kritisieren damit die Bedeutsamkeit des repräsentativen Wissens. Die »Organisationsprinzipien«, nach denen die Autoren in ihrer »kontinuierlichen empathischen Untersuchung« forschen, müssen dann eher emotional als streng kognitiv sein. Kürzlich haben sie (Stolorow/Atwood, 1992) die psychoanalytische Idee des Unbewussten überprüft und erweitert. Sie stellen einen konzeptuellen Ort für diejenigen Teile der persönlichen Geschichte zur Verfügung, die niemals validiert, niemals bewusste Erfahrung wurden. Demnach erkennen sie mit ihrer Theorie die verschiedenen Möglichkeiten an, wie frühe intersubjektive Erfahrungen encodiert werden.

Die Konzeption des emotionalen Gedächtnisses

Das emotionale Gedächtnis umfasst jede Form und jeden Anteil des Erlebens, die kognitive Prozesse weitgehend umgehen und signifikante Reste der intersubjektiven Welt der Vergangenheit in sich tragen. Das emotionale Gedächtnis hat eine unmittelbare Qualität, so dass man gezwungen ist, es zu fühlen. Beispiele sind die Übertragung, die Träume und die Attraktivität von Menschen, die unseren Eltern ähnlich sind. Außerdem haben Untersuchungen über posttraumatischen Stress die Aufmerksamkeit auf Alpträume, Flashbacks, übertrieben schreckhafte Antworten und Wutanfälle gelenkt. Das aktuelle Bewusstsein über die Folgen von Kindesmissbrauch hat auch sexuelle Phobien, beeinträchtigtes Körpergefühl und extremen Selbsthass als Formen des emotionalen Gedächtnisses hervorgehoben.

Im Gegensatz zum Unbewussten, definiert als das, was außerhalb des Bewusstseins bleibt, bezieht sich das emotionale Gedächtnis auf das, was und wie eine Person *etwas weiß*. Man braucht keine Theorie der Verdrängung, sondern benötigt stattdessen ein Verständnis der vielen Wege, wie Menschen jeden Alters ihre Erfahrungen registrieren und kodieren (Schachtel, 1959; Klein, G., 1966). Die Idee des emotionalen Gedächtnisses ersetzt die des Unbewussten aber keineswegs; zum Beispiel können wir eine mehr oder weniger kognitive Bewusstheit über eine vorgegebene Form des Körpergedächtnisses haben. Was eine Konzeption des emotionalen Gedächtnisses dagegen tun kann, ist zu erklären, warum das Unbewusste bewusst zu machen solch beschränkte therapeutische Wirkung hat. Das emotionale Gedächtnis bleibt eingebunden in die psychische Organisation einer Person und behält viel von seiner Kraft, bis eine hinreichend neue Beziehungserfahrung die Stelle einnimmt. Auch diese neue Erfahrung wird ebenso zum emotionalen Gedächtnis, wie das gesamte emotionale Gedächtnis nur teilweise artikulierbar ist.

Entwicklungspsychologen haben versucht, das Auftauchen des Gedächtnisses zu beschreiben. Indem sie zwischen Erinnern und Erkennen unterschieden, fanden sie heraus, dass Säuglinge das Gesicht der Mutter in den frühesten Tagen und Monaten ihres Lebens erkennen können. Babys und Kleinkinder entwickeln später höher entwickelte Gedächtnisfähigkeiten (Piaget, 1968). Trotz ihres Gespürs für das sensomotorische Gedächtnis studierten Piaget und seine Nachfolger allerdings hauptsächlich die Entwicklung des kognitiven Gedächtnisses, sowohl was die Erinnerung (bei Piaget Evokation) als auch das Erkennen betrifft. Das sensomotorische Gedächtnis, das so stark in das mit einbezogen ist, was ich emotionales Gedächtnis nenne, wurde für die Anhänger Piagets hauptsächlich zu einem Vorläufer des vollständigen repräsentativen Gedächtnisses mit seiner symbolischen Organisation (z. B. Jones, 1995).

In der umfangreichen Literatur über die kognitiven und relationalen Fähigkeiten des Säuglings hat Daniel Stern (1985) in seinen Untersuchungen zum frühen Gedächtnis mit seinen RIGs den Kognitionen eine kleinere Rolle zugewiesen. Er unterscheidet zwischen spezifischen und prototypischen Erinnerungen (1988). Letztere sieht er als überdauernde Repräsentanzen:

> Da die Repräsentanz eine abstrahierte Akkumulation historischer Ereignisse ist – sich ständig erneuernd –, wird es eine sehr konservierende Kraft sein, die auf der Deutung gegenwärtiger Lebensereignisse liegt (die interpersonale Wirklichkeit). Mit anderen Worten: Frühere Erfahrungen besitzen ein enormes Gewicht bei der Konstruktion gegenwärtiger subjektiver Erfahrungen. Die Menschen werden die gleichen Verhaltensweisen, selektive Unaufmerksamkeiten, Interpretationen etc. wiederholen. Dies ist in der Tat das einzig heikle Problem in der Therapie. (1988, S. 51)

Diese konservierende Funktion des Gedächtnisses ähnelt Piagets und Inhelders Vorstellungen (1973). Sie glaubten, dass das Gedächtnis im weiteren Sinn (unser ganzer organisierter Wissensvorrat) einen bedeutenden Einfluss auf die speziellen Erinnerungen hat, die wir zurückgewinnen (Gedächtnis im strikten Sinn). In den Worten von Flavel: »Was der Kopf weiß, hat eine enorme Wirkung auf das, was der Kopf lernt und woran er sich erinnert.« (1977, S. 189) Wir können diese Repräsentanzen andauernd in uns tragen, wie Stern glaubt, oder sie können nur als Antwort auf Auslöser oder Reize in uns hochsteigen. Stern meint, dass diese Repräsentanzen oder prototypischen Erinnerungen im Gegensatz zu den verbalisierbaren inhaltlich-spezifischen Erinnerungen (Piagets Gedächtnis im strengen Sinn) »das volle Gewicht der Vergangenheitsgeschichte tragen« (S. 51). Vielleicht besteht das emotionale Gedächtnis teilweise aus diesen RIGs, aber oft weniger kognitiv, weniger organisiert und direkter sensomotorisch als Sterns Ansatz nahe legt. Stern (1983) hat erkannt, dass Affekterinnerungen allerdings »nur grob in einen Sprachcode übersetzbar sind« (S. 17). Ich glaube, Sterns Sicht ist vereinbar mit der tiefen inneren Überzeugung, mit der Erwachsene ihre emotionalen und relationalen Organisationsprinzipien beibehalten. Seine Arbeit erklärt auch, warum die Erlebnisse und Erfahrungen hinter diesen Prinzipien nur schwer, wenn überhaupt, artikuliert werden können.

Emde (1983), ein weiterer Säuglingsforscher, schreibt von einem »prä-repräsentativen« affektiven Kern des Selbst. Dieser »garantiert das Gefühl der Stetigkeit unserer Erfahrung über die Entwicklung hinweg, trotz der vielen Wege, auf denen wir uns verändern« (S. 165). Emde findet einige Beweise für ein solches Kern-Selbst. Ein Common-sense-Argument ist unser Glaube, dass wir andere in dem Umfang kennen, in dem wir uns mit dem emotionalen Leben des Anderen in Verbindung setzen können. Außerdem erwähnt er Forschungsergebnisse, die zeigen, dass ähnliche Dimensionen in der Qualität (Lust/Unlust) und Quantität (Intensität) das emotionale Erleben von Säuglingen, Kindern und Erwachsenen gleichermaßen charakterisieren. Er weist weiter darauf hin, dass ähnliche Ausdrucksformen sowohl in interkulturellen Studien als auch in der Säuglingsforschung gefunden wurden. Emde schließt aus der Beobachtung, dass Affekte das ganze Leben hindurch – sowohl unter verschiedenen Untersuchungsbedingungen als auch im interkulturellen Kontext – ähnlich sind: sie repräsentieren menschliche Kern-Erfahrungen. Er bezieht so auch den beziehungsreichen Effekt der emotionalen Verfügbarkeit der Mutter mit ein. Er nimmt diese Tendenz zur »sozialen Bezugnahme« – der Säugling oder das Kleinkind prüft die emotionalen Antworten der Mutter in unsicheren Situationen – als Beweis für einen prädominanten affektiven Kern des Selbst. Falls Emde Recht hat, würde das emotionale Gedächtnis hauptsächlich aus prä-repräsentativen Verschlüsselungen relationaler Erfahrung bestehen. Weder Emde noch ich glauben allerdings, dass dieses sensomotorische und affektive Verschlüsseln mit dem Erwerb der Sprache aufhört. Vielmehr denke ich, dass *solch ein implizites Gedächtnis als Kern unseres Erkennens bestehen bleibt und nicht als Vorläufer repräsentativer oder symbolischer Kognition anzusehen ist.* Ich ziehe damit Polanyis »unartikuliertes Wissen« oder mein »emotionales Gedächtnis« Emdes *prä*-repräsentativem Selbst vor, bewerte aber Emdes Betonung auf solches Wissen als den Kern des Selbst.

Zusammenfassend lehrt uns die Untersuchung des emotionalen Gedächtnisses – sowohl theoretisch als auch in der klinischen Praxis – einen neuen Respekt für das Wissen, das dem verbalen Bereich vorausgeht, ihm zugrunde liegt und über ihn hinausgeht. Sie lehrt uns anzunehmen, dass jede Erfahrung Bedeutung und Geschichte hat, auch wenn dies selten genug angemessen ausgedrückt werden kann. Für Kliniker bedeutet dies, dass wir oft mit einem partiellen Verständnis zufrieden sein müssen. Wir bringen unserer Arbeit und der Suche unserer Patienten nach Selbsterkenntnis eine Haltung verständnisvoller Eltern entgegen, die wissen, dass die Erfahrungen ihrer Kinder irgendwie sinnvoll sind, die aber auch wissen, dass ein ausreichend gutes Verständnis oft das Bestmögliche ist. Diese fallibilistische Haltung funktioniert gut, wenn die Bindung an den Analytiker stark ist und wenn in der Analyse ein sicherer Raum für das emotionale Erleben des Patienten geschaffen worden ist. Umgekehrt kann die emotionale Empfänglichkeit des Analytikers für die verbalen und nonverbalen Aspekte der Erfahrungen des Patienten die therapeutische Bindung stärken.

Das emotionale Gedächtnis anhand klinischer Beispiele

Terry kam im Alter von etwas über zwanzig Jahren in die Behandlung, nachdem sie von ihrem Psychologieprofessor über die erfolgreiche Behandlung von Inzestopfern gehört hatte. Sie wurde in Südamerika geboren, wo sie bis zum siebten Lebensjahr gelebt hatte. Die Familie ihrer Mutter übte eine Form äußerst rachsüchtiger Hexerei aus. Terry wurde mit etwa vier Jahren ihrer Obhut überlassen, als beide Eltern in die Vereinigten Staaten migrierten, um dort zu arbeiten. Als sie und ihre ältere Schwester die Eltern drei Jahre später wieder sahen, schlug ihr gewaltbereiter und alkoholkranker Vater häufig ihre Mutter und ihre Schwester und vergewaltigte Terry. So viel konnte sie von ihrer Geschichte erzählen, als die Behandlung anfing. Einige Monate später war sie von der Schule verwiesen worden. Sie hatte das Gefühl, dass jeder sehen könne, dass sie eigentlich ein Tier und kein Mensch sei. Gelegentlich, wenn sie mich einmal nicht erreichen konnte, schrieb sie mir, was sie fühlte. Hier ein Beispiel:

> Meine armen kleinen Zellen schreien, um wieder frei zu sein. Mein ganzer Körper schüttelt sich. Ich wachte mit einem körperlichen und emotionalen Schmerz in meinem Darm auf. Ich fühle das gleiche schreckliche vernichtende Verlorenheitsgefühl. Als ob der lebenswichtigste Teil von mir tot sei; warum also aufstehen? Um Ihnen die Wahrheit zu sagen: Ich habe die Schnauze voll von mir, weil ich aufgestanden bin, weil es bedeutet, dass ich den Tag heute durchhalten werde. Und wofür?! Ich habe Tränen in meinen Augen und Schmerzen in meiner Seele. Ich habe das Gefühl, als ob etwas sehr Kostbares gestorben oder verloren sei. Ich fühle mich nicht wirklich oder ganz. Das einzig Echte, das ich fühle, ist diese überwältigende Traurigkeit und dieser überwältigende Schmerz... Ich sehe nach außen hin so verflucht normal aus, während es im Innern wie in einem Vulkan brodelt. Alles, was ich sehe, ist Dunkelheit, Schmutz und Hässlichkeit. Ich sehe eine Art Folterkammer mit Teilen von mir, die auf mehreren unterschiedlichen Foltergeräten gedreht, gezogen und verlängert werden. Mit hässlich drohenden Gesichtern, die sich über meine Körperteile und über meine vergeblichen Fluchtversuche mit höhnischem Gelächter lustig machen... Ich sehe aus einem kleinen Spalt in der Wand des Kerkers hinaus, und draußen singen, lachen und spielen die Leute. Und ich sehne mich so sehr, einer von ihnen zu sein.

Terry fand manchmal Notizen in ihrer Handschrift aus Schulklassen, von denen sie sich nicht erinnern konnte, sie jemals besucht zu haben. Sie berichtete, dass Freunde und Familienangehörige ihr sagten, dass sie sich wie verschiedene Menschen benehme. Manchmal war sie erwachsen und kompetent, manchmal lag sie in einer fötalen Position in einer Ecke zusammengerollt, manchmal flirtend, manchmal tagelang weinend, manchmal wütend und gewalttätig, meist nur gegen sich selbst. Oft wollte sie in ihrer Verzweiflung ein großes Messer nehmen und sich in der Mitte aufschneiden, um etwas Schreckliches und Ekelhaftes herauszuholen.

Terry hat *Sybil* gelesen und weiß, dass sie Menschen ähnelt, denen diagnostiziert wurde, eine multiple Persönlichkeit zu sein. In den fünf Jahren der Behandlung half ihr allerdings am meisten die Ermunterung, ihre vielfältigen Gefühle und Zustände als emotionale Erinnerungen zu verstehen. Dieser Prozess machte nicht alles verbalisierbar, aber er hatte mehrere andere Effekte. Sie bekam mehr Zugang zu ihrer entsetzlichen Geschichte. Sie lernte verstehen, dass es Gründe für ihre Gefühle und Antworten gibt, die sie früher als verrückt bezeichnete. Dadurch neigt sie jetzt weniger dazu, sich selbst zu beschimpfen, und ist weniger suizidal. Jedes Gefühl allerdings, geliebt zu werden, wäre gefährlich für sie. Terry hatte geliebt und fühlte sich von ihrem missbrauchenden Vater geliebt. Als sie und ihr Freund beschlossen zu heiraten, »flippte sie aus« und erwartete, dass er ihr wehtun würde. Sobald sie dies als eine Erinnerung verstand, beruhigte sie sich merklich.

Weil Terry schwere Traumata sowohl durch Frauen als auch durch Männer erlitten hatte, entstand eine komplizierte Übertragung. Sie erlebte mich sowohl als wohlwollend als auch als sehr gefährlich. Vielleicht verspricht die emotionale Bindung Sicherheit und ruft Erinnerungen an andere Bezugspersonen hervor, von denen sie Schutz hätte erwarten können. Denn ihre Eltern hatten sie in der Obhut von Frauen zurückgelassen, die sie sehr misshandelten. Ihre Erinnerungen an diese grauenhaften Erlebnisse kommen in ihrem Schrecken auch über mich an die Oberfläche, ein physisch-emotionaler Schrecken, den ein Teil von ihr aber als tatsächlich nicht zu mir gehörig anerkennen kann. Sie schreckt zurück, wenn ich irgendeine unerwartete Bewegung mache. Jedes Jahr im Frühjahr verschwindet sie für einen Monat oder zwei aus der Behandlung. Gerade kürzlich haben wir verstanden, dass der Frühling sie an das Wetter in ihrem südamerikanischen Heimatland erinnert. Jedes Frühjahr hat sie Angst, dass ich sie verletzen und unfähig sein könnte, sie zu beschützen oder ihr zu helfen. Doch fühlt sie auch, dass ich die einzige Person bin, die sie immer respektvoll behandelt hat, die an ihren Wert geglaubt hat, wenn sie selbst es nicht konnte.

Terry ist ein Beispiel für das wortlose »ungedachte Bekannte« (Bollas, 1987) einer emotionalen Reaktion und Erwartungshaltung. In meiner Arbeit mit Terry ging es darum, zu einem gemeinsamen Verstehen ihrer schrecklichen Erfahrungen als einem Horror jenseits von Worten zu gelangen.

Einige kürzere Beispiele mögen mein Verständnis des emotionalen Gedächtnisses weiter klären. Ein Patient, der sich erstarrt fühlte und nicht verstehen konnte, warum er sich nicht dazu aufraffen konnte, etwas zu tun, um vor allem sein Beziehungsleben zu verbessern, kam dazu, diesen Zustand als Erinnerung zu sehen. Seine psychotisch-depressive Mutter stritt permanent mit seinem alkoholabhängigen und spielsüchtigen Vater. Die Lähmung des Patienten bewahrte sowohl das Unvermögen seiner Mutter, ihre Situation zu verändern, als auch seine Anlehnung an seinen liebevolleren Vater, der gern vor dem Fernseher saß und Baseball sah, auf.

Eine andere Patientin, die gerade Bridge lernte, erlebte sich deprimiert, hoffnungslos und weinerlich. Jeder vernünftige Gedanke verschwand aus ihrem Kopf, wenn ihr Lehrer, ein älterer Mann, ihre Spielweise oder ihr Reizen beim Bridge kritisierte. Sie entdeckte, dass der höhnische und herablassende Tonfall dieses Mannes dem ihres Vaters ähnelte. Sie erinnerte sich, dass in ihrer Familie diese Gefühle des Versagens beim Kartenspielen oft in einem ähnlichen Beziehungszusammenhang standen. Als sie ihre »Überreaktionen« als emotionale Erinnerung verstand, konnte sie zu jemand anderen gehen, um Bridge zu lernen. Sie brauchte ihre Gefühle dann nicht mehr als Beweis dafür zu interpretieren, dass sie unfähig war, irgendetwas zu lernen oder richtig zu machen.

Eine andere Patientin in der Spätadoleszenz, deren Leitsymptomatik sowohl aus vagen als auch spezifischen Ängsten und Befürchtungen bestand, glaubte ursprünglich, sie sei einfach »verrückt«. Ihre Behandlung bestand oft aus der Erforschung dieser Ängste und Befürchtungen als emotionale Erinnerungen. Einige dieser Gefühle haben eine Vorgeschichte, an die sie sich kognitiv erinnern kann, aber die sie niemals jemandem erzählt hatte. Wir verstehen ihr Schweigen teilweise als Scham, als Kind immer wieder belästigt worden zu sein. Außerdem hatte sie niemals einen Zusammenhang zwischen dem, was damals geschah, und dem, was sie jetzt fühlte, herstellen können. Ihre emotionalen Erinnerungen verschlüsseln insbesondere die Beziehungserfahrung, sich auf niemanden verlassen zu können, und das erneute Erleben der traumatischen Situationen im Hause des Missbrauchers, sogar als sie einem Elternteil von der Belästigung erzählt hatte. Sie hat herausgefunden, dass ihr die Behandlung hilft, »weil ich jetzt weiß, dass es Gründe für meine Gefühle gibt, auch wenn ich sie nicht sagen kann«. Außerdem weiß und sorgt sich jemand um ihre Gefühle, auch wenn diese Person die Fakten ihrer Geschichte nicht verändern kann.

Die klinische Aufmerksamkeit auf das emotionale Gedächtnis hat mehrere Vorteile. Einer der Vorteile ist der positive Bezug zur Erfahrung des Patienten. Die traditionelle Psychoanalyse hat den negativen Bezug hervorgehoben: das Unbewusste, das Außer-Kontrolle-Sein, das Agieren, den Widerstand. Jetzt können wir auf das achten, was der Patient *weiß,* und anfangen, die vielen Formen seines Wissens zu untersuchen. Ein häufiger Nebeneffekt dieser Aufmerksamkeit ist eine allmähliche Verminderung der Scham des Patienten wegen seiner Gefühle und Bedürfnisse. Ein Mann sagte zu mir, dass eine der hilfreichsten Interventionen in seiner Behandlung meine Feststellung war, dass es in Ordnung sei, wenn man sich enttäuscht fühle und dass wir etwas daraus lernen könnten. Sogar die Scham selbst kann eine Erinnerung ausdrücken. Eine andere Patientin war so von Scham ergriffen, dass sie aufstehen und in die gegenüberliegende Ecke des Raumes gehen musste, um zu weinen. Wir verstanden dies als Erinnerung an ihr Gefühl als Kind, wenn ihre Eltern abweisend auf ihre Gefühle reagiert hatten.

Das emotionale Gedächtnis verstehen hilft auch zu erklären, warum Symptome selten vollkommen verschwinden und unter Stress wieder auftreten können. *Unsere Geschichte ruht in unserem ganzen Sein.* Einsicht – sogar emotionales Verständnis – kann die Auswirkungen von Geschichte lindern, sie langsam beherrschbar und tolerierbar machen, aber die emotionale Geschichte an sich bleibt. Was heilsam ist, ist die Beziehungserfahrung von sicherer Bindung und wechselseitiger Suche nach Verständnis. Solche Erfahrung schafft neue emotionale Erinnerungen, neue Traditionen (Stern, 1991) und neue Möglichkeiten. Aber keine Analyse beseitigt die Auswirkungen von Vergewaltigung oder Kindesmissbrauch vollkommen oder heilt den Kriegsveteran von seinem Schrecken, wenn er Knallkörper explodieren hört. Wir dürfen nicht das Gefühl haben, dass Psychoanalyse versagt, weil Einsichten emotionale Erinnerungen nicht beseitigen. Wir können nicht erwarten, dass Psychoanalyse dies können sollte.

Die Untersuchungen zum emotionalen Gedächtnis erweitern auch das Verständnis von Übergangsphänomenen (Winnicott, 1958). Wir können sie als Ausdruck des nicht-repräsentierten relationalen Gedächtnisses sehen. Winnicott dachte, dass die Fähigkeit, Übergangsphänomene zu benutzen, etwas aus der Bindungsgeschichte zeige und ein gutes prognostisches Zeichen sei. Ähnlich könnten wir diese Fähigkeit als Teil des emotionalen Gedächtnisses sehen und ihre Entwicklung als Zeichen für einen Fortschritt in der Behandlung betrachten. Wenn wir die Modi des nicht-repräsentierten relationalen Wissens und der Erinnerung aufmerksam beachten, können wir uns auf solche Wachstumszeichen einstimmen.

Wenn man auf das emotionale Gedächtnis achtet, hat es noch weitere Implikationen für das psychoanalytische Verstehen. Zwanglos könnten wir uns darauf verständigen, dass sich unsere Aufmerksamkeit, zumindest teilweise, von den Worten zur Stimmung verschieben sollte. Viele Theoretiker bestätigen, dass nonverbale Elemente in den Behandlungsprozess hineinkommen und analysiert werden müssen. Oft wird dies allerdings wie ein Zugeständnis eingestanden, fast wie ein Verrat gegenüber dem Primat des Verbalisierens in der Psychoanalyse. Ich bin, ganz im Gegenteil, der Meinung, dass das affektive Gedächtnis nur teilweise artikuliert werden kann, während Worte reiche Quellen des Ausdrucks und des empathischen Verständnisses emotionaler Erfahrungen sind und Patienten helfen, ihr emotionales Erleben wertzuschätzen. Ich denke auch, dass die psychoanalytische Betonung der Verbalisierung einen kartesianischen Geist-Körper-Dualismus widerspiegelt. Man erhält weiter den »Mythos von der isolierten Psyche« (Stolorow/Atwood, 1992) oder Ryles »Gespenst in der Maschine« (1949) aufrecht: Konzeptualisierungen, die zurückgewiesen werden müssen. Wenn wir darauf verzichten, vermeiden wir damit auch, nonverbale Ausdrucksformen von Geschichte und Entwicklung mit herabsetzenden Begriffen wie »Enactment« oder »Agieren« zu charakterisieren. Dann können wir beginnen, die nonverbalen Ausdrucksformen sowohl des Patienten als auch des Analytikers zu schätzen und zu untersuchen.

Ein Vorteil einer theoretisch-klinischen Konzeption des emotionalen Gedächtnisses ist ihre Bandbreite. Sie benutzt als Quellen für das psychoanalytische Verständnis solche Indikatoren wie den Klang der Stimme, überraschende Antworten und die Mimik. Viele knifflige klinische Probleme, sowohl auf Patienten- als auch auf Analytikerseite, können zu einer fruchtbaren Lösung kommen, wenn man das emotionale Gedächtnis mit einbezieht. Nach Lessem (persönliche Mitteilung, 1993) kann die Idee vom emotionalen Gedächtnis häufig ein Schlüssel für die Ursprünge von Konflikten und Missverständnissen in Paartherapien sein. Sie kann den Weg ebnen für ein empathisches Verstehen des Ehepaares und des Therapeuten. Der Zugang zu den verschiedenen Arten emotionaler Erinnerungen im intersubjektiven Feld der Ehe und in der Behandlung ist etwas, das alle Betroffenen verstehen müssen. Mit anderen Worten: Das emotionale Gedächtnis ist ein bedeutender Bestandteil der Organisation von Erfahrung, die nur teilweise organisiert und nur teilweise artikulierbar ist.

Ein mit dem emotionalen Gedächtnis in Wechselwirkung stehender Begriff ist *emotionale Amnesie,* ein übliches klinisches Phänomen. Sie kommt bei Menschen vor, die klare, sogar detaillierte Erinnerungen an frühere Ereignisse haben, aber keine Gefühle damit verbinden. Ich arbeite manchmal mit Opfern von Vergewaltigung oder Inzest, die sich deutlich an das, was geschehen ist, erinnern, aber nichts dazu fühlen können. In zwei Fällen waren diese Patienten stark suizidal. Die Wiederherstellung des emotionalen Gedächtnisses wird in solchen Fällen zur zentralen Aufgabe der Behandlung.

Schließlich sind Analytiker, unabhängig davon, wie gut sie analysiert sind, voll von emotionalen Erinnerungen. Unsere Beziehungserfahrung ist auch als das »ungedachte Bekannte« (Bollas, 1987) verschlüsselt und kommt mit jedem Patienten auf die eine oder andere Weise an die Oberfläche. Weiter oben habe ich über Co-Übertragung geschrieben, jener Mischung aus Organisationsprinzipien und persönlicher Geschichte, die immer die Erfahrung des Analytikers in der analytischen Beziehung mit einem bestimmten Patienten formt (vgl. Kapitel 5). Unsere Fähigkeit, uns auf unsere eigene emotionale Erfahrung einzustimmen, verbalisierbar oder nicht, muss unser Hauptinstrument sein, wenn wir versuchen, im Patienten ein Bewusstsein von und Achtung vor seinem vollen emotionalen Leben zu fördern. Nicht nur, dass wir solches Bewusstsein und solche Achtung modellhaft vorleben, wir benutzen unser emotionales Gedächtnis als Führer für optimale Responsivität. Deshalb sollten klinische Richtlinien weniger genau, sondern allgemeiner sein, als sie es traditionell waren, damit das emotionale Wissen des

Klinikers Raum in seiner Arbeit bekommt. Klinische Supervision sollte die Verwendung des affektiven Gedächtnisses und das stillschweigende Wissen unterstützen, um die Responsivität in der Behandlungssituation zu leiten.

Nicht jeder stimmt damit überein. Der Interpersonalist und soziale Konstruktivist Donnel Stern (1989) beschreibt Gegenübertragung als unsere »unformulierte Erfahrung« von Patienten. Wie Sullivan glaubt er, dass wir dem »Zugriff« des interpersonalen Feldes durch Verbalisierung entfliehen müssen – eine von der nonverbalen Erfahrung geschaffene Sackgasse zweier Menschen. Er zitiert Tauber und Green (1959), die dem »Zugriff« des Feldes Aufmerksamkeit schenken. Sie glauben, ohne die Fähigkeit des Analytikers, sich einfangen zu lassen, könne der Patient »keine ehrliche Eintrittskarte für eine Beziehung« bekommen (S. 146, zit. in: Donnel Stern, 1989, S. 21). Doch auch dieser »Zugriff« könne nur durch die reflektierende Verbalisierung durchbrochen werden.

Obwohl Donnel Stern mit seiner »unformulierten Erfahrung« mein Anliegen in Bezug auf die stillschweigenden Erfahrungselemente teilt, gibt es, denke ich, zwei Unterschiede. Einer betrifft seine Überzeugung, die er mit Sullivan teilt, dass nur die »verbalisierbare Erfahrung wertvoll oder informativ wird« (S. 9). Ohne verbale Artikulation haben wir nur unformulierte Erfahrung:

> Bevor die Erfahrungen nicht artikuliert werden, sind sie relativ undifferenziert, und folglich können sie im Geist nicht erkannt, nicht reflektiert werden – sie existieren nicht. Wörter umhüllen die Erfahrung nicht. Sie konstruieren sie. (1989, S. 1)

Donnel Stern nimmt, anders als Polanyi, an, Erkenntnis benötige Unterscheidung und Artikulation. Meine Konzeption des emotionalen Gedächtnisses beabsichtigt im Gegensatz dazu, eine positive Haltung für das stillschweigende Wissen zu fördern, das seine eigene Wahrheit besitzt und manchmal von unseren Anstrengungen, es in Worte zu fassen, geschmälert wird. (Nichtliterarische Kunstformen wie der Tanz drücken solch eine Anerkennung der Integrität stillschweigenden Wissens aus.)

Darlene Bregman Ehrenberg (1992) formuliert die Bedeutung des stillschweigenden Wissens und die Grenzen der Verbalisierung:

> Es ist ja bekannt, daß Worte sowohl als Hindernisse als auch als Brükken in der Kommunikation dienen können, oder als beides gleichzeitig. Worte können benutzt werden, um etwas zu verbergen oder aufzudekken; sie können benutzt werden, um Gefühle hervorzurufen oder gewisse Verhaltensantworten hervorzulocken; sie können Waffen sein, Tarnung, Hilferufe; eine Möglichkeit, andere zu testen; Geschenke; oder sogar ein Weg, um Ideen und Bilder in den Geist eines anderen Menschen zu transportieren. Sie können zur Verführung benutzt werden, um einander zu amüsieren, zu überraschen, zu flirten, zu beleidigen, jemanden zu vereinnahmen, in jemanden einzudringen; sie können Schmerz verraten oder Schock, täuschen, ablenken, manipulieren... Da Worte dem Agieren des Patienten oder des Analytikers dienlich sein können und das affektiv Fortschreitende – oft nonverbal – tiefe Wirkungen entfalten kann – sowohl positiv als auch negativ –, kann die Bedeutung der immensen Wirkung jenseits der Worte – selbst im Zusammenhang verbaler Kommunikation – kaum überschätzt werden. (S. 14)

Zweitens scheinen einige Interpersonalisten, und Donnel Stern im Besonderen, die Rolle des Gedächtnisses bei der Entwicklung menschlicher Erfahrung und der Bildung und Erhaltung eines Gefühls des Selbst zu minimieren. Sie sprechen so, als ob die Analyse aus horizontalen Scheibchen des Hier und Jetzt bestehe, in der nur die wechselseitigen Einflüsse des Gegenwärtigen untersucht würden. Meine Sichtweise, wie auch die der entwicklungsrelationalen Theoretiker (Ghent, 1992), setzt eine longitudinale Untersuchung der Entwicklung voraus und sieht die Gegenwart als durch Erinnerungen gebildet an.

Trotzdem lenkt Donnel Stern die Aufmerksamkeit auf die Bedeutung der stillschweigenden Erfahrung des Analytikers über den Patienten. Er deutet an, dass der Zugang zu diesem Wissen aus therapeutischen Sackgassen führen kann. Diese Betonung auf die Verwendung der Selbsterfahrung des Analytikers, um relationale Erfahrung zu verstehen und umgekehrt, ist ein Teil des pragmatischen Nutzens einer Konzeption des emotionalen Gedächtnisses.

In diesem Kapitel habe ich Theorien untersucht, die wir schon benutzen. Begriffe wie Primärprozess, sensomotorisches Wissen, Alexithymie, prä-repräsentiertes Selbst und sogar Affekt haben ihren Platz im historischen und zeitgenössischen psychoanalytischen Diskurs. Aber keiner dieser Begriffe fängt wirklich das Gefühl des inneren Wissens ein, das ich emotionales Gedächtnis nenne. Nur dort kann die theoretische Rechtfertigung für die Prägung eines neuen Begriffes liegen. Meine Motivation ist allerdings praktischer Natur: Der Begriff emotionales Gedächtnis spricht viele Patienten ohne jede Übersetzung und mit nur wenig Erklärungsbedarf an, wenn man z. B. sagt, dass unsere Geschichte in uns lebt. Ich merke, wie viele Patienten anhand des Begriffs emotionales Gedächtnis Zugang zu reichem assoziativen Material bekommen.

Diese Vorteile kommen auch dem Analytiker zugute. Wenn unsere Theorien Begriffe benutzen, die man kaum übersetzen muss, können wir näher beim Patienten bleiben. Außerdem ermuntert uns der Gebrauch des Begriffs emotionales Gedächtnis zu einer lehrreichen intellektuellen Demut: Technische Begriffe können uns und die Patienten im trügerischen Glauben wiegen, wir wüssten mehr, als wir tatsächlich wissen. Wenn wir uns in der Alltagssprache ausdrücken müssen, erleben wir mit größerer Wahrscheinlichkeit die Grenzen unseres Verstehes und des Verbalen. Vielleicht werden wir öfter zugeben, dass wir etwas nicht verstehen. Diese bescheidenere Einstellung kann eine »Lass' es uns zusammen versuchen«-Haltung herstellen, die die psychoanalytische Betonung der verbalen Interpretation als etwas, was ein Analytiker einem Patienten gibt, ebenso ersetzt wie dessen Autorität oder Sachkenntnis.

Letztlich ist eine erfahrungsnahe Sprache meist unbestimmt. Die Philosophen seit Aristoteles haben uns davor gewarnt, dem Subjekt mehr Präzision abzuverlangen, als zu rechtfertigen wäre. Emotionale Wahrheit, so mächtig sie auch ist, kann oft zu ungewiss sein, um zufrieden zu stellen. Da die Psychoanalyse nun allmählich ihren Anspruch, eine Naturwissenschaft sein zu wollen, aufgibt und ihren eigenen Ort im Bereich der Humanwissenschaften einnimmt, werden das Ungewisse und das Ungenaue die Aufmerksamkeit finden, die ihnen zukommt.

9

Emotionale Verfügbarkeit

Wenn wir gut verstehen, leiden wir auch.
Dina Vallino Maccio,
Überleben, Existieren, Leben:
Überlegungen zur Angst des Analytikers

Vor der Betonung der Qualität der Beziehung in der Psychoanalyse in jüngerer Zeit schrieben Analytiker den Erfolg oder Misserfolg der Analyse oft der »Analysierbarkeit« des Patienten zu. Heutzutage legen wir mehr Gewicht auf die Fähigkeiten des Analytikers, mit einem speziellen Patienten zu arbeiten. Wir schauen auf unsere emotionale Geschichte, unsere Organisationsprinzipien und unsere Theorien. Wir nennen dies Gegenübertragung oder Co-Übertragung (vgl. Kapitel 4) und merken, dass diese oft in analytischen Behandlungen ganz allgemein und durch spezielle Analysanden hervorgerufen werden. In diesem Kapitel möchte ich allerdings eine allgemeinere Fähigkeit oder Disposition von Analytikern betrachten, die ich »emotionale Verfügbarkeit« nenne. Ich sehe in der emotionalen Verfügbarkeit ein basales und oft übersehenes Element für den Erfolg oder Misserfolg therapeutischer Beziehungen. Sie ist eine notwendige Bedingung für die Möglichkeit psychoanalytischen Verstehens und verdient damit als Teil einer psychoanalytischen Epistemologie Beachtung. Emotionale Verfügbarkeit ist eine aktive und responsive Bereitschaft für empathisches Verstehen.

Die Bindungsforscher Emde und Sorce (1983) behaupten, dass die emotionale Verfügbarkeit von Bezugspersonen Säuglingen emotionale Sicherheit gibt und ihre Neugier in Situationen fördert, in denen sie unschlüssig sind. Mit »emotionaler Verfügbarkeit« meinen sie, 1. wenn die Mutter ihr Gespür für die emotionalen Zustände ihres Kindes mitteilt und 2. ihre Bereitschaft, »empathisch zu antworten und ihre eigenen emotionalen Zustände als Information anzubieten, wenn das Kind sie unsicher anschaut« (S. 26). Die Autoren fanden heraus, dass Säuglinge, deren Mütter emotional verfügbar waren, mehr Vergnügen am Spiel zeigten, ein höheres Spielniveau aufwiesen, mehr Erforschung und Neugier und aktiveres Interesse sichtbar werden ließen – sich auch weniger an die Mutter anklammerten – als jene Säuglinge, deren Mütter Zeitung lasen. Emde und Sorce glauben also, »dass mütterliche emotionale Verfügbarkeit eine entscheidende Rolle in der Säuglingsentwicklung spielt, weil sie hilft, eine Atmosphäre zu schaffen, die Lust und Neugier fördert und die Möglichkeiten zum Lernen verbessert« (S. 28).

Diese Sichtweise, die durch Studien mit Säuglingen depressiver Bezugspersonen untermauert wird (Cohn/Tronick, 1983; Tronick, 1989), hat offensichtliche Folgen für eine entwicklungsorientierte Sicht von Gesundheit und Psychopathologie. Mein Interesse hier ist allerdings weniger eine Bezugnahme auf die Entwicklung als vielmehr auf eine psychoanalytische Parallele zu der Argumentation von Emde und Sorce. Ich glaube, dass die emotionale Verfügbarkeit des Analytikers dem Patienten eine Atmosphäre emotionaler Sicherheit bereitstellt, die Erforschung und Reflexion ebenso fördert, wie dies die Bezugspersonen für das Kleinkind leisten. Außerdem vermute ich, dass emotionale Verfügbarkeit dieselben Komponenten in der Kindheit wie in der Analyse aufweist und nach den gleichen primären kommunikativen Mitteln funktioniert, nämlich durch Tonfall und visuelle Bezugnahme.

Die erste Komponente emotionaler Verfügbarkeit ist die »Kommunikation der Bezugsperson durch ihr Verhalten, dass sie der emotionalen Ausdrucksformen des Säuglings gewahr wird und seine andauernde Aktivität überwacht« (Emde/Sorce, 1983, S. 26). Ähnlich wies Kohut (1971) auf die selbstverstärkenden Wirkungen spiegelnder Responsivität der Eltern hin. In der Analyse fördern wir die emotionale Verfügbarkeit für den Patienten auf verschiedene Weise. Wir geben unsere Antworten verbal und semi-verbal und mit feiner Einstimmung, um unser Gewahrsein für die emotionalen Zustände der Patienten durch die Wahl unserer Worte und unseres Tones auszudrücken. Wir sitzen so, wie es der emotionalen Kommunikation der Patienten entspricht, und stellen Heizung oder Beleuchtung so ein, dass sie sich wohl fühlen können. Einmal entschied sich eine Patientin für eine Behandlung bei mir, weil, so sagte sie, »Ihr Gesichtsausdruck viel sagt«. Egal ob ich etwas sagte oder nicht, konnte sie mir doch mitteilen, dass ich ihr nahe sei. Für jemand anderen übten die »Geräusche«, die ich machte, eine ähnliche Funktion aus wie beim Zuhören am Telefon, wo die Aufmerksamkeit durch die semi-verbalen Geräusche mitgeteilt wird. Wahrscheinlich verbindet sich die angeborene Vorliebe eines Menschen für visuelle oder auditive Verarbeitung mit seiner emotionalen Geschichte, durch die die Kanäle für die Empfänglichkeit emotionaler Kommunikation bestimmt werden. Wie empfindsame Eltern müssen wir bereit sein, unseren Modus der emotionalen Verfügbarkeit entsprechend auf die rezeptiven Kapazitäten eines bestimmten Patienten einzustellen.

Diese Komponente emotionaler Verfügbarkeit, eine Bereitschaft zur Einstimmung und Responsivität, ist unspezifisch. Zunächst kann sie viele Formen annehmen. Wir fördern diese Bereitschaft zur Einstimmung auf vielen non-verbalen Wegen und können sie daher in schriftlichen Behandlungsprotokollen leicht vergessen. Ein Supervisor, der diese intersubjektiv determinierte Fähigkeit zur Responsivität untersucht, kann z. B. daran merken, ob der Supervisand seinen Patienten mag oder nicht. Das Fehlen dieser Fähigkeit kann auch durch häufig auftretende distanzierende Antworten registriert werden, oft gerechtfertigt durch Verweise auf Theorien, die die analytische Neutralität und Anonymität unterstützen. Häufige Bezugnahme auf diagnostische Kategorien ist ein weiterer Indikator für emotionale Distanz. Wenn man sich das Konzept der emotionalen Verfügbarkeit zu Eigen macht, schließt das Neutralität und Anonymität als Regeln für die psychoanalytische Behandlung aus. Der emotional verfügbare Analytiker ist dem Patienten so nahe, wie das Elternteil dem Kind nahe ist, und bereit, sich dem Patienten so viel oder so wenig zu enthüllen, wie es der individuelle Patient braucht.

Der erste Aspekt der emotionalen Verfügbarkeit ist noch auf andere Weise unspezifisch. Er bezieht sich auf eine allgemein-menschliche Disposition – Bereitschaft oder Responsivität (Bacal, 1985) –, nicht auf individuelle Interpretationen, Interventionen oder Antworten. Lichtenberg, Lachmann und Fosshage (1993) haben die Notwendigkeit hervorgehoben, Sequenzen des analytischen Austausches zu untersuchen, um ein Gefühl für die Responsivität des Analytikers, für die Verschiebungen, für die sich entwickelnden Zustände und Erfahrungen des Patienten zu bekommen. Die emotionale Verfügbarkeit ist wunderbar auf einem Foto von Winnicott mit einem Kind, das Patient war, festgehalten (Grosskurth, 1987, S. 372). Er schaut da liebevoll und fasziniert – vom Kind eingenommen –, womit er seine Vorstellung von »primärer mütterlicher Sorge« demonstriert. Außerdem demonstrieren seine Schriften über die Kindheit und die Psychoanalyse ebenso wie Margaret Littles (1985) Bericht ihrer Analyse bei ihm das Bewusstsein für die Notwendigkeit, adäquat verfügbar zu sein, um Behandlungen durchzuführen, insbesondere solche, die tiefe Regression mit einbeziehen. Littles Bericht beschreibt weiterhin die Interferenz von aktuellen Ereignissen im Leben des Analytikers auf seine emotionale Verfügbarkeit mit den bedeutenden Wirkungen auf die Behandlung, sogar bei nur vorübergehender Nichtverfügbarkeit des Analytikers.

Die Winnicottsche »haltende Umwelt« ist eine andere Form, über emotionale Verfügbarkeit zu sprechen. Ihr wesentlicher Bestandteil – eingestimmte, unaufdringliche Anwesenheit – schafft die emotionale Sicherheit, die für die Entwicklung des »wahren Selbst« eines Kindes oder seines »Idioms« (Bollas, 1989) notwendig ist. Diese unspezifische Anwesenheit oder eine günstige Umwelt ermöglicht die persönliche, idiosynkratische und artikulierte Selbstheit des Kindes oder Patienten.

Vielseitigkeit ist noch eine weitere Art, über den unspezifischen Charakter emotionaler Verfügbarkeit sowohl bei Analytikern als auch bei frühen Bezugspersonen zu sprechen. Viele Eltern können nur auf jene Gefühle und emotionale Ausdrucksformen ihrer Kinder reagieren, die sie als Eltern bestätigen. Ähnlich können wir Analytiker Einschränkungen bezüglich unserer emotionalen Responsivität bei allen oder nur bei einigen Patienten haben. Ein Mann zum Beispiel bemerkte, dass seine bisherige Therapeutin immer »bei ihm war«, wenn er gute Nachrichten mitbrachte. Wenn er aber traurig, enttäuscht, zornig oder verwirrt war, »war sie abwesend«. Einige Patienten kommen darüber hinaus nur wegen dieser generellen Verfügbarkeit, die sie bei sich selbst vermissen. Eine Schauspielerin kam einmal zu mir in Behandlung, weil sie, wie sie sagte, an einige Gefühle nicht »herankommen konnte«, wodurch sie in den Teilen, die sie eigentlich gut spielen könnte, eingeschränkt war. Sie musste mich gerade an den Stellen emotional verfügbar erleben, an denen sie es selbst nicht war, und sie war hellwach, wenn es um meine Grenzen ging. Deshalb müssen wir Analytiker uns der Grenzen unserer Fähigkeiten zur empathischen Responsivität bewusst sein und kontinuierlich daran arbeiten, diese zu erweitern. Freud deutete diese volle Verfügbarkeit des Analytikers mit seinem Begriff »freischwebende Aufmerksamkeit« (1912) an. Leider schwächte er den emotionalen Aspekt sowohl in seiner Stellungnahme zur Technik als auch in seiner Metapher des Analytikers als Chirurgen ab (ebd.).

Lassen Sie uns jetzt zu der Definition von emotionaler Verfügbarkeit von Emde und Sorce zurückkommen: »Sie [die Mutter] ist fähig, empathisch zu antworten und ihre eigenen emotionalen Zustände als Information anzubieten, wenn das Kind unsicher ist und sie anschaut.« (1983, S. 164) Diese Bereitschaft, unsere emotionalen Inhalte anzubieten – verbal, semiverbal und nonverbal –, ist ein entscheidender Bestandteil des Gespräches, das psychoanalytisches Verstehen schafft. Wir bieten diese emotionalen Ausdrucksformen an, nicht als Ersatz für die des Patienten, sondern als initiierende oder erleichternde Antworten, als unsere Teilnahme am analytischen »Squiggle game« (Winnicott, 1965). Oft werden unsere Versuche ungenau sein, aber in einer Atmosphäre emotionaler Sicherheit, die durch diese Responsivität geschaffen wird, können viele Patienten das, was wir anbieten, als eine Art Katalysator für ihre eigenen emotionalen Ausdrucksformen nutzen. Wir zeigen durch solche Versuche, dass wir zu verstehen suchen und uns auch vorstellen können, dass der Patient von uns eine emotionale Antwort haben möchte und dass verschiedene – und vielleicht sogar weniger elegante – emotionale Ausdrucksformen für uns mehr als annehmbar sind. Diese Versuche sind Versuchsballons, jenen Interpretationen ähnlich, mit denen wir die Grenzen unseres Verständnisses prüfen (Winnicott, 1989) und die dem Patienten deutlich machen, dass es eine gute Sache ist, Vermutungen nachzugehen. Zusammen versuchen wir, ein Verständnis zu finden und herzustellen.

Die konkrete klinische Verwendung dieser emotionalen Bereitschaft, etwas anzubieten, hängt sowohl vom Stil des Therapeuten als auch von der intersubjektiven Situation ab. Bei bestimmten Patienten neige ich mich in meinem Stuhl vornüber und das Gespräch intensiviert sich. Andere erschrecken sich eben darüber und verlieren den Überblick über das, was sie sagen wollten. Bei einigen Patienten frage ich gleich zu Beginn der Sitzungen, wie sie sich fühlen. Das hat den Vorteil, dass sich gleich zu Beginn der Sitzung eine emotionale Kommunikation etabliert. Oft reagiere ich auf Erzählungen ziemlich spontan mit »Oh, nein!« oder »Ach!«. Einem Patienten, der es schwer hat, etwas zu fühlen, außer dass er somatisiert, erzähle ich manchmal, was ich oder andere in ähnlichen Situationen gefühlt haben. Wenn ich bemerke, dass mein Versuchsballon beim Patienten nichts bewirkt, frage ich wieder, was der Patient fühlt. Meine emotionalen Antworten und Versuche rufen oft Gefühle im Patienten hervor, sogar bei Menschen, die zu ihrem emotionalen Leben generell auf Distanz sind.

Die Abneigung, sich mit einer solchen Anwendung unseres eigenen emotionalen Lebens zu beschäftigen, um den Patienten näher zu kommen und ihre Ausdrucks- und Explorationsmöglichkeiten zu unterstützen, kann sich aus mehreren Quellen speisen. Viele Therapeuten verharren in der Deprivation eines stillen und unsichtbaren Analytikers, der glaubt, dass diese analytische Haltung intrapsychische Strukturierung fördert. Wie Eltern, die ihre Kinder so erziehen, wie sie selbst erzogen wurden, so behandeln wir dann oft unsere Patienten, wie uns unsere Analytiker behandelten. Eine andere Möglichkeit ist, dass es einigen – so wie Freud – missfällt, uns von anderen Menschen viele Stunden am Tag ansehen zu lassen. Wir können uns dann des traditionellen analytischen Settings und Verfahrens bedienen, um uns vor den Folgen des emotionalen Engagements zu schützen, das der schwierigen Arbeit ausreichend guter Erziehung so ähnelt. Wir könnten uns auch unbehaglich fühlen, wenn wir etwas falsch machen, was unvermeidbar ist, wenn wir den Patienten unsere emotionalen Antworten anbieten; und wir können befürchten, unser professioneller Status könnte in Misskredit geraten.

Eine andere verständliche Sorge ist unsere mögliche Aufdringlichkeit, insbesondere wenn unsere eigenen Eltern oder Analytiker ihre Realitäten oder Gewohnheiten für die unseren hielten. Wir müssen andauernd die Erfahrungen, die die Patienten mit uns machen, überblicken, einschließlich ihres Gefühls für unsere emotionalen Antworten auf sie (Hoffman, 1983; Aron, 1991; 1992). Diese Informationen leiten uns darin, wann wir unsere emotionalen Antworten anbieten sollten und wann nicht. Wie bei Kindern werden wir dann erkennen, ob sie sich frei fühlen zu kommen und zu gehen (wie in einer sicheren Bindung) oder ob sie öfter als nur gelegentlich anhänglich werden oder aversiv reagieren (wie in unsicheren Bindungen). Emotionale Verfügbarkeit bedeutet nicht, eine bestimmte Antwort zu geben oder nicht zu geben. Vielmehr bedeutet sie die kontinuierliche Bereitschaft, sorgfältig das emotionale Erleben zu erforschen, das sich intersubjektiv in der Übertragung und Co-Übertragung konfiguriert, was auch immer wir mit einem Patienten tun oder nicht tun.

Ein junger Mann war ernstlich von den Forderungen seiner Eltern verwirrt, sich deren plötzlich wechselnden Absichten und Gefühlen anzupassen. In den ersten vier Jahren der Behandlung hatte er das Gefühl, dass ich mit allem, was ich sagte oder tat, versuchen würde, ihn zugrunde zu richten, indem ich ihm meine Gedanken, Gefühle und Bedürfnisse aufzwang. Er hatte die Angewohnheit, sich darüber zu beklagen, dass Analyse und Psychotherapie für die Bequemlichkeit und Bedürfnisse des Therapeuten, nicht aber für die des Patienten eingerichtet seien. Es ist schwer, genau zu sagen, warum er nach vier Jahren schließlich sagte: »Ich glaube, dass Sie eigentlich auf meiner Seite sind.« Er merkte langsam – als er allmählich meine Bereitschaft wahrnahm, dass ich sein Gefühl akzeptierte, ich wolle ihn mit meinen Interventionen und mit dem ganzen Arrangement tyrannisieren, und diese Sicht anerkannte und bestätigte –, dass die Analytikerin weitgehend die analytische Situation strukturieren musste. Er glaubte nun, dass ich seine Absichten und Gefühle suchen und ihnen folgen würde. In dieser Zeit wandelte sich dies zu dem Gefühl, dass ich emotional verfügbar war, um sein Wachstum zu einem selbständigen Menschen zu unterstützen.

Mit Mitchells Worten:

> Wenn der Analytiker nicht in die relationale Matrix des Patienten eintritt oder sich nicht in dieser selbst entdeckt – wenn sich der Analytiker nicht in irgendeiner Art von dem Leid des Patienten bezaubern lassen kann, geformt von den Projektionen des Patienten, verzagt und frustriert durch dessen Abwehr –, ist man niemals wirklich in der Behandlung engagiert und eine gewisse Tiefe innerhalb der analytischen Erfahrung geht verloren. (1988, S. 293)

Ähnlich befürwortet Renik (1993) Revisionen in unserer Theorie der Technik, »die es unnötig machen, uns vergeblich zu fragen, warum wir nicht leidenschaftlich und irrational in unserer alltäglichen klinischen Arbeit betroffen sein sollten« (S. 570).

In einem anderen Fall, in dem ich emotionale Mitteilungen anbot, drückte ich ein Gefühl von Verschiedenheit aus. Ein vierzig Jahre alter Mann, der durch politische Aktivitäten die Welt verändern wollte, fand sich isoliert und depressiv. Er wusste, dass er sich immer so gefühlt hatte, und er hatte wenig Hoffnung auf Änderung seines Erlebens. Er kam zu jeder Sitzung und sagte, dass er nicht erkennen könne, was Therapie für ihn bewirke oder bewirken könne. Er glaubte, dass nur politische und gesellschaftliche Änderungen wichtig seien; die Kleinigkeiten seiner Gefühle und seine Geschichte seien uninteressant und brächten nichts. Monatelang versuchte ich, Wege zu finden, um Zugang zu seiner Erfahrung zu bekommen und mit empathischem Verstehen zu antworten. Schließlich sagte ich, dass ich ein ganz anderes Gefühl hätte: Dass die Nuancen, Details und »Kleinigkeiten« seines emotionalen Lebens und seiner Geschichte für mich interessant und wichtig *seien,* und ich davon ausgehe, dass wir wirklich eine große Meinungsverschiedenheit hätten. Er verließ die Sitzung mit verblüfftem Blick. In seiner nächsten Sitzung erzählte er mir dann aber Geschichten aus seiner Kindheit, spekulierte über ihren Einfluss auf sein Leben und schien sich sehr für meine Bemerkungen zu interessieren. Auch wenn man sich um die Compliance hätte sorgen können, neigte dieser Patient doch mehr zur Opposition. Die Änderung dauerte an, mit gelegentlichen Rückfällen. Vielleicht erdete ihn mein offenes Interesse – um es mit Emde und Sorces (1983) Worten zu sagen: mein emotionaler Ausdruck – und gab ihm die emotionale Sicherheit, die er für die reflektierende Untersuchung seiner eigenen Erfahrung benötigte.

Eine dritte Befürchtung bezieht sich darauf, dass unsere eigenen emotionalen Ausdrucksformen Patienten abhängig machen könnten und mit der von ihnen dargestellten Entwicklung der eigenen Erfahrung interferieren könnte. Die wachsame Beobachtung unserer emotionalen Verfügbarkeit kann diese Folgen verhindern. Kleinkinder klammern weniger und erforschen mehr, wenn die Bezugspersonen emotional verfügbar, aber nicht intrusiv sind. Viele unserer Patienten kommen allerdings mit einer ernsthaft gestörten Bindungsgeschichte zu uns. Die ganz normale emotionale Verfügbarkeit oder Responsivität kann, wie Winnicott (1965) und Balint (1968) in ihren Arbeiten über Regression bis hin zur Abhängigkeit ausführten, die Reaktion einer verhungernden Person hervorrufen, wenn man ihr normale Nahrung anbietet. Oder unsere Patienten könnten Anzeichen von Angst und Anhänglichkeit zeigen, wie es ein Kind nach einer menschlichen oder Naturkatastrophe tun würde. Wir Therapeuten stehen dann an einem wichtigen Wendepunkt: Wir können angesichts der Regression in Panik geraten und uns fragen, was wir falsch gemacht haben, und uns dann vom Patienten zurückziehen – vielleicht mit der Diagnose »Borderline« – und damit seine schlimmsten Ängste bestätigen. Wir können aber auch die Anhänglichkeit als eine vorübergehende traumatische Antwort verstehen, können emotional verfügbar bleiben und darauf vertrauen, dass die emotionale Sicherheit zurückkehren oder sich überhaupt zum ersten Mal einstellen wird. Wir müssen darauf vertrauen – gerade wenn der Patient es nicht kann –, dass Abhängigkeit innerhalb einer sicheren Bindung ein notwendiger Schritt auf dem Wege zum interdependenten Aspekt seelischer Gesundheit ist.

Schließlich können wir die emotionale Verfügbarkeit vermeiden, weil sie uns verwundbar macht, nicht nur gegenüber dem Patienten, sondern auch gegenüber unserer eigenen unvermeidlich unvollkommenen Arbeit. Aus emotionaler Bindung heraus zu verstehen bedeutet, wie Ferenczi und andere herausgefunden haben, unserem eigenen Schmerz wieder zu begegnen. Ich denke, ein Hauptgrund für die Lehranalyse ist, die Quellen unseres eigenen Leidens tief genug kennen zu lernen, damit wir mit dem Leiden Anderer in Verbindung treten können. Wenn wir unsere Co-Übertragung kennen – unsere persönliche Geschichte und unsere emotionalen Organisationsprinzipien –, ermöglicht dies eine größere emotionale Verfügbarkeit.

Zwei Anmerkungen zur Vorsicht sind notwendig. Die erste: Emotionale Verfügbarkeit bedeutet nicht, Patienten alles zu geben, was sie sich wünschen. Die von Emde und Sorce untersuchten Kinder durften keine gefährlichen Spielsachen benutzen und die Mütter mussten auf ihren Stühlen sitzen bleiben. Eltern sollten Kinder daran hindern, gefährliche Dinge zu tun oder andere Menschen zu gefährden. Ähnlich können wir Grenzen setzen, die sich auf die Bedürfnisse der Patienten oder auf unsere eigenen beziehen. Wie Eltern, die etwas Pause brauchen oder einen Augenblick, um zur Toilette zu gehen, soll unsere emotionale Verfügbarkeit Grenzen haben. Winnicott zum Beispiel erlaubte sich Urlaub zu machen, auch wenn er dafür einen Patienten ins Krankenhaus einweisen musste (Little, 1990). Wir müssen so umfassend, wie wir können, antworten, wenn wir bei unseren Patienten sind, und ihnen wie gute Eltern dabei helfen, mit sich zurechtzukommen, wenn wir nicht bei ihnen sein können. Emotionale Verfügbarkeit von Analytikern oder Eltern bedeutet nicht, keine Grenzen zu haben. Sie fordert uns aber heraus zu verstehen, wo und warum wir diese Grenzen setzen.

Zweitens wird die emotionale Verfügbarkeit immer durch die Besonderheit zwischen Analytiker und Patient beschränkt. Unsere Co-Übertragung schließt unsere emotionale Geschichte und die allgemeinen Folgerungen mit ein, die wir über uns und über Andere aus der Geschichte gezogen haben (Organisationsprinzipien). Diese Prinzipien veranlassen uns, Theorien über die menschliche Natur zu bilden – einige werden auch psychoanalytische Theorien sein. Diese Theorien bilden auch einen Teil unserer Co-Übertragung und begrenzen oder erweitern unsere emotionale Verfügbarkeit für Patienten im Allgemeinen und auch für spezielle Patienten, deren emotionale Organisation mit der unsrigen interagiert und uns mehr oder weniger oder anders responsiv sein lässt.

Viele Sackgassen in Behandlungen entwickeln sich, weil die Organisationsprinzipien von Patient und Analytiker zu unterschiedlich sind, um eine gemeinsame Grundlage des Verstehens zu finden oder zu erhalten. Andere Behandlungsprobleme ergeben sich, wie Intersubjektivisten immer wieder gezeigt haben (Stolorow/Brandchaft/Atwood, 1987), weil Analytiker und Patient in ihrer emotionalen Organisation zu ähnlich sind. Diese Situation oder »intersubjektive Konjunktion« kann es schwierig machen zu erkennen, was falsch läuft oder warum die Behandlung keine Fortschritte macht. Eine vierzig Jahre alte Frau zum Beispiel kam zur Behandlung wegen starker Angst und wachsender Depression, verbunden mit einem akuten Todeswunsch, den sie auf ihre gescheiterte Ehe zurückführte. Sie hatte aus Achtung vor den Wünschen ihrer Eltern einen wohlhabenden Mann geheiratet und wurde eine sehr kompetente Hausfrau, die den Haushalt managte und ihren beiden Töchtern eine vorzügliche Erziehung angedeihen ließ; jetzt waren sie Jugendliche. Sie erinnerte mich an Stevens, den Butler in *Remains of the Day*. Ohne eigenes Gefühl für Leben, Vorlieben, Meinungen oder Ziele war ihre einzige Funktion, dafür zu sorgen, dass alles in der Ursprungsfamilie und in den beiden neu gegründeten Familien reibungslos lief. In beiden Familienkulturen, ihrer eigenen und der ihres Ehemannes, war dies die einzige Rolle für eine Frau, sogar für eine sehr intelligente Frau.

Über viele Jahre lief dieses System ihrem Bericht zufolge gut. Ihre Ursprungsfamilie sei »wunderbar« und ihre Ehe »in Ordnung« gewesen. Erst als sie eine Freundschaft zu einer anderen verheirateten Frau entwickelte, hatte sie begonnen, sich so ängstlich und depressiv zu fühlen. In Gesellschaft ihrer Freundin fühlte sie sich wichtig, behaglich und sicher auf eine Art, die sie noch nie empfunden hatte. In diesem Zusammenhang wurde ihr bald klar, was sie vermisst hatte. Außerdem legte sich der Gegensatz zwischen ihrer eigenen Ehe und der ihrer Freundin wie ein Schatten über ihre Zukunftsaussichten, und sie bekam Angst vor dem fast unbegreiflichen Gedanken an ihre eigene Freiheit. Sie zog es vor, weder über die Einsamkeit in ihrer Ehe noch über den Zorn zu sprechen, den sie manchmal hatte, wenn ihr Ehemann sie ausschalt oder ihr die nötige Hilfe zu Zeiten versagte, wenn sie offensichtlich überlastet war. Was sie von mir wollte, war einfach Hilfe dabei zu erhalten, sich besser zu fühlen, Wünsche aus ihrem Kopf zu vertreiben und Unterstützung, sich mit den Gegebenheiten ihres Lebens abzufinden.

Mein ursprüngliches Gefühl war, dass ich ihr sehr unähnlich war. Sie schien sich gänzlich in der Falle sitzend zu fühlen, während ich schließlich eine destruktive Ehe hatte hinter mir lassen können. Wenn es ihr nur gelingen würde zu verstehen, was ich habe verstehen und fühlen lernen müssen, würde alles gut für sie werden. Ich wusste natürlich, was für sie am besten sein würde. Das intersubjektive Feld, das sich aus meiner Absicht und meinem Gefühl von den Problemen speiste – zweifellos indirekt mitgeteilt –, und ihre sehr starke Neigung, sich in die Erwartungen der Anderen zu fügen, verstärkten nur ihre Angst. Hin- und hergerissen zwischen den Erwartungen ihrer Eltern, den Forderungen ihres Ehemannes und jetzt auch noch meinem Plan fühlte sie sich gezwungen, jemanden aufzugeben. Aus allerlei »praktischen« Gründen wurde sie unfähig, die regulären Termine einzuhalten. Die Bedürfnisse Anderer kamen immer dazwischen.

Als ich erkannte, dass die Behandlung scheitern würde, musste ich meine Perspektive erweitern. Um dies zu tun, musste ich mir meiner eigenen emotionalen Organisationsprinzipien und Bedürfnisse bewusst werden und sehen, wie ähnlich diese den ihrigen waren, sowie meinen eigenen Einfluss auf die Behandlung erkennen. Es half mir, dass ich bemerkte, wie die Patientin sich um mich während der Sitzungen sorgte: Sie erzählte mir, dass es ihr gut gehe, sie erkundigte sich nach meinem Wohlbefinden, kontrollierte die Zeit, sodass ich mich daran erinnert fühlte, was ich mit meinem eigenen Analytiker erlebt hatte. Diese Patientin und ich waren einander sehr ähnlich in unserer zwanghaften Sorge für andere Menschen und in unserer Annahme, dass unser einziger Wert als Mensch in unserer Möglichkeit und Fähigkeit zu helfen lag. So kümmerte ich mich um sie, versuchte, ihr Leben zu festigen – in einem geeigneten analytisch-interpretativen Stil natürlich –, und sie kümmerte sich um mich und versuchte, ihren Wert (in meinen Augen) zu festigen und ihr brüchiges Selbstwertgefühl (in ihren Augen) zu bewahren.

Als wir gemeinsam über unsere Muster von Fürsorglichkeit nachdachten, begann sich etwas zu verändern. Ihr Bedürfnis, hilfreich zu sein und zu sorgen, verringerte sich mir gegenüber, und in der Beziehung zu mir gewann sie ganz allmählich größere Freiheit. Unsere Bindung hing nicht mehr davon ab, dass die Patientin meine Hoffnungen für sie erahnte und sich ihnen fügen musste. Wir begannen, mehr über die Komplexität der Compliance, des Sorgens und über den Verlust der Selbstheit zu sprechen, über das, was nötig war, um Bindungen innerhalb der Ursprungsfamilie und ihrer aktuellen familiären Konstellationen zu erhalten. Ich fand langsam meinen Weg, mich in ihre emotionale Zwangslage hineinzuversetzen. Gleichzeitig begann sie, über ihre andauernde Frustration in ihrer Ehe und mit ihrer Familienrolle zu berichten und auch über einige Schwierigkeiten, ihrem Ehemann und ihren Kindern zu erklären, dass sie eine respektvollere Behandlung erwarte. Sie begann, ab und zu bei ihnen um Hilfe nachzufragen, und war überrascht, dass sie weniger protestierten, als sie erwartet hatte. Sie arbeitet jetzt daran, ihre eigenen Gefühle und Interessen wahrzunehmen und ihnen zu folgen, und sie beginnt gerade zu spüren, dass diese sie führen werden, wo immer sie auch hingehen muss. Im Ergebnis fühlt sie sich weniger in der Falle sitzend. Sie empfindet eine neue Art von Traurigkeit – weniger verzweifelt, aber voller Traurigkeit über den Menschen, der zu werden sie niemals eine Chance bekommen hatte.

Diese Geschichte veranschaulicht die Notwendigkeit, sich der unvermeidlichen Grenzen der emotionalen Verfügbarkeit für unsere Patienten in der Co-Übertragung bewusst zu werden. Solche Entdeckungen führten Ferenczi zu seinen Versuchen mit der mutuellen Analyse. Zumindest benötigen wir Selbstreflexion und Supervision, um unsere emotionale Verfügbarkeit zu erhalten und weiter zu entwickeln.

Schließlich stellt die emotionale Verfügbarkeit das nötige Gleichgewicht in der mutuellen, aber asymmetrischen (Aron, 1992) analytischen Beziehung her. Aristoteles (*Nikomachische Ethik*) bemerkte schon vor langer Zeit, dass Freundschaft in gewisser Weise Gleichheit zwischen den Freunden voraussetzt. In Analysen oder analytischen Psychotherapien balanciert die geschulte emotionale Verfügbarkeit, die der Analytiker anbietet, das Geld und die Verletzlichkeit des Patienten aus, die dieser zur Verfügung stellen muss. Dies ist eine Asymmetrie, die Patienten oft so beschämend finden, dass sie sie »bezahlte Freundschaft« nennen. Wir müssen einige Körnchen Wahrheit in ihrer Beschwerde anerkennen, aber auch fragen, ob unsere Distanzierung die Asymmetrie schmerzhafter als notwendig macht. Einige Autoren (z. B. Hoffman, 1993) sprechen von der Autorität des Analytikers oder seiner Sachkenntnis. Ich meine, dass diese Sachkenntnis, die den Analytiker zum Fachmann macht, hauptsächlich in seiner Fähigkeit – wahrscheinlich sowohl angeboren als auch erlernt – zur reflektierten emotionalen Verfügbarkeit besteht.

Besser spät als nie: Der emotional verfügbare Zeuge

Emotionale Verfügbarkeit, eine der Bindungstheorie entliehene Vorstellung (Emde/Sorce, 1983), passt zwanglos in meine Sicht der Selbstpsychologie. Wenn man Selbstobjekt-Funktionen einnimmt oder Gelegenheiten für Selbstobjekt-Erfahrungen zur Verfügung stellt, erfordert dies emotionale Verfügbarkeit. Lassen Sie uns hier eine Form der Selbstobjekt-Erfahrung untersuchen, die besonders in der Behandlung von traumatisierten Menschen wichtig ist. Diese Behandlungen benötigen einen Analytiker oder einen Therapeuten mit der besonderen emotionalen Fähigkeit oder Bereitschaft, Zeuge zu sein.

Die Selbstpsychologie hat von Anfang an als wesentlichen Bestandteil gesunder Entwicklung das Spiegeln der natürlichen Grandiosität eines Kindes oder seiner Expansivität bezeichnet. Sie hat diese spiegelnde Responsivität »Selbstobjekt« genannt, um zu zeigen, dass ein Kind oder irgendeine andere Person dieses Spiegeln benutzen kann, um ein kontinuierliches, kohäsives und positiv besetztes Selbst aufzubauen und zu bewahren. Hier werde ich die Aufmerksamkeit jedoch auf eine andere Selbstobjekt-Erfahrung lenken – ähnlich dem Spiegeln –, die insbesondere mit dem psychoanalytischen Heilungsprozess zu tun hat. Fürs Erste möchte ich vorschlagen, dies die »Selbstobjekt-Erfahrung eines Zeugen« zu nennen. Zeugenschaft als bestimmte Form der Teilnahme am intersubjektiven Feld macht die Erfahrung des Anderen real und valide sowie wichtig für den Anderen.

In *Der gemiedene Schlüssel* (1988) schreibt Alice Miller, dass der entscheidende Unterschied bezüglich der Folgen schweren Kindesmissbrauchs von der Anwesenheit eines Anderen im Leben des Kindes abhängt, der den Schmerz des Kindes bezeugt und ihm damit die Möglichkeit und die Fähigkeit gibt, seinen Schmerz zu erleben. Miller glaubt, dass das Kind ohne solch einen Zeugen den Missbrauch nicht als Missbrauch erleben kann. Stattdessen bleibt er eine Tortur, die ausgehalten werden muss. Das Kind glaubt oft, dass es diese Behandlung verdient, die ein Beobachter aber als grausam und abscheulich ansehen würde.

Durch die Anwesenheit eines auch nur minimal validierenden Zeugen kann das Kind den Missbrauch als Falschbehandlung erleben und Wege finden, ihn auszudrücken, vielleicht in der Kunst. Miller schreibt:

> Häufig fragen mich Männer verschiedener Berufe, weshalb sie nicht wie Hitler geworden sind, sondern als mehr oder weniger friedliche Ärzte, Juristen, Professoren leben, obwohl sie doch in der Kindheit wie Hitler täglich geschlagen wurden. Mit dieser Frage wollen sie gegen meine These argumentieren, daß eine brutale, gefühllose und durchwegs destruktive Behandlung des Kindes nicht zufällig, sondern notwendig Monster produziert. In all diesen Fällen erkundige ich mich nach Einzelheiten aus der Kindheit, und bei näherer Betrachtung stellt es sich in *jedem* Fall heraus, daß einzelne Zeugen vorhanden waren, die dem Kind ein Stück weit das Erleben von Gefühlen ermöglichten. In Adolf Hitlers Kindheit fehlte ein solcher ausgleichender Zeuge vollständig. Ich habe die Struktur seiner Familie mehrmals mit einem totalitären Regime verglichen, wo es keine Rekursmöglichkeiten gegen die Staatspolizei gibt. (1988, S. 131f.)

In der Behandlung können wir oft herausfinden, dass es einen Zeugen in der Geschichte des Patienten gab, wenn auch nur gelegentlich und flüchtig. In der Tat kann die Existenz eines solchen Zeugen zur notwendigen Voraussetzung für die Möglichkeit werden, eine Behandlung aufzusuchen, das heißt für die minimale Hoffnung, dass ein Mensch oder eine menschliche Beziehung helfen könnte. Wir sehen aber auch, dass viele Patienten mit schweren Selbststörungen in der Behandlung offenbar zum ersten Mal solch einen Zeugen finden können. Miller wendet ihre Theorie auf den Umgang mit Kindern an:

> Wenn mißhandelte Kinder nicht Verbrecher oder seelisch krank werden sollen, ist es erforderlich, daß sie *mindestens einmal in ihrem Leben* Kontakt zu einer Person bekommen, die ohne Zweifel weiß, daß die Umgebung, nicht das hilflose, geschlagene Kind schuld ist. ... Hier liegt die große Chance für Verwandte, Sozialarbeiter, Therapeuten, Lehrer, Ärzte, Psychiater, Beamte und Krankenschwestern, *das Kind zu unterstützen und ihr oder ihm zu glauben.* (1988, S. 168f.)

Ähnlich wird der Analytiker oder der Therapeut, der verstehen will, was dem Kind einst passierte und dessen erwachsenes Selbst zur Behandlung kommt, zum Zeugen, der es dem Erwachsenen ermöglicht, das ganze Grauen seiner oder ihrer Geschichte zu erleben und den Heilungsprozess in Gang zu bringen. Was wir häufig Verleugnung, Nicht-Anerkennung oder Unbewusstes nennen, mag oft eine nie wirklich erlebte Erfahrung sein (vgl. Stolorow/Atwood, 1992). Es kann das Gegebene sein (das brutale Ereignis), das wir nicht verändern (konstruieren, organisieren) können. Wenn Patienten uns erzählen, dass niemand außer dem Analytiker sie verstehen kann, meinen sie damit oft nur, dass sie beginnen, ihre Geschichte zu erkennen. Solche klinischen Phänomene weisen auf den vollständig intersubjektiven Charakter von Selbsterkenntnis hin.

Die folgenden Beispiele zeigen die therapeutische Funktion des Zeugen: Betrachten Sie Terry, meine Patientin, die ich in Kapitel 8 »Emotionales Gedächtnis«[18] beschrieben habe. Ihre Familie väterlicherseits hat eine komplexe Inzestgeschichte. Familienmitglieder sind z. B. sowohl untereinander verwandt als Kinder des Vaters wie auch als jüngere Geschwister – und sie sind gewalttätig: Der Vater der Patientin hatte jemanden ermordet, schlug seine Ehefrau viele Jahre lang und vergewaltigte seine Töchter und seinen Sohn. Die Familie ihrer Mutter ist ebenfalls gewalttätig und praktiziert rachsüchtige Hexerei.

Ihre Mutter verleugnet bis heute alles. Ihre Unfähigkeit, Zeuge zu sein, verschärft Terrys Kampf, sich ihre Geschichte anzueignen, extrem. Die Patientin, Mitte zwanzig, zeigt die schweren Diskontinuitäten des Selbsterlebens, die typisch sind für multiple Persönlichkeiten. (Viele Diskontinuitäten im Selbsterleben – die Psychiatrie nennt dies dissoziierende Phänomene – können aus der Abwesenheit eines validierenden Zeugen in den entscheidenden Momenten in der Geschichte eines Menschen resultieren.) Die Flashbacks, unter denen Terry während der Behandlung leidet, ermöglichen es mir, als Zeuge zu dienen. Dies wiederum gibt Terry die Möglichkeit, Kontinuität in ihre Erfahrung zu bringen. Meine emotionale Verfügbarkeit war notwendig, um ein ausreichendes Gefühl von Sicherheit und Selbstkohäsion zu erzeugen, damit es Terry möglich wurde, ihre panischen Ängste als Erinnerungen zu identifizieren.

Eine andere Frau, Cheryl, ist das Kind von Eltern, die beide unterschiedlich in ihrer Impulsivität und in ihrem Narzissmus gestört sind. Oberflächlich besehen scheint Cheryl alle Vorzüge zu besitzen:

---

[18] Die folgende Beschreibung von Terrys Geschichte unterscheidet sich von der in Kapitel 8, weil sie Informationen aus späteren Phasen der Analyse enthält.

Sie sieht ausgesprochen gut aus, ist sehr intelligent und wohlhabend. Anfangs konnte Cheryl nicht verstehen, warum sie so ängstlich und depressiv war. Nach unserer beträchtlichen Anstrengung, ihrer subjektiven Erfahrung gemeinsam einen Sinn zu geben, begann sie, sich in ihr emotionales Erleben einzufühlen und es für gültig zu halten. Sie meinte: »Ich erkenne, dass es Gründe für meine Gefühle gibt.« Sobald sie herausfand, dass sie mich als Zeugin für ihre Leidensgeschichte benutzen konnte und sich so ihre Erfahrung aneignen und sie artikulieren konnte, begann sie, Zeugen und Seelenverwandte in der Literatur zu suchen. Sie wollte Beispiele in die Behandlung mitbringen. »Haben Sie schon einmal *The Man Without a Country* gelesen?«, fragte sie. »Ich fühle ebenso wie die Person, die nirgendwohin und zu niemandem gehört.« Sie fand dann ähnliche Selbstobjekt-Erfahrungen in der Welt außerhalb der Behandlung.

Solche Patienten schützen ihr verwundbares Selbst durch Abwehr und Widerstand vor einer Retraumatisierung. Erinnerungen erleben diese Patienten als gefährlich, zum Teil deshalb, weil das Nachsinnen die Erinnerungen an das Allein-Sein mit den wie auch immer gearteten Sorgen mit einschließt, und somit dazustehen und ganz ohne die Unterstützung und Validierung irgendeines Zeugen auskommen zu müssen. Solange die Bindung an den Analytiker noch nicht gefestigt ist, kann das lebendige Erinnern aus Angst davor, dass die Erinnerungen zu überwältigend werden und in die Psychose oder Selbstzerstörung führen, nicht riskiert werden. Die Bindung an den Analytiker ermöglicht dem Patienten, die Erinnerungen zu entdecken und zu überleben sowie den ganzen Schrecken, der ihm als verletzlichem Kind zugefügt worden ist, real werden zu lassen. Ein Teil des Grauens war es, damit allein gelassen zu sein.

Die klinische Erfahrung veranlasst mich zu der Vermutung, dass bei denjenigen Patienten, die jemanden als Zeugen hatten, der verlässlich blieb, sich eine Bindung an den Analytiker, die solche Erinnerung möglich macht, früher entwickeln wird.

Im Gegensatz zu Terry hatte Sara, Tochter eines alkoholkranken Vaters und einer psychotisch-depressiven Mutter, eine Oberstufenlehrerin, die sie und eines der Geschwister jeden Tag nach der Schule während ihrer restlichen Schulzeit besuchten. Diese Patientin konnte sich nicht erinnern, über die Zankereien, die Prügel und das Einschließen in den Keller mit der Lehrerin gesprochen zu haben, geschweige denn über die Belästigungen. Sie war sich nicht sicher, ob diese Frau die häusliche Situation überhaupt kannte. Aber »sie schickte uns niemals nach Hause und fragte niemals, warum wir so oft zu ihr hinüberkamen«. In der Behandlung zeigte diese Patientin eine schwere »Angst vor Wiederholung«, ein Phänomen, das von Anna Ornstein (1991) beschrieben wurde. Diese Furcht äußerte sich besonders in einer übermäßigen Achtsamkeit und Neugier für meine Gedanken und Reaktionen. Solche Vorsicht und Einstimmung waren ein unentbehrlicher Schutz vor Tätlichkeiten in ihrer Kindheit gewesen. Ihre Bereitschaft, mich als Zeugin zu verwenden, zeigte sich durch die frühzeitige und ständige Verfügbarkeit traumatischer Erinnerungen, sehr wahrscheinlich teilweise begründet in der Selbstobjekt-Funktion der Zeugenschaft durch Saras Lehrerin. Wenn jedoch ausgedehntere Missverständnisse zwischen uns auftreten, hat Sara das Gefühl, wenig oder nichts von ihrer Kindheit erinnern zu können. Erst wenn ihr Gefühl von mir als Zeugin sich wieder hergestellt hat, setzt sie den Prozess fort, ihre eigene Geschichte kennen zu lernen.

Die Vorstellung eines emotional verfügbaren Zeugen bietet einen intersubjektiven Zugang zum Beitrag des Analytikers im Erinnerungsprozess an. Sie erlaubt uns, einen Selbstobjekt-Prozess zu beschreiben, in dem vormals nicht verfügbare Geschichte zu Erfahrung wird, die zur Selbstkonsolidierung beiträgt. Geschichte wird Selbsterfahrung, wird »meine »Geschichte« in Anwesenheit eines Anderen, der auf die eine oder andere Weise sagt: »Das ist ganz schrecklich. Das sollte einem Kind niemals passieren.«

Diese Zeugenschaft ist tatsächlich eine Untergruppe des Spiegelns, wenn Spiegeln die wertschätzende Antwort auf das bedeutet, was dem Kind wertvoll ist. Die implizite Bedeutung ist: »Ich finde dich respektvoller Behandlung wert und würdig. Du hattest keine Möglichkeit, das dir zugefügte Grauen zu erkennen, weil du wertlos oder schlecht behandelt worden bist.« Die Zeugenschaft ist auch Teil der Validierung, die dem Kind hilft, auf seine eigene Erfahrung zu vertrauen und ein Gefühl für die Wirklichkeit zu bekommen. Diese deutlich intersubjektive Konzeption nimmt die Notwendigkeit des Anderen als Bedingung für die Möglichkeit, Erfahrungen zu machen, an. Nach Atwood und Stolorow wird »die bewusste Erfahrung des Kindes fortschreitend *artikulierbar* durch die validierende Responsivität der frühen Umgebung« (1992, S. 31). Sowohl die wertschätzende Responsivität des Spiegelns als auch die bestätigende Responsivität der Validierung sind durch den Zeugen mit einbezogen. Die Besonderheit der Zeugenschaft ist ihre Anerkennung des Grauens, der falschen Behandlung und des Schmerzes, die andernfalls nicht bewusste erfahren werden kann. Der Schmerz ist gewaltsam vorgegebene, relativ unorganisierte Erfahrung. Erfahrung benötigt die responsive Emotionalität des intersubjektiven Feldes oder des Möglichkeitsraumes (Winnicott, 1971), um wirkliche und bedeutungsvolle Erfahrung zu werden. Mit anderen Worten: Der Patient kann rohen Schmerz erleben, aber er braucht den responsiven Anderen, um ihn zu konstruieren, um seine Gewaltigkeit und Bedeutung zu verstehen. Analytiker und Patient erschaffen daraus gemeinsam einen Sinn.

Rekapitulieren wir: Zeugenschaft meint die Anwesenheit einer responsiven Person, die es dem Kind oder einem Patienten, der einmal das Kind war, ermöglicht, das Grauen – was immer es war – zu erkennen und den zugehörigen Schmerz zu fühlen. Zeugenschaft erlaubt dem Kind, zu erleben, und dem Patienten, sich zu erinnern. Sie löst damit die Dissoziation auf und erlaubt dem Betreffenden, die Kontinuität eines selbstbestimmten Lebens aufzubauen. Sie löst die Scham und stellt den positiven Wert des Selbst wieder her. Sie etabliert und bewahrt die Erfahrung eines Selbst und verdient unverkennbar die Bezeichnung »Selbstobjekt«-Funktion. In Fällen posttraumatischen Stresses ist Zeugenschaft eine Form der emotionalen Verfügbarkeit, die der Analytiker erbringen muss.

Emotionale Verfügbarkeit ist eine wesentliche praktische Bedingung, um gemeinsam einen Sinn zu finden und für eine zweite Entwicklungschance in der Psychoanalyse. Mit einer guten, in der Schwebe gehaltenen Theorie und großzügig angebotener emotionaler Verfügbarkeit hat der Kliniker die Basis für das psychoanalytische Verstehen.

10

Missverstehen: Eine pragmatische Zusammenarbeit

Ich bin der Herr dieses Colleges,
und was ich nicht weiß, ist kein Wissen.
William Whewell, Oxford, zugeschrieben

Pragmatismus flexibilisiert alle unsere Theorien.
William James, *Pragmatism*

Missverstehen ist nicht das logische Gegenteil von Verstehen. Vielmehr ist das Missverstehen dem Prozess des Verstehens inhärent und oft der normale Zustand psychoanalytischer Arbeit. Die Säuglingsforschung hat gezeigt, dass Einstimmung die ständige gegenseitige Neujustierung zwischen Mutter und Säugling benötigt (Stern, 1985; Beebe/Lachmann, 1994). Die Selbstpsychologie hat das konstruktive Potenzial von empathischen Disjunktionen oder Brüchen hervorgehoben. Missverständnisse und Verständnismängel in der klinischen Situation können zu tieferem und umfassenderem Verstehen einschließlich innigerer gegenseitiger Bindung führen. In Kohuts (1994) Worten: »Das lange Nicht-verstehen-Können ist oft die notwendige Vorbedingung für ein tieferes Verständnis.« (S. 264) Solch eine Sichtweise erfordert allerdings ein Umdenken üblicher Entweder-oder-Meinungen von Wahrheit und Realität und impliziert eine pragmatische Verpflichtung zu einem gründlichen philosophischen Fallibilismus. Unnötige Missverständnisse können aus theoretischer Unbeweglichkeit und Dogmatismus herrühren. Der um Zusammenarbeit bemühte Pragmatiker dagegen arbeitet mit dem Patienten, um emotionaler Erfahrung einen Sinn zu verleihen.

Wahrheit und Realität in der Psychoanalyse

Offensichtlich hat psychoanalytisches Verständnis etwas mit Wahrheit und Realität zu tun. Die Natur von Wahrheit und Realität ist allerdings nicht so klar. Eine Lösung wäre, mit den Schultern zu zucken und anzuerkennen, dass Philosophen schon Jahrtausende lang daran arbeiten, angemessene Vorstellungen von Wahrheit und Realität zu finden. Sicherlich sollten wir Psychoanalytiker nicht erwarten, eine einfache Lösung dieses Dilemmas zu finden. Aber wir können diese Streitfrage über die Natur von Wahrheit und Realität nicht ignorieren, weil sie praktische Bezüge für die psychoanalytische Theorie und für unsere klinische Arbeit hat. (Nach James, 1907, gibt es nichts Praktischeres als eine gute Theorie.)

Lassen Sie uns zuerst die Theorie ansprechen. Wenn wir Verständnis als etwas Intentionales ansehen (im phänomenologischen Sinne, d. h. als Verstehen von *etwas*), dann sind wir sofort konfrontiert mit der Doppelfrage von Epistemologie und Ontologie. Epistemologie stellt die Frage nach der Angemessenheit (oder der Wahrheit) unseres Verständnisses; Ontologie stellt die Frage nach dem Realitätsstatus (real oder imaginär?) von allem, was wir zu verstehen versuchen. Psychoanalytische Epistemologie stellt die gleichen Fragen. Wir fragen sowohl, wie gut wir verstehen (Epistemologie), als auch welcher Realitätsebene wir begegnen (»Ich könnte sie erwürgen« vs. »Ich habe vor, sie heute Nacht zu erschießen«). Wenn wir es versäumen, über diese philosophischen Fragen nachzudenken, verdammen wir uns selbst zum psychoanalytisch ungeprüften Leben. Jene, die die Metaphysik scheuen, sagt das alte philosophische Sprichwort, werden von unbewusster Metaphysik beherrscht. Ich versuche hier keine kleinianische »Theorektomie« (Klein, G., 1976) oder, was ähnlich ist, eine husserlianische Säuberung von den Voraussetzungen. Stattdessen schlage ich vor, dass wir als psychoanalytische Theoretiker uns unsere unbewussten philosophischen Voraussetzungen – über das Wissen, die Realität, die menschliche Natur und Motivation z. B. – so bewusst wie möglich machen. Nur so können die intellektuellen Organisationsprinzipien aus den geschlossenen kartesianischen Untersuchungsräumen hin zu den offenen rauchfreien Räumen des Dialogs gelangen.

Auf der praktischen und klinischen Seite können ungeprüfte Konzeptionen von Wahrheit und Realität Unordnung anrichten. Sie tragen zu vielen ernsten Missverständnissen bei. Wahrscheinlich hat jeder von uns schon mit Patienten gearbeitet, die ihr Vertrauen in ihr Selbst oder in die Möglichkeit therapeutischer Hilfe verloren haben, weil frühere Therapeuten im Namen von Wahrheit oder Realität das Gefühl des Patienten von den Dingen unterminiert oder für ungültig erklärt haben. Die klinische Verwendung von Konzepten wie das der Übertragung als Verzerrung kann für den Patienten bedeuten, dass der Analytiker die Wahrheit oder Realität besitzt und der Patient nicht. Natürlich hoffen Therapeuten, dass die Patienten nicht ihr Selbstvertrauen verlieren, weil sie in Behandlung sind. Solcherlei Missverständnisse – oft das Ergebnis unserer theoretischen und praktischen Positionswahl – sind unproduktiv und sollten in einer gemeinschaftlich geführten Psychoanalyse (gemeinsam einen Sinn suchen), in einem fallibilistischen Geist, selten vorkommen.

Ich schlage deshalb vor, einige bedeutendere Vorstellungen von Wahrheit und Realität in der modernen Philosophie und in der Geschichte der Psychoanalyse zu besprechen. Ich werde dann einige Vorstellungen von Wahrheit und Realität darlegen, die mit einer intersubjektiven Sichtweise des psychoanalytischen Verständnisses am besten übereinstimmen.

Die ehrwürdige philosophische Frage zur Natur der Wahrheit ist heute zu einem wichtigen Diskurs in der Psychoanalyse geworden, wahrscheinlich zum Vorteil beider Disziplinen. Die Philosophie kann ihre alten Fragen klären, indem sie sie durch einen neueren Ansatz ausgearbeitet sieht. Die Psychoanalyse ist dabei, sich ein klareres Verständnis ihrer eigenen Natur, besonders von ihrem Glauben an das reflektierende Bewusstsein anzueignen.

Korrespondenztheorien der Wahrheit

Die meisten Psychoanalytiker sprechen von der Natur der Wahrheit, als ob es zwei – und zwar ausschließlich zwei – Möglichkeiten gäbe. Die erste ist die auch als Korrespondenztheorie der Wahrheit bekannte Common-sense-Theorie. In der Philosophie sind ihre Vorfahren Locke und Hume, Vertreter einer Ontologie des naiven Realismus. Nach der Korrespondenztheorie sind Ideen mehr oder weniger genaue Kopien existierender Dinge, Tatbestände, Realitäten oder von Sachlagen. Sie existieren unabhängig vom menschlichen Wissen oder Bewusstsein (Potter, 1994). Wahrheit existiert, wenn Ideen mit äußerlichen Realitäten übereinstimmen oder mit ihnen korrespondieren, wenn Sprache die Welt genau abbildet (Wittgenstein, 1921). Die konzeptuellen Schwierigkeiten bei dieser Sichtweise tauchen auf, wenn wir uns fragen, wie wir eine Übereinstimmung zwischen den Ideen und der externen Realität prüfen sollen. Dazu müsste ein weiterer »Geist« (eine äußere Autorität) eingeführt werden, dessen Bewertungsgenauigkeit wiederum zu überprüfen wäre – ad infinitum.

Die Ideen, die wir an eine externe Realität anzupassen versuchen, erhalten wir notwendigerweise durch subjektive Äußerungen (»Für mich war mein Vater ein Gigant«). Das Erfordernis der Korrespondenztheorien, subjektiv hergeleitete Ideen »objektiv« verifizieren zu müssen, endet damit, dass die Nützlichkeit der Subjektivität auf eine mehr oder weniger kompetente Kopiermaschine reduziert wird. Diese Reduktion beseitigt die einzige Frage, die für die Psychoanalyse oder die psychoanalytische Untersuchung von Interesse ist: die Erfahrung des Subjekts.

Dessen ungeachtet waren Korrespondenztheorien im späten neunzehnten und frühen zwanzigsten Jahrhundert, als die Psychoanalyse geboren wurde, sehr in Mode. Der logische Positivismus – der geistige Nachfahre der Erfolge moderner Wissenschaft – erschuf das Verifikationskriterium zur Evaluierung wissenschaftlicher Theorien. Dem logischen Positivisten zufolge ist eine Theorie nur so gut wie der quantifizierbare experimentelle Beweis, der sie stützt oder verifiziert. In einer schwächeren Form[19] sieht der Positivismus theo-

[19] Positivisten finden es leichter, eine Theorie zu falsifizieren als sie zu verifizieren. Danach widerlegt ein gutes Gegenbeispiel eine ganze Theorie.

retische Aussagen als Bedeutungsträger oder als kognitive Bedeutung nur in dem Maße an, in dem ihre Befürworter spezifizieren können, was als experimenteller Beweis zur Falsifizierung einer Theorie gilt. Auf die eine oder andere Art ist Wahrheit das Übereinstimmen von Theorie und experimentellem Beweis.

In der Psychoanalyse sind Korrespondenztheoretiker besonders gut zu erkennen an ihrer Idee von der Übertragung als Verzerrung, als Fehlanpassung zwischen der Sicht der Dinge seitens des Patienten und der »Realität« des Analytikers. Korrespondenztheoretiker neigen auch dazu, energisch die Ansichten über die Wahrheit von Narrationen nach Spence und Schafer zu kritisieren. Der Psychoanalytiker Charles Hanly (1992), der seine Sicht »wissenschaftlichen Realismus« nennt, verbürgte sich für die Korrespondenztheorie. Ebenso behauptet der Interpersonalist Zucker (1993) in »Reality: Can It Be Only Yours or Mine?«:

> Das Problem, gut begründetes Wissen in unserem Fach zu etablieren, ist äußerst schwierig, aber das ist keine Rechtfertigung, sich den Lockungen der Subjektivität zu ergeben. Unser Fach hat sich kaum damit beschäftigt, Methoden zu entwickeln, die von der gleichen Schwierigkeit und Komplexität sind, wie unser Material es darstellt. Falls überhaupt, hat es wenig gebracht, Probleme zu betrachten wie das, wodurch Daten begründet werden oder welches Potential verschiedene Datensorten zum Auslösen von Erlebnissen haben können. Außerdem nimmt man Abstraktionen als Rohdaten und hat keine Regeln für die Datenevidenz erarbeitet oder entwickelt: Meiner Ansicht nach hat man kein hohes Maß an Kompetenz logischen Denkens gefordert und ausgebildet. (1993, S. 485)

Zucker glaubt offensichtlich, dass psychoanalytische Daten aus etwas anderem als Subjektivität heraus evaluiert werden können. Obwohl Psychoanalyse sicherlich einige quantifizierbare Aspekte mit einbezieht, die für die empirische Forschung geeignet sind, glaube ich wie Kohut (1959), dass nur die Daten, die aus Introspektion und Empathie generiert werden, wirklich psychoanalytisch sind. Um irgendetwas gründlich kennen zu lernen, muss man sich dazu verlocken lassen, und um irgendjemand psychoanalytisch zu kennen, muss man der Verlockung der Subjektivität nachgeben. Zuckers erfahrungsferne Logik, die Logik von Empirismus und Positivismus, prüft theoretische Ideen gegenüber »den Fakten« – von denen der Positivismus glaubt, sie seien unabhängig von den Vorlieben des Beobachters –, und ob Theorie und Tatsache übereinstimmen. Im Gegensatz dazu müssen klinische und theoretische Argumentation in der Psychoanalyse wie die wissenschaftliche Logik von Entdeckungen immer erfahrungsnah bleiben. In dieser Logik ist die wichtige Arbeit die gemeinsame Entwicklung einleuchtender Hypothesen oder Vermutungen, um Überraschungen oder Anomalien zu erklären (gemeinsam einen Sinn suchen). Wir brauchen eine solche Form der Logik in der Psychoanalyse. Sie erlaubt uns, das subjektive Erleben ernst zu nehmen und dem Common sense, der in Korrespondenztheorien eingewoben ist, Gerechtigkeit widerfahren zu lassen.

Kohärenztheorien der Wahrheit

Während Korrespondenztheorien Wahrheit als faktische Genauigkeit ansehen, definieren Kohärenztheorien – die zweite Theorie über die Natur der Wahrheit – Wahrheit als das, was »wahr klingt«, ein Hinweis auf die Subjektivität. Kohärenztheorien betonen den notwendigen Beitrag des menschlichen Geistes zu jeder Erkenntnis und beleuchten die Grenzen des Wissens. Die Befürworter der Kohärenztheorien meinen – bescheidener und genauer in ihren Meinungen –, dass Wahrheit in dem Ausmaß existiert, in dem Ideen zusammenhängend oder kohärent sind. Um über Wahrheit und Unwahrheit zu entscheiden, halten sie sich an logische Kriterien wie Konsistenz, Eleganz (d. h. Genügsamkeit) und die Abwesenheit inneren Widerspruchs. Kohärenztheoretiker zählen Kant und Hegel zu ihren philosophischen Vorfahren. In diesem Jahrhundert sind die Hermeneutik von Gadamer und die post-empirischen Wissenschaftsphilosophien von Kuhn und Feyerabend bekannte Vertreter einer Kohärenztheorie der Wahrheit. Prominente psychoanalytische Verfechter dieses Standpunktes sind Spence (1982), Schafer (1983), Hoffman (1991) und in der Selbstpsychologie Goldberg (1988).

Die Korrespondenz- und Kohärenztheorien von der Wahrheit sind mehr oder weniger praktikable Methodologien zur Evaluierung von Ideen. Dennoch können wir feststellen, dass sie auch Einfluss auf unsere Art und Weise, Verbindungslinien zu ziehen, haben. Empiristische Theorien passen am besten zu kritischen und konkurrierenden Beziehungsformen. Kohärenztheorien nehmen üblicherweise an, dass wir die Wahrheit durch Zusammenarbeit finden. Dies führt zu einer größeren Ähnlichkeit mit pragmatischen Ideen, die im folgenden erläutert werden.

Die pragmatische Wende hin zur Bedeutung

Im Alltag benutzen wir, wenn wir uns weniger als Philosophen oder Psychoanalytiker betrachten, beide Theorien. Ich verwende fast automatisch die Korrespondenztheorie, um zu überprüfen, ob meine Vorstellung, dass ich den Ofen tatsächlich ausgeschaltet habe, zu den Knöpfen und der Beleuchtung des Ofens passt. Wenn ich als Geschworene in einem Prozess sitze, in dem sachliche Beweise knapp sind, benutze ich andererseits eine Kohärenztheorie der Wahrheit, um die Erzählungen zu bewerten, die ich höre. Beide Ansätze zur Bewertung von Ideen funktionieren in unserem Alltagsleben. Weiterhin hat jede Methode eine Wahrheitstheorie hervorgebracht, von der ihre Anhänger behaupten, sie sei die ganze Wahrheit oder sogar die ultimative Wahrheit über die Wahrheit. Trotzdem kann keine der beiden Theorien allein als ausreichend gute Theorie zur Erklärung der täglichen Erfahrung angesehen werden. Wir müssen eine angemessenere oder umfassendere Theorie der Wahrheit suchen.

Glücklicherweise haben wir eine dritte Meinung mit Quellen in der amerikanischen Philosophie und mit tieferen Wurzeln bei Aristoteles und Kant, also die pragmatische Verschiebung von der Wahrheit hin zur Bedeutung. William James (1907) beschrieb diese Verschiebung mit seinem üblichen Charme:

> Ich bin glücklich, sagen zu können, dass es die englischsprechenden Philosophen waren, die zuerst die Sitte einführten, die Bedeutung von Konzeptionen zu interpretieren und zu fragen, welchen Unterschied dies für das Leben macht. Herr Peirce hat nur in der Form einer expliziten Maxime ausgedrückt, welcher Realitätssinn sie alle veranlaßt, etwas instinktiv zu tun. Der besondere englische Weg, eine Vorstellung zu untersuchen, ist es, sich sofort zu fragen: »Als was *wird etwas gewußt?*« In welche Tatbestände mündet es? Was ist ihr *Barwert* in bezug auf eine spezielle Erfahrung? Und welcher besondere Unterschied würde deutlich werden, wenn sie wahr oder falsch wäre? (S. 268)

Peirce (1877) arbeitete genau die Maxime heraus, auf die sich James bezog:

> Überlegen Sie, was das für Effekte wären – die *denkbar* praktische Bezüge haben könnten. Bezüge, die wir uns *ausdenken*, die das Objekt unserer *Konzeption* haben könnte. Dann ist unsere *Vorstellung* dieser Effekte das Ganze unserer *Vorstellung* des Objekts. (Band 5, S. 258)

Damit waren praktische Folgen und intellektuelle Vorstellungen für Peirce unüberschaubar miteinander verknüpft, sich vielleicht nur unterscheidend wie Vordergrund und Hintergrund in der Gestalttheorie. Sowohl James als auch Peirce vollzogen eine Bewegung in der Theorie, in der Praxis für Psychoanalytiker so selbstverständlich, hin zu einer pragmatischen oder auf Bedeutungen basierenden Sichtweise der Natur der Wahrheit. Beide fragten nicht nach der Wahrheit an sich, sondern nach dem Unterschied, den es im Lebenswandel macht, auf die eine oder andere Weise zu denken. Peirce (1877) führt dazu aus:

> ... die ganze Funktion der Gedanken ist es, Handlungsgewohnheiten zu erzeugen; und ... was auch immer mit einem Gedanken verknüpft wird, aber irrelevant für seinen Zweck ist, ist ein Anhängsel, aber kein Teil von ihm. Wenn es eine Einheitlichkeit in unseren Wahrnehmungen gibt, die keinen Bezug dazu hat, wie wir auf eine vorgegebene Situation hin handeln sollen, so als wenn wir ein Musikstück hören, warum sollen wir dies nicht Denken nennen. Um dessen Bedeutung zu entwickeln, müssen wir deswegen bestimmen, welche Gewohnheiten dies Denken erzeugt, weil eine Sache einfach das meint: welche Gewohnheiten es betrifft. Nun hängt die Identität einer Gewohnheit davon ab, wie sie uns zum Handeln führen könnte, weniger unter solchen Umständen wie sie wahrscheinlich entstehen, sondern unter solchen, wie sie möglicherweise vorkommen könnten, unabhängig davon, wie unwahrscheinlich sie sein können. Was Gewohnheit ist, hängt davon ab, *wann* und *wie* sie uns zum Handeln veranlasst... Damit kommen wir zu dem, was greifbar und begreiflich praktisch ist, als Wurzel jeder wirklichen Unterscheidung von Gedanken, egal wie subtil sie sein mag; und es gibt keinen Bedeutungsunterschied, der zu subtil ist, um nicht in einem möglichen Unterschied in der Praxis zu bestehen. (Band 5, S. 256f.)

Eine Verschiebung hin zur Bedeutung hat viele Folgen, gleichbedeutend mit den praktischen Bezügen des Pragmatikers. Der Rest dieses Kapitels ist diesen praktischen Konsequenzen für das Verstehen und das Missverstehen in der Psychoanalyse gewidmet.

Der erste bewiesene Schluss ist, dass beide populären Wahrheitstheorien – die Korrespondenz- und die Kohärenztheorie – unzureichend sind. Um die Wahrheit unserer Ideen abzuschätzen, benötigen wir die Bezugnahme auf eine externe Welt, dem zentralen Bezugspunkt der Korrespondenztheorien. Wir brauchen auch den Bezug auf die konzeptuelle Einheit, die den Kohärenztheorien zugrunde liegt. Trotzdem ergänzen sich die zwei nicht zur ganzen Wahrheit. Wenn man sie einzeln oder gemeinsam nimmt, reduzieren sie die Wahrheit zu einer Lösung wie bei einem Puzzle. Dadurch entfernen sie Wahrheit aus dem Bereich des menschlichen Erlebens und aus dem zeitlichen und historischen Prozess. Nur die Verschiebung hin zu einer pragmatischen oder bedeutungsbasierten Vorstellung von Wahrheit kann diese Probleme überwinden.

In der Psychoanalyse sehen wir Ähnliches: Jede klassische Wahrheitstheorie verfügt nur über eine partielle Wahrheit. Eine Psychoanalytikerin kündigt ihren Patienten eine geplante Woche Urlaub an. Eine Patientin sagt, dass die Analytikerin egoistisch sei und nur an sich denke. Wenn die Analytikerin das Leid der Patientin wirklich verstehen würde und ernst nähme, würde sie keinen Urlaub machen. Ein zweiter Patient beneidet die Analytikerin und hält sie für reich, privilegiert und frei, ihren Vergnügungen nachzugehen. Ein anderer glaubt, dass die Analytikerin krank sei oder am Rande des Burn-out stehe. Ein vierter sagt, jeder brauche einmal Urlaub, viel Spaß. Der nächste wird überzeugt sein, dass entweder der Patient oder die Analytikerin während des Urlaubs sterben oder Schaden nehmen könnte. Hier wird weder eine Korrespondenztheorie (»Nein, Sie haben Unrecht«) noch eine Antwort entsprechend einer Kohärenztheorie (»Nun, passt das zu dem, was Sie bereits über mich wissen?« Oder: »Ich glaube, das passt zu dem, was wir über *Sie* wissen!«) weiterhelfen.

Solch eine alltägliche klinische Situation veranschaulicht die Notwendigkeit einer pragmatischen oder bedeutungsbasierten Wahrheitstheorie. Ob die Vorstellungen eines Patienten über den Urlaub richtig oder falsch sind, ist trivial verglichen mit der großen Wichtigkeit ihrer Bedeutung oder der praktischen Beziehung für den Patienten. Diese Bedeutungen sind insoweit auffallend genau, als sie auf den Handlungs- und Interpretationsgewohnheiten des Patienten und der Antwort des Analytikers auf diese Interpretationen des Patienten beruhen und damit auf dem intersubjektiven Feld der Analyse.

Zweitens unterscheiden sich unsere psychoanalytischen Theorien insoweit, als sie uns zu unterschiedlich vertrauten Antworten in Bezug auf diese Patienten führen. Jemand, der an Verzerrung glaubt – die meisten freudianischen und kleinianischen Analytiker tun dies –, wird eine Interpretationslinie entwerfen, die den Patienten davon überzeugen soll, dass Triebwünsche und -phantasien seine Antworten verzerren. Selbstpsychologen könnten sagen, dass jede Antwort des Patienten den realen Zustand der Selbstobjekt-Erfahrung ausdrückt, und sie werden aufgrund dieses bestimmten Verständnisses antworten. Ein Pragmatiker kann, je nach Situation, die Sichtweise des Patienten einfach akzeptieren. Dann wird er mit dem Patienten zusammen die Bedeutung des Urlaubes, wie er angekündigt wurde und wie die Antwort des Patienten darauf war, und seine Wirkung auf die gemeinsame psychoanalytische Erfahrung erarbeiten.

Unsere Wahrheitstheorien wirken sich auch auf die Frage der Theoriewahl aus (vgl. Kapitel 3). Wir bevorzugen Theorien weder wegen ihrer Korrespondenzeigenschaften – die wir niemals gründlich genug überprüfen können – noch einfach wegen ihrer eleganten Ganzheit. Stattdessen schätzen wir sie in einem fallibilistischen und pragmatischen Sinn für die Hilfe, die sie bieten, um Bedeutungen auf praktische Art aufzuklären, und für die Responsivität, Situationen zu gestalten, die wir uns noch nicht vorgestellt haben. Wir können jetzt deutlicher sehen, dass eine psychoanalytische Theorie mehr ist als ein konzeptuelles System. Es bezieht sich auf die Art und Weise, mit Menschen umzugehen – es ist eine Lebensweise.

Eine dritte Folge der Wende hin zur Bedeutung ist der Fallibilismus, also die systematische und beständige Anerkennung, dass man sich immer irren kann. Fehlbarkeit anerkennt die unvermeidlichen Wissensgrenzen eines Individuums oder einer endlichen Zahl von Individuen. Sie ersetzt die Suche nach Gewissheit und Verzerrungskorrekturen durch eine dialogische Suche nach Vernunft oder Bedeutung in einer Gemeinschaft der Untersuchenden. In der psychoanalytischen Situation bedeutet Fehlbarkeit die Annahme, dass Verständnis immer partiell, unvollständig und verbesserungsfähig ist. Solche Fehlbarkeit ist ein intrinsischer Aspekt eines pragmatischen Ansatzes der Suche nach Wahrheit und Bedeutung und des perspektivischen Realismus (vgl. Kapitel 4), wie er in der Ontologie zusammengefasst wird.

In der psychoanalytischen Situation kann das Fehlbarkeitsbewusstsein des Analytikers größere Selbstreflektiertheit beim Patienten bewirken oder zumindest möglich machen. Die Analyse wird ein sicherer Ort, um zu erkennen und sich zu erinnern, wer man ist und was einen lebendig macht. Theoretische Fehlbarkeit kann eine kollegiale »Lass uns das zusammen Machen«-Atmosphäre hervorrufen, in der es sich sicherer anfühlt, wenn man sich wundert oder mit Gedanken und Gefühlen in der Übertragung mit einem vertrauenswürdigen Führer und Begleiter experimentiert. Einige Arten von Abwehr und Widerstand werden niemals in solch einer Analyse auftauchen (Brandchaft, 1983), und andere können im Laufe der Zeit überflüssig werden. Hoffman (1987) beschreibt einige dieser Vorteile in seinem Artikel »The Value of Uncertainty in Psychoanalytic Practice«.

Wenn man jedoch Diskussionen über Autorität und Sachverstand der Analytiker liest, muss man sich fragen, ob wir uns wirklich als Mitarbeiter und Begleiter auf der Seite der erwachenden Selbstheit des Patienten in seinem Ringen um Bedeutung und Wahrheit sehen. Vielleicht suchen wir stattdessen noch immer nach korrespondenz- oder kohärenzbasierter Gewissheit. Tansey (1992) zum Beispiel hat Konzepte von analytischem Sachverstand mit dem verglichen, was Mitchell (1988) die Modelle von Triebkonflikt, Entwicklungsfixierung und Beziehungskonflikt nennt. Tansey bevorzugt das relationale Konfliktmodell, das »nach dem Analytiker ruft, um als Experte die gemeinschaftliche Untersuchung mit dem Patienten in Wiederholungsmustern der Interaktion zu generieren, wenn sie sich in der analytischen Beziehung in der einen oder anderen Form entfalten« (S. 314). Zusätzlich zur Kritik an der ursprünglichen Klassifizierung habe ich als Fallibilistin weitere Fragen. (Ich glaube, dass man ein Anhänger von Entwicklungsmodellen sein kann, ohne an einem simplen Modell der Entwicklungsfixierung festzuhalten.) Warum ist es so wichtig, unsere Sachkenntnis zu klären, selbst wenn seine Natur so freundlich ist wie die, die Tansey dem relationalen Konfliktheoretiker zuschreibt? Wenn sein Ziel die Reduktion der extremen relationalen Asymmetrie ist, die er in anderen Modellen findet, warum dann überhaupt die Konzentration auf Sachkenntnis? Was befürchten wir zu verlieren?

Ähnlich bietet die Behandlung »der vertrauten Autorität durch die Präsenz des Psychoanalytikers« für Hoffman (1993) ein gemeinsames Bild der analytischen Beziehung. Aber wenn Autorität und Macht so wichtig sind, ist dann der Patient nicht selbst Autorität und Fachmann für sein eigenes Leben? Warum sind unsere Autorität und Sachkenntnis so wichtig für uns? Üblicherweise haben Menschen, wenn sie ausreichend selbstsicher sind – auch wenn diese Sicherheit eine gewisse Ungewissheit über das, was sie tun, mit einschließt –, kein Bedürfnis, ihre Autorität, Macht und Sachkenntnis zu betonen. Wenn Analytiker mit der Unsicherheit leben können, eröffnen sie einen Raum für den Verstehensprozess und vermeiden so eine Rigidität, die zu unnötigen Missverständnissen führt.

Klinische Theorie als eine Quelle von Missverständnissen

Die Suche nach Gewissheit ist allerdings nicht die einzige Quelle von Missverständnissen in der Psychoanalyse. Das Festhalten des Analytikers an Metapsychologien und an die mit ihnen verknüpften klinischen Theorien können in viele Sackgasse führen. Vorläufig werden wir andere Quellen der Co-Übertragung des Analytikers übergehen und in diesem Abschnitt ein Beispiel für den Einfluss unserer klinischen Theorien auf das Verstehen und Missverstehen in der analytischen Arbeit diskutieren. Wir können den Patienten nicht mehr als die einzige Quelle von Schwierigkeiten betrachten; Missverstehen ist wirklich ein intersubjektives Phänomen (Brandchaft, 1985). Patienten bringen in das Feld der psychoanalytischen Begegnung ihre emotionale Geschichte ein, ihre Befürchtungen und Hoffnungen, ihre schematischen Antwortmöglichkeiten und ihre Organisation emotionaler Erfahrung. Wir Analytiker und Therapeuten bringen all die gleichen Einflüsse in die Begegnung mit ein, außerdem unsere allgemeinen und klinischen Theorien. Dieses Beispiel ist eines von vielen möglichen. Andere Einflüsse würden klinische Theorien umfassen, die auf mechanistischen Metapsychologien, Ethnozentrismus, sexistischen Annahmen, Homophobie und der Gleichsetzung von schizoid-autistischen Zuständen mit der normalen Entwicklung des Kindes beruhen.

Ein Missverständnis, das ich hier in den Vordergrund stellen möchte, resultiert aus einem zu großen Vertrauen in das traditionelle psychoanalytische Konzept der Objektkonstanz. Ich werde kurz die neuere Ideengeschichte der Objektkonstanz darstellen und dann meine Besorgnis sowohl über ihre theoretische Untermauerung als auch ihre Anwendung in klinischen Situationen aufzeigen.

Der Begriff wird im Allgemeinen so benutzt, dass »Objektkonstanz« die Entwicklungsleistung anzeigt, ein Bild oder eine Repräsentanz der Bezugsperson auch dann in sich zu bewahren, wenn sie abwesend ist. Diskussionen darüber, wann diese Leistung üblicherweise erbracht werden kann, werfen die Frage auf, ab wann Kleinkinder besondere kognitive Fähigkeiten besitzen oder entwickeln und wie solche Fähigkeiten auf das Erreichen der Objektkonstanz bezogen werden können. Jene zum Beispiel, die die Piagetsche Objektpermanenz als Voraussetzung für Objektkonstanz betrachten, werden die Leistung später ansiedeln als jene, die sich nicht auf Piaget beziehen. Wenn die Objektkonstanz gelingt – normalerweise ist die libidinöse Objektkonstanz gemeint –, bedeutet das die Fähigkeit, das Objekt als zuverlässig zu erleben, ganz gleich ob nun gratifizierend (anwesend) oder enttäuschend (abwesend). Diese Fähigkeit soll frühe Abwehrstrategien wie Spaltung und Verleugnung überwinden oder deren Notwendigkeit ausschließen. Nach Mahler, Pine und Bergman (1975) ermöglicht die Objektkonstanz eine gesunde Lösung des Separations-Individuations-Prozesses.

Befürworter dieser Meinung schreiben einen Mangel an Objektkonstanz im Erwachsenenleben und in der Analyse einem primär erworbenen Übermaß an konstitutioneller Aggression zu. Sie glauben, dass solch ein Mangel paradoxerweise sowohl in übermäßigen triebhaften Ausbrüchen als auch in manchmal instabilen Abwehrsystemen mündet, die in der Behandlung zu chaotischen Übertragungsreaktionen führen. Diese Theorie gibt dem Versagen, die libidinöse Objektkonstanz zu erreichen, die Schuld am »Borderline«-Verhalten und an der »Borderline«-Persönlichkeitsorganisation.

Mit dieser Formulierung gibt es theoretische Probleme. Sie verlässt sich auf eine biologische und trieborientierte, nicht aber erlebensorientierte Konzeption menschlicher Motivation. Außerdem hängt sie von einer intrapsychischen oder Ein-Personen-Idee von Entwicklung ab. Sie legt weniger Gewicht auf den relationalen Zusammenhang oder auf das intersubjektive Feld. So finden wir nur wenige Hinweise auf die elterliche Beständigkeit als ein Entwicklungseinfluss für die Fähigkeit des Kindes, das Elternteil als konstantes Objekt zu erleben. Ähnlich übersieht diese Konzeption die Frage der Beständigkeit der Responsivität des Therapeuten, in welcher sich der Mangel des Patienten an Objektkonstanz widerzuspiegeln scheint. Was wir brauchen, ist ein genaues intersubjektives Verstehen, wie Kinder das Gefühl für eine Bindung zu den Bezugspersonen bewahren und wie dieser Prozess sich analog in einer Psychoanalyse entfaltet.

Vor allem vermute ich, dass die Betonung des Mangels an libidinöser Objektkonstanz oft die Bedeutung des umgekehrten Falles des Gefühls, im Gedächtnis der Bezugsperson oder des Therapeuten gehalten zu werden, vermissen lässt, nämlich beständig für den Anderen da zu sein. Vielleicht wird die Fähigkeit, einander wechselseitig im Gedächtnis zu behalten – kontinuierlich für den Anderen wichtig zu sein und an einem Selbstobjekt-Prozess teilzuhaben –, üblicherweise als selbstverständliche Vorbedingung betrachtet, um von einer manchmal so genannten »haltenden Umgebung« profitieren zu können (Winnicott, 1965). Diese Fähigkeit, möglicherweise eine grundsätzliche Bedingung für die Möglichkeit vieler Selbstobjekt-Erfahrungen, erlaubt einer Person, sich kontinuierlich und stabil existierend oder sogar bedeutend für den Anderen zu fühlen. Solch eine Fähigkeit ist nicht die Qualität einer isolierten Psyche (Stolorow/Atwood, 1992); ihre Entwicklung benötigt die Anwesenheit eines stabilen und aufmerksamen Anderen. Ihre Abwesenheit weist üblicherweise auf ernste Unterbrechungen in frühen Bindungserfahrungen hin. Die Fähigkeit des Therapeuten – als eine andere Form emotionaler Verfügbarkeit –, den Patienten in der Erinnerung zu behalten und dieses Erinnern auch auszudrücken, zusammen mit der allmählich erlangten Fähigkeit des Patienten, sich auf dieses Im-Gedächtnis-Behalten zu verlassen, kann dann andere Entwicklungsprozesse ermöglichen.

In der Behandlung scheinen einige Patienten enorme Schwierigkeiten mit dem Gefühl zu haben, dass ihr Therapeut oder Analytiker an sie denkt. Sobald wir diese Schwierigkeit in den Vordergrund unseres Bewusstseins holen, können wir eine Reihe klinischer Phänomene beobachten. Die extremsten Beispiele und jene, die meine Aufmerksamkeit hervorriefen, betreffen Patienten, die sich nicht existent fühlen und überängstlich werden, wenn sie sich in der Psyche des Anderen nicht als existierend fühlen. Solche Patienten, oft als Borderliner entwertet, benötigen emotional verfügbare Therapeuten oder Analytiker, die bereit sind, über die traditionellen Grenzen analytischer Therapie hinauszugehen (vgl. Bacal, 1985, über optimale Responsivität). Ein Kollege erzählte mir von einer Patientin, die fragte, ob ihre Therapeutin sie nicht jeden Tag zu einer bestimmten Zeit anrufen könne. Nach einigen Monaten wurde dies unnötig, da die Patientin fähiger wurde, ihre Existenz sowohl in der Erinnerung ihrer Therapeutin als auch allmählich in ihrer eigenen Erfahrung zu erleben. Eine andere Patientin gab ihrem Therapeuten Bücher mit in den Urlaub, um sich zu versichern, dass er sich auch im Urlaub an sie erinnern werde. Eine dritte Patientin gab mir einen Magneten in Form einer Weihnachtsdekoration mit. Nach dem Magneten im Februar gefragt, sagte ich, dass ich ihn mit meinen Urlaubssachen weggeräumt hätte. Daraufhin war die Patientin sehr niedergeschlagen. Es stellte sich heraus, dass der Zweck dieses Magneten, mich an diese Patientin erinnern, sie ihrer Existenz versichern sollte. In ihrer Kindheit schwer missbraucht und gepeinigt, litt diese Frau an schwersten Diskontinuitäten in ihrem Selbsterleben. Sie brauchte meine tagtägliche Erinnerung an sie, um zu fühlen, dass sie als Mitglied der menschlichen Gemeinschaft existierte. Mildere und verbreitetere Beispiele betreffen Patienten, die darüber überrascht sind, dass ihre Therapeuten für sie emotional bedeutsame Details im Gedächtnis behalten haben. Solche Erinnerungen widerlegen die innere Überzeugung des Patienten, die da lautet: aus den Augen, aus dem Sinn, aus der Existenz.

Ein anderer Patient rief in extremen Angstzuständen oft Freunde und Bekannte an, nur um zu sehen, ob sie sich noch an ihn erinnerten und seinen Namen noch wussten. Sobald sie ihn nannten, war er kurzzeitig von seiner weiteren Existenz überzeugt. Einige Jahre lang konnte er in solchen Situationen seine Analytikerin nicht anrufen, weil er dachte – wie sich später herausstellte –, dass diese sich nicht mehr an ihn erinnern würde, ihn nicht mehr erkennen würde, ihm nicht mehr bekannt sein würde. Währenddessen blieb der Patient in einer unbefriedigenden Beziehung mit einer Freundin, und die Behandlung schien in eine Sackgasse geraten zu sein. Allmählich fühlte er sich sicher genug, auch seine Analytikerin zur Beruhigung anzurufen, wie er sie zuvor von seinen Freunden erhalten hatte. Gemeinsam lernten Patient und Therapeutin verstehen, dass er sich früher so gefühlt hatte, als ob er für die Analytikerin nicht existieren würde. Nun, mit einem Gefühl seiner Existenz durch die Therapeutin ausgestattet, konnte er auch getrennt von der Freundin existieren und gut alleine leben.

Diese Beispiele veranschaulichen die Schwierigkeiten, die Leute dabei haben, ihr Selbst als etwas zu fühlen, das ohne die Anwesenheit oder die Vergewisserung durch einen Anderen kontinuierlich existiert. Das Problem – sicherlich in frühen Erfahrungen körperlicher oder emotionaler Vernachlässigung begründet – ist ein intersubjektiv produzierter Mangel der Fähigkeit, eine besondere Art der Selbstobjekt-Erfahrung zu nutzen, vielleicht eine so grundlegende Selbstobjekt-Erfahrung wie Kohuts Spiegeln und Idealisieren. Die Bereitstellung dieser Selbstobjekt-Erfahrung könnte als In-Erinnerung-Behalten und Verwendung des Patienten als Für-den-Anderen-Existierend beschrieben werden. Im Extremfall bewirken Defizite in dieser Fähigkeit bei einer Person, sich verloren, verschwunden oder sogar komplett nicht-existent zu fühlen, wenn es keine unmittelbare Wahrnehmung von ihrer Existenz oder Bedeutung für eine andere Person gibt. Im intersubjektiven Kontext der Behandlung können solche Patienten als äußerst bedürftig und anspruchsvoll erlebt werden oder sich verwirrend für ihre Therapeuten anfühlen. Wir können dann in unsere vertrauten Abwehrstrukturen zurückfallen: Distanzierung durch Diagnosen zum Beispiel.

Es gibt verschiedene Möglichkeiten, wie wir mit den Sackgassen, die dabei in Abhängigkeit von den verschiedenen Erlebnismustern oder Organisationsprinzipien des Patienten und von uns selbst entstehen, arbeiten. Andere Variablen schließen die Geschichte der speziellen Beziehung, die sich in der Behandlung etabliert, und das Ausmaß der Zufriedenheit des Therapeuten mit seiner Bandbreite von Interventionen und Antworten mit ein. Manchmal reichen schon die andauernde Präsenz und Responsivität des Therapeuten, der schließlich die Natur der Schwierigkeit erkennt, aus. Die Behandlung des Mannes, der seine Freunde anrief, um sie seinen Namen sagen zu hören, war auf diese Weise hilfreich. Oft muss der ganze Prozess oder ein Großteil stillschweigend weitergehen, wenn auch das Ansprechen manchmal hilft. Wenn ich versuche, die Schwierigkeit zu artikulieren, aber sich nichts ändert, weiß ich, dass ich damit zufrieden sein muss, im non-verbalen Bereich zu arbeiten.

Manchmal mögen Telefonanrufe oder das Verwahren von Magneten über Weihnachten das ganze Jahr über notwendig sein. Solche Interventionen verdienen wahrscheinlich den Namen Übergangsphänomene, obwohl sie vielleicht in einem gegensätzlichen Sinne, wie Winnicott (1958) dies ursprünglich gemeint hat, zu verstehen sind. Eine eher traditionelle Intervention, die auf Winnicotts Idee der Übergangsphänomene basiert, wäre die einer Analytikerin, die einem Patienten einen kleinen Gegenstand aus ihrem Büro ausleiht, während sie im Urlaub ist. Das Gegenstück wird durch die Patientin veranschaulicht, die ihrem Analytiker Bücher mit in den Urlaub gab. Während seines ersten Urlaubs hatte sich die Patientin die Pulsadern aufgeschnitten, nicht um sich zu suizidieren, sondern als Bemühung, ihre eigene Realität zu fühlen. Sobald sie einen Weg fand, sich zu vergewissern, dass er sich an sie erinnern würde, hatte sie keine größeren Schwierigkeiten mehr mit seinen Urlaubszeiten.

Eine besonders evokative Antwort einer Therapeutin, die sich dieser schweren Problematik einer Patientin, sich im Gedächtnis und in der Existenz gehalten zu fühlen, bewusst ist, ist folgende: Der Zustand dieser Patientin, die extreme Schwierigkeiten sowohl mit der Objektkonstanz im traditionelleren Sinn hat, als auch damit, sich für sich und den Anderen kontinuierlich existent zu fühlen, verschlechterte sich jedes Jahr, wenn der lange Urlaub ihrer Analytikerin nahte. Einmal lieh die Analytikerin, die immer ein Set von drei Armbändern trug, eines der Patientin aus, damit sie es während ihres Urlaubs tragen konnte. So hatte die Patientin nicht nur etwas von der Therapeutin, das sie während deren Urlaub als Übergangsobjekt benutzen konnte, sondern sie wusste auch, dass ihre Therapeutin das dritte Armband häufig vermissen und sich damit während des Urlaubs an sie erinnern würde, sie in der Existenz halten würde. Nebenbei können wir anmerken, dass die Bedeutung von

Geschenken oder Leihgaben für den Analytiker oder von ihm oft im Übergangsbereich liegen, der manchmal, wie andere Übergangsphänomene auch, durch zu viel Analyse verdorben werden kann. In anderen Situationen mag eine Diskussion der beiden Teilnehmer im analytischen Feld ein hilfreiches Verständnis der Bedeutung des Geschenks erlauben und die Analyse auf diese Weise bereichern.

Interventionen, bei denen ein Analytiker etwas tut, um dem Patienten zu helfen, ein Gefühl dafür zu entwickeln, dass er im Gedächtnis behalten wird, mögen für Analytiker unnötig sein, die meinen, verbale Interpretationen allein beinhalten den gesamten Bereich psychoanalytischer Arbeit. Wir können diesem Einwand zwei Antworten entgegenhalten: Die eine ist, dass es in der Psychoanalyse seit vielen Jahren den Trend gibt, den Personenkreis, mit dem wir arbeiten können, zu erweitern, und dass Menschen hauptsächlich als durch Beziehungsangebote motiviert verstanden werden. Wir arbeiten zunehmend mit Patienten, deren Schwierigkeiten im Bereich präverbaler Interaktionen oder durch Interaktionsmangel mit frühen Bezugspersonen entstanden zu sein scheinen. Oft erleben wir, dass ausschließlich verbale Antworten auf diese Schwierigkeiten den Patienten mit einem Gefühl der Verlorenheit, des Sich-missverstanden-Fühlens oder der Verzweiflung zurücklassen. Ausschließlich verbale Antworten könnten in den Sackgassen und Behandlungsmisserfolgen enden, die wir von Zeit zu Zeit erleben.[20]

Eine zweite und wichtigere Antwort auf die, die der Meinung sind, dass das psychoanalytische Unternehmen ein rein verbales sei, ist meine Überzeugung, dass unsere Schwierigkeiten, Defizite von Patienten beim Halten von Erinnerungen zu bemerken, und unser Unbehagen gegenüber Interventionen, die diese Erfahrung etablieren oder wieder herstellen könnten, auf der falschen Vorstellung beruhen, dass eine gesunde Person sich selbst genügt. Ich glaube im Gegensatz dazu, dass Menschen von Natur aus voneinander abhän-

[20] Natürlich wird keine Antwort oder Intervention hilfreich sein, wenn sie nicht innerhalb eines vorgegebenen passenden Repertoires des Therapeuten liegt – vielleicht auch am Rand dieses Bereiches. Die Antwort muss auch aus dem Verständnis der Natur des besonderen Leids des Patienten resultieren, ob dies der Patient artikulieren kann oder nicht. Außerdem kann keine einzelne Intervention empfohlen werden; was stattdessen notwendig ist, ist, die Anstrengungen des Patienten zu erkennen, eine zuverlässige Bindung herzustellen.

gig sind. Das Gefühl eines kohäsiven, kontinuierlichen und positiv geschätzten Selbst entwickelt und stabilisiert sich in einem intersubjektiven oder relationalen Kontext. Ich finde es oft notwendig, mich und meine Patienten daran zu erinnern, dass es nichts Beschämendes ist, Andere zu brauchen. In seinem posthum erschienenen Buch *Wie heilt die Psychoanalyse?* stellte Kohut (1984) beredt das Separations-Individuations-Konzept der Reifung in Frage:

> Die Selbstpsychologie vertritt die Auffassung, daß Selbst-Selbstobjekt-Beziehungen das Wesen des psychologischen Lebens von der Geburt bis zum Tode bilden, daß ein Schritt von Abhängigkeit (Symbiose) zu Unabhängigkeit (Autonomie) in der psychologischen Sphäre ebensowenig möglich und wünschenswert ist wie ein entsprechender Schritt von einem Leben, das von Sauerstoff abhängig ist, zu einem davon unabhängigen Leben in der biologischen Sphäre. Die Entwicklungen, die normales psychologisches Leben kennzeichnen, müssen unserer Meinung nach in der sich wandelnden Natur der Beziehung zwischen dem Selbst und seinen Selbstobjekten gesehen werden und nicht darin, daß das Selbst die Selbstobjekte aufgibt. (1984, S. 79)

Wenn wir Kohuts Ansicht, lebenslang andere Menschen zu brauchen, akzeptieren und anfangen, dieses zentrale Bedürfnis, sich für Andere existent zu fühlen, anerkennen, können wir einige klinische und alltägliche Phänomene verstehen. Ein Therapeut zum Beispiel hatte zwei chirurgische Eingriffe innerhalb einiger Jahre. Er fand, dass seine Patienten nach dem ersten Eingriff, sobald er mit ihnen vom Krankenhaus aus telefonieren konnte, generell viel weniger über Kummer berichteten als nach dem zweiten, als er sich nicht so rasch melden konnte. Selbst generell gut strukturierte Patienten fühlten sich desorientiert und verloren, als die Tage vergingen und sie nichts von ihm hörten. Sie wussten, dass keine Nachrichten gute Nachrichten waren. Der Tod des Therapeuten wäre ihnen gemeldet worden. Ihre Erfahrung war nicht genau die des Verlustes des Therapeuten. Vielmehr verloren die Patienten das Gefühl dafür, dass sie in der Erinnerung des Therapeuten noch existierten, ein Verlust ihres vertrauten Gefühls der Beziehung, innerhalb derer sie zu einem Gefühl ihrer eigenen Existenz fanden.

Ähnliche Phänomene können im Alltagsleben gefunden werden. Jemand, der weit weg gezogen ist, wird die intersubjektive Erfahrung gemacht haben, dass er einige Freundschaften über diese lange

Distanz und die Zeit hinweg halten kann und andere nicht. Ich hatte einmal eine Freundin, eine wirkliche Vertraute, wie ich dachte, in Seattle, die mir sagte, dass die Freundschaft zu Ende wäre, wenn ich nach New York umziehen würde. Sie würde das dann so empfinden, als würde ich nicht länger existieren und als würde sie nicht mehr für mich existieren. Nichts, was ich versuchte, konnte diese Überzeugung überwinden. Wir können vermuten, dass beide Freunde die Objektkonstanz erreichen und das Gefühl entwickeln müssen, vom jeweils Anderen im Gedächtnis behalten zu werden, um eine Freundschaft über Distanz und Zeit hinweg halten zu können.

Zurück zur klinischen Situation: Ich vermute, dass viele Missverständnisse und Sackgassen sowohl aus Schwierigkeiten des Patienten resultieren, sich in Erinnerung gehalten und sich damit als existent zu fühlen, als auch aus dem Widerwillen oder Unvermögen des Analytikers, emotional genügend verfügbar zu sein, um mit dem Patienten für ein responsives Verständnis dieses Problems zu kämpfen. Das Gefühl zu existieren resultiert aus der zuverlässigen Erfahrung der Existenz für den Anderen: gekannt, erinnert und verstanden zu werden. Einige Hindernisse könnten überwunden werden, wenn wir die Anstrengungen von Patienten erkennen, willkommen heißen und unterstützen, Übergangsobjekte herzustellen, um sich ihrer fortdauernden Existenz und Wichtigkeit für uns zu vergewissern, bis diese Fähigkeit fest etabliert ist. Die pragmatische Wende zu einer Epistemologie der Bedeutung und zu einer Ontologie des perspektivischen Realismus gibt uns eine größere Flexibilität, solche klinischen Phänomene zu verstehen. Unsere klinischen Theorien sollten solch relationales Verstehen unterstützen und artikulieren.

Das Missverstehen scheint oft der Normalzustand der psychoanalytischen Triade zu sein – der zwei Subjektivitäten und des intersubjektiven Feldes, das sie einschließt. Wenn allerdings ein bisschen basale emotionale Sicherheit existiert, dann können Analytiker und Patient zusammen durch kontinuierliches Durcharbeiten zu einem Verständnis gelangen – in einem fallibilistischen Geist, mit kleinen und großen Missverständnissen.

11

Wie heilt psychoanalytisches Verständnis?[21]

... selten heilen,
oft das Leiden mildern und immer trösten.
Alte medizinische Weisheit

Als ich mich der Vollendung dieses Buches näherte, erklärte mir eines Tages ein Patient: »Ich glaube, mich interessiert es nicht, verstanden zu werden. Ich erwarte nicht, dass Menschen mich verstehen. Ich möchte mich geliebt und umsorgt fühlen, ob ich nun verstanden werde oder nicht.« Er dachte, dass gerade das Gefühl, geliebt und umsorgt zu werden, das war, was in seiner Behandlung wirkte. Er zwingt mich damit, die Implikationen meiner pragmatischen und intersubjektiven Sichtweise vom Verständnis für eine Theorie der therapeutischen Handlung oder Wirksamkeit zu formulieren. Ein ehrlicher Pragmatiker muss natürlich in einem fallibilistischen Geist akzeptieren, dass unsere klinischen Theorien immer nur Arbeitshypothesen sind. Wir müssen auch, wie die alten Mediziner, zugeben, dass echte Heilung verhältnismäßig selten vorkommt.

Trotzdem liegt der »Barwert« (James, 1907) einer psychoanalytischen Theorie in ihrer Bedeutung für die Heilung. Ich habe die Idee vom Verständnis ins Zentrum der Epistemologie und klinischen

[21] Dr. Peter Lessem und ich arbeiteten an früheren Versionen einiger Abschnitte dieses Kapitels zusammen.

Theorie der Psychoanalyse gestellt. Jetzt muss ich die Tragweite dieser Position für die Frage nach dem therapeutischen Handeln klären. Diese Frage hat eine lange und gedankenreiche Geschichte, die eine allmähliche Verschiebung vom Zugang über Deutung und Einsicht zur ausdrücklichen Betonung der heilenden Kraft relationalen und emotionalen Verständnisses widerspiegelt.

Die Wirksamkeit von Psychoanalyse

Seit den *Studien über Hysterie* von Breuer und Freud (1895) hat sich herausgestellt, dass eine psychoanalytische Behandlung durch einen erfahrenen Praktiker hilfreich sein kann. Doch warum dies so ist und wie der Prozess funktioniert, ist sehr lange vielen Menschen niemals klar gewesen. Als Teilnehmer wie als Beobachter des psychoanalytischen Prozesses finden wir für die Gründe des Erfolgs oder Misserfolgs oft keine Worte. Die Frage nach der therapeutischen Wirksamkeit hat aber offensichtlich praktische Bedeutung. Wenn wir wissen, was hilft, können wir das Hilfreiche tun, es sei denn, der Preis stellt sich für uns, die Therapeuten, als zu hoch heraus. Mehr als andere Fragen überbrückt diese vielleicht die Lücke zwischen psychoanalytischer Theorie und Praxis und verlässt sich auf den hermeneutischen Pragmatismus, der meinen Zugang zum psychoanalytischen Verständnis auszeichnet. Die Frage der therapeutischen Wirksamkeit – genauer: warum sie so schwierig zu beantworten ist – erstreckt sich über die gesamte Geschichte der Psychoanalyse.

Freud und Breuer (1895) glaubten ursprünglich, dass Menschen sich von »Hysterien« erholten, indem sie frühe Traumata durch das kathartische Wiedererleben der emotionalen Zustände, die mit diesen frühen Traumata verknüpft waren, d. h. durch Abreagieren, wieder erinnerten. Als Freud sein topographisches Modell der Seele entwickelte, behauptete er, dass Analyse heile, indem das Unbewusste bewusst gemacht werde. Triebkonflikte, sobald sie anerkannt werden, würden ihre Macht verlieren und die Symptome verschwinden. Mit dem Aufkommen der Strukturtheorie beinhaltete dieser Prozess, dass die Ich-Kontrolle die Es-Wünsche und reife Organisationsformen das infantile Chaos ersetzen. Mit kleinen Veränderungen besteht dieses triebfundierte Verständnis der psychoanalytischen Heilung heute in der Freudschen Ich-Psychologie und in der kleinianischen Analyse fort.

Mit Beginn der dreißiger Jahre des 20. Jahrhunderts entwickelten sich allerdings auch abweichende Meinungen. In Budapest fragte sich Ferenczi, der die emotionale Qualität der einmaligen analytischen Beziehung betonte (Bacal/Newman, 1990), ob nicht die Beziehung selbst der kurative Faktor sei. Außerdem hob er das therapeutische Potenzial der Regression und das emotionale Wiedererleben in der Übertragung hervor. Er glaubte, dass die traditionelle analytische Haltung unangemessen sei, um das »traumatisierte Kind« im Patienten zu heilen, und meinte, dass Analytiker responsiver sein müssten. Sie sollten die analytische Beziehung zu einem Ort der Sicherheit machen, an dem der Patient das ursprüngliche Trauma in einer von der ursprünglichen Situation unterschiedenen wiedererleben kann. Dadurch wird es dem Patienten ermöglicht, einen Neuanfang zu erleben.

Ferenczi unterstrich den Beitrag des Analytikers zur therapeutischen Bindung. Er betonte (1) den Gegensatz zur vergangenen Erfahrung des Patienten, die der Analytiker zur Verfügung stellt, (2) die Liebe des Analytikers für den Patienten und (3) die Bedeutung der Reduktion von Hemmungen im Analytiker, damit er den Patienten verstehen und sich mit ihm emotional verbinden kann. Die ersten beiden Punkte stechen aus Ferenczis erstaunlich aktuellen Diskussionsbeiträgen in der Behandlung von Traumata hervor. Er setzte damit seine Meinung derjenigen Freuds entgegen:

> Ein Abreagieren von Trauma-Quantitäten ist nicht genug. Das prinzipiell Wichtige an all dem ist die Tatsache, daß es nicht genügt, traumatische Qualitäten abzureagieren, die Situation muß vom eigentlich Traumatischen verschieden werden, um einen anderen günstigen Ausgang zu ermöglichen. (1988, S. 159)

> An diesem Dilemma scheint die Analyse zu scheitern, als Rückzugsbrücke bietet sich nur das sich beim Analytiker zeigende Bedauern über diesen Ausgang und die auf Grund der eigenen Erfahrung gewonnene Einsicht, dem traumatisch Betroffenen, soll der Prozeß anders ausgehen als ursprünglich, muß in der Realität etwas geboten werden, mindestens soviel Fürsorge, oder deren wirkliche Intension, wie sie ein traumatisch schwer betroffenes Kind haben muß. (S. 69)

> Es kann weiters keine Analyse gelingen, in der es uns nicht gelingt, den Patienten wirklich zu lieben. Jeder Patient hat das Recht, als ein schlecht behandeltes, unglückliches Kind betrachtet und gepflegt zu werden. (S. 184)

Ohne die Kraft der Übertragung zu entwerten, unterstrich Ferenczi auch die Bedeutung der realen Persönlichkeit des Analytikers in der therapeutischen Situation. Er glaubte, dass die Persönlichkeit des Analytikers den Verlauf der Behandlung wesentlich beeinflusst, und kritisierte die Überbewertung der theoretischen Einsicht. Persönliche Qualitäten des Analytikers sowie Gefühle von Zuneigung, Interesse oder Gleichgültigkeit für den Patienten schimmern durch und rufen beim Patienten unbewusste Antworten hervor (vgl. S. 191). Ferenczi war eine Einzelstimme, der die tief liegende relationale Natur des psychoanalytischen Prozesses, einschließlich der Notwendigkeit, auf die Gegenübertragung zu achten, betonte. Er glaubte, dass diese Aufmerksamkeit für das Verständnis des Analytikers hilfreich sei und ihm erlaube, für den Patienten emotional verfügbar zu sein. Gegen Ende seines Lebens experimentierte Ferenczi mit der radikalen Neuerung »mutuelle« Analyse. Er hoffte, dass er die Störungen durch seine Gegenübertragung und das, was er seine »Begriffsstutzigkeit« nannte, reduzieren könne, wenn er den Patienten erlaube, seine Antworten zu hören und seine Übertragungen zu erforschen.

In Großbritannien beschrieb Strachey in seinem bemerkenswerten Aufsatz »The Therapeutic Action of Psychoanalysis« (1934) die heilende Rolle der therapeutischen Beziehung. Innerhalb einer sicheren analytischen Bindung könne der Patient Interpretationen leichter nutzen. Er beschrieb die Elemente, die zur Fähigkeit des Patienten beitragen, Interpretationen zu integrieren. Diese umfassen sowohl den Willen des Patienten zur Genesung und die Fähigkeit, vernünftige Argumente aufzunehmen, als auch die Beziehung zum Therapeuten. Strachey glaubte, dass die positive Bindung des Patienten an den Analytiker in der Übertragung therapeutische Änderung durch Modifikation des Über-Ichs ermöglicht. Der Patient assimiliere den Analytiker in seine dreiteilige psychische Struktur als Hilfs-Über-Ich. Dieses Hilfs-Über-Ich, ein gutes Objekt, unterscheide sich von den schlechten Objekten der Vergangenheit des Patienten. Wirksame, »umwandelnde« Deutungen helfen dem Patienten, auf den Gegensatz zwischen dem archaischen phantasierten und dem realen analytischen Objekt aufmerksam zu werden. Die daraus resultierende Introjektion dieses weniger aggressiven, gütigeren Objekts ins Über-Ich des Patienten modifiziert die Über-Ich-Aggression. Sie überlagert damit den habituellen neurotischen Prozess. Für Strachey folgt die psychische Veränderung aus der Verinnerlichung des Psychoanalytikers als gutes Objekt via mutative Deutung.

Ebenfalls in Großbritannien stellten Analytiker mit einer radikal sozialen Konzeption der menschlichen Natur die Triebtheorie in Frage. Sie deuteten an, dass die grundsätzlichen menschlichen Strebungen solche nach Verbindung mit anderen Menschen seien, oft aus Achtung vor Freud noch »Objekte« genannt.[22] Diese weitreichende Theoriewandlung zu einem Beziehungsmodell, vielleicht sogar ein Paradigmenwechsel, ist noch im Gange. Greenberg und Mitchell (1983) sowie Bacal und Newman (1990) haben diese Veränderung des theoretischen Fokus eingehend erforscht.

Ich habe den Verdacht, dass zum Beispiel Ian Suttie (1935) deshalb kaum rezipiert wurde, weil er so freimütig und radikal war und Menschen hauptsächlich von dem Bedürfnis und Verlangen nach Freundschaft und Liebe motiviert verstand. Er verstand Hass als Versagung auf der Suche nach Liebe. Da er Sexualität von Zärtlichkeit unterschied, machte er den Freudianern den Vorwurf des reduktionistischen Pansexualismus. Suttie beklagte außerdem das, wie er es nannte, Tabu der Zärtlichkeit oder den Antiemotionalismus in der wissenschaftlichen Psychologie, in der Gesellschaft und insbesondere unter Psychoanalytikern. Er meinte, dass die Gesellschaft die Arbeit von Müttern und Krankenschwestern unterschätze und unterbezahle, und schrieb dieses Phänomen einer allgemeinen Abneigung gegenüber Zärtlichkeit zu. Er erkannte, dass die Gesellschaft Zärtlichkeit für Menschen oder Tiere für unmännlich hielt, und glaubte, dass Männer oft Liebe und Zärtlichkeit durch Sexualität ersetzen. Seiner Meinung nach reduzierte Freud, indem er das

[22] Freuds Konzept vom Objekt stammt wahrscheinlich vom Philosophen Franz Brentano, bei dem er fünf Vorlesungen hörte. Brentano war der Meinung, dass Intentionalität oder Bezugnahme auf ein Objekt, psychisches Leben definiert. Folglich heißt denken: etwas zu denken; sich zu sehnen heißt: sich nach etwas zu sehnen usw.

Tabu der Zärtlichkeit in seine Theorie einbaute, Zärtlichkeit, Liebe und Freundschaft zu Derivaten von Sexualität.

Suttie glaubte, dass die Psychoanalyse eine Gelegenheit bietet, verlorene oder beschädigte Fähigkeiten, z. B. Liebe und Freundschaft zu finden, wieder herzustellen. Er zitierte gern Ferenczis Worte: »Es ist die Liebe des Arztes, die den Patienten heilt.« Und er glaubte, dass diese Position eine enorme praktische Bedeutung hat:

> Wenn wir einen Patienten nicht mögen, sind wir in seiner Behandlung hoffnungslos beeinträchtigt. Kein Geschick, kein theoretisches Wissen oder noch so viel Gewissenhaftigkeit werden das Fehlen eines mitfühlenden Verstehens und die Fähigkeit ausgleichen, »sich selbst an die Stelle des Patienten zu setzen«. (S. 74)

Suttie glaubte, dass jede seelische Krankheit, unabhängig von ihren biologischen Begleiterscheinungen oder wie isoliert auch immer sie auftritt, eine Störung in der sozialen Bezogenheit sei. Er schlug deshalb einen entwicklungsorientierten, in der heutigen Terminologie vollständigen intersubjektiven Zugang der Entwicklung von Symptomen vor:

> Die Psyche ist so innig und andauernd abhängig vom Wechselspiel mit Anderen, dass eine Störung ihrer *interpsychischen* [Sutties Begriff, D. O.] Beziehungen im *weiteren* die betroffene Psyche in einen »Circulus viciosus« bringt. Der Verlust der Verbindung zu Anderen erzeugt eine große Anzahl sekundärer Symptome, heilend, kompensatorisch, defensiv, herausfordernd etc., und *in der Psyche des Beobachters* die Illusion, dass die Schwierigkeiten des Patienten relativ neu seien, ein definitiver und plötzlicher Einbruch, während in Wirklichkeit viel von der Störung und dem Leid auf Gefühle zurückzuführen ist, die durch eine Beeinträchtigung menschlicher Freundschaft (von Liebe und von Interesse) in der weiteren Vergangenheit hervorgerufen wurden. Weiter erzeugt jeder kleine Fehler im Umgang des Patienten mit anderen Menschen eine *unsympathische Antwort aus seiner sozialen Umgebung*, die wiederum seine Nachwirkungen auf ihn selbst hat. Damit wird ein Circulus viciosus von Protest, Gegenprotest und Missverständnis etabliert. Als Folge davon wird der Patient nicht so sehr seiner eigenen Übereinstimmung mit sich selbst entfremdet als vielmehr durch eine Art *emotionaler Ächtung* seitens der Anderen. Er hatte nicht beabsichtigt, isoliert zu werden, nicht einmal unbewusst. Er wurde hinein gezwungen. (S. 182, kursiv von Suttie)

Dieser intersubjektive Zugang zur Psychopathologie hat wichtige Implikationen für das Verstehen des therapeutischen Handelns in der Psychoanalyse. Für Suttie war die Aufgabe von Psychotherapie, »den Patienten zu veranlassen, seine jahrelange Abwehr gegen die infantile Furcht vor Isolation abzulegen und einen angemessenen Ersatz in erwachsener Liebe und interessengeleiteter Freundschaft zu finden« (S. 203). An anderer Stelle forderte er, dass Psychotherapie sich auf *»die Überwindung der Barrieren zu lieben und sich geliebt zu fühlen* konzentriert und nicht auf die Beseitigung von Hemmungen, die dem Menschen aus Angst vor dem Sich-Äußern angeborenen, unsozialen, egoistischen und sinnlichen Verlangens auferlegt werden« (S. 53f., kursiv von Suttie).

Wie Suttie bestritt auch Fairbairn die grundsätzliche konzeptionelle Struktur der Freudschen Psychoanalyse, indem er behauptete, dass Menschen von Geburt an Objekte suchen. Mit seiner Frage wie Menschen entscheidende Bindungen angesichts von Vernachlässigung oder Entbehrung lebensnotwendiger Beziehungsbedürfnisse aufrecht erhalten können, ersetzte er die Freudsche Betonung von Impuls und Trieb. Nach Fairbairn wird eine Person mit Frustration über unbefriedigende frühe Objektbeziehungen dadurch fertig, dass er die psychische Erfahrung aufspaltet. Die Vereinigung des gespaltenen Ichs (die gespaltenen Psyche) wurde für ihn das Ziel psychoanalytischer Therapie. Er betrachtete das gespaltene Ich als ein internes »geschlossenes System«, entwickelt als Reaktion auf die Wirkungen unbefriedigender früher Objektbeziehungen. Damit glaubte er, »dass das hauptsächliche Ziel psychoanalytischer Behandlung eine größtmögliche Förderung der Synthese der Struktur ist, in die das ursprüngliche Ich aufgespalten worden war« (1952, S. 380). Um das zu tun, braucht der Patient Hilfe bei der Loslösung böser Objekte aus der Verdrängung und bei der Loslösung »libidinöser« Bindungen an diese, um für gesündere Objektbeziehungen frei zu werden. Bacal (1990) paraphrasiert Fairbairn so, dass »Deutung allein ungenügend ist; die Erhaltung der inneren Welt des Patienten als geschlossenes System wurde teilweise *bestimmt durch sein Gefühl der Hoffnungslosigkeit, von Objekten der externen Realität, von denen er sich freiwillig abhängig macht, irgendeine Befriedigung zu erhalten«* (S. 357).

Um sich sicher genug für das Risiko zu fühlen, verinnerlichte böse Objekte aus der Verdrängung freizugeben (d. h., um sie als böse zu erleben) und sie in der Übertragung wahrzunehmen, muss der Patient den Analytiker als gutes Objekt erleben (Bacal/Newman, 1990, S. 152). Mit Fairbairns Worten: »Es ist die aktuelle Beziehung zwischen dem Patienten und dem Analytiker, die den entscheidenden Faktor psychoanalytischer und jeder anderen Form psychotherapeutischer Hilfe konstituiert.« (S. 385) Genauer gesagt »ist nicht nur die Beziehung zwischen dem Patienten und dem Analytiker als Übertragungsbeziehung einbezogen, sondern die ganze Beziehung zwischen dem Patienten und dem Analytiker als Personen« (S. 379). Diese Bindung an »eine zuverlässige und wohltätige elterliche Figur« (S. 377) war diejenige Beziehung, die dem Patienten in seiner Kindheit vorenthalten wurde.

Der einflussreichste Autor, der zum Paradigmenwechsel in Richtung eines Beziehungsmodells beitrug, war Winnicott (1958; 1965). Indem er seine Aufmerksamkeit auf die Ähnlichkeiten zwischen der Mutter-Kind-Beziehung und der analytischen Situation konzentrierte, sah er die Analytiker als Versorger mit einer haltenden Umgebung, ähnlich der, die durch ausreichend gutes Bemuttern zur Verfügung gestellt wird. Er dachte, dass eine regressive Erfahrung in solch einer Analyse die andauernde Dominanz einer willfährigen Organisation eines falschen Selbst für den Patienten unnötig macht. Stattdessen ermöglicht es das Auftauchen eines spontanen wahren Selbst. Seine Arbeiten über das Spiel und die Übergangsphänomene machen deutlich, wie viele Bereiche menschlicher Erfahrung – insbesondere der kreativen – relationale Bedeutung haben. Er wies damit auf die nonverbalen und spielerischen Aktivitäten von Bindung sowohl in der Kindheit als auch im Erwachsenenalter hin. Seine Betonung der »ersten mütterlichen Beschäftigung« in der Kindheit, des starken Verlangens nach der Mutter, ist mit seiner Betonung des Managements der Grenzen der emotionalen Verfügbarkeit der Analytiker vergleichbar. Er sagte – nicht nur scherzhaft –, dass seine Patienten sich für ihre Regressionen »anstellen« müssten (Little, 1990). Ähnlich schreibt Gotthold (1992) sowohl von der Notwendigkeit als auch von den Schwierigkeiten der ungeteilten analytischen Aufmerksamkeit für jene Patienten, auf die sich auch Winnicott bezog.

Bowlby, in der britischen Psychoanalyse sowohl wegen seiner

ätiologischen Analogien als auch wegen seiner radikalen Gedanken ignoriert, formulierte die Bindungshypothese sogar noch deutlicher als Winnicott. In seinem letzten Buch (1988) fasste Bowlby sein Lebenswerk unter zwei Hauptgedanken zusammen: 1. die Wichtigkeit für die Psychoanalyse, die aktuellen Bedingungen der emotionalen Umgebung eines Kindes für die Entwicklung der Person zu berücksichtigen, und 2. der Primat der Entwicklung von Erfahrungen von Bindung, Trennung und Verlust oder, wie er manchmal sagte, die Herstellung und das Lösen emotionaler Bindungen.

Obwohl er die Triebtheorie und die kleinianische Sprache von Winnicott ablehnte, fand er die klinische Arbeit von Winnicott seinem eigenen Denken sehr nahe. Während Bowlby seine Aufgabe in der Therapie allerdings deutlich auf Fragen zur Bezogenheit konzentrierte, sah er den Prozess selbst als einsichtsorientiert. Bowlby kannte seine Ähnlichkeit mit Kohut an dieser Stelle an. Bemerkenswert ist, wie deutlich er die grundsätzliche Bedingung für die Möglichkeit der Heilung durch Einsicht formulierte:

> Die erste [Aufgabe] ist es, dem Patienten eine sichere Basis zur Verfügung zu stellen, von der aus er seine verschiedenen unglücklichen und schmerzhaften Aspekte seines Lebens explorieren kann, vergangene und gegenwärtige, über die nachzudenken er ohne vertrauenswürdigen Begleiter, der Unterstützung, Ermunterung, Sympathie und gelegentlich Führung anbietet, zu schwierig oder vielleicht unmöglich fände. (1988, S. 138)

Andere Aufgaben einer Psychoanalyse, wie Bowlby sie versteht, betreffen die Exploration, den Vergleich divergierender Erfahrungen und Perspektiven und das Verständnis. Auch galt der Herstellung emotionaler Sicherheit Bowlbys lebenslanges Interesse. Er verglich die Rolle des Therapeuten als jemand, der eine sichere Basis zur Verfügung stellen sollte, mit »der einer Mutter, die ihrem Kind eine sichere Basis verschafft, von der aus es die Welt erforscht« (S. 140). Der Therapeut sorgt für eine sichere Basis, von der aus die Wirkungen der persönlichen Geschichte – von Traumata, Vernachlässigung oder anderen Schwierigkeiten – auf das Selbsterleben in Vergangenheit und Gegenwart erforscht werden können.

Michael Balint, ein Analysand von Ferenczi, führte dessen Ideen in die »Independent-Group« der britischen Psychoanalytiker ein, die das soziale Verstehen des menschlichen Seins mit einbezog.

Balint machte wichtige Ergänzungen zu Ferenczis Ideen über die Bedeutung der Patient-Analytiker-Beziehung. Psychoanalyse war für Balint eine Zwei-Personen-Psychologie oder Zwei-Körper-Psychologie und keine Ein-Personen-Psychologie traditioneller analytischer Prägung. Wie sein Mentor Ferenczi ermunterte er deswegen dazu, den Beitrag des Analytikers zur therapeutischen Situation mit zu berücksichtigen. Nach seinen Worten werden »die Ereignisse während einer Analyse nicht von den Assoziationen des Patienten und seiner Übertragung oder von der Interpretation des Analytikers bestimmt, sondern von einer Wechselwirkung zwischen den beiden« (Balint, 1953, in: Bacal/Newman, 1990, S. 127). Balint behauptete, dass der Verlauf einer Analyse kein einfaches Resultat der frühen Erfahrung des Analysanden sei, sondern auch Resultat der gegenwärtigen Beziehungen zwischen dem Patienten, dem Analytiker und dem Wesen der analytischen Situation.[23]

Balints relationale Theorie der Genese von Psychopathologie, besonders seine Konzeption der »Grundstörung«, gestaltete seine Sichtweise der therapeutischen Haltung. Seine Idee von der »Grundstörung« bezog sich auf die größere Diskrepanz – oder Lücke – zwischen den Bedürfnissen eines Patienten in dessen Kindheit und der menschlichen Fähigkeit seiner frühen Umgebung, auf diese Bedürfnisse zu reagieren. Durch Regression in der Übertragung auf die Stufe der Grundstörung versucht der Patient, die benötigte heilende Beziehung zum Analytiker herzustellen. Sobald der Patient auf diese Stufe regrediert ist, kann er in der analytischen Beziehung entdecken, dass starr gebliebene, selbstschützende Zustände in Beziehungen und in der Liebe nicht länger notwendig sind. In der Phase, die Balint »Neubeginn« nannte, können Menschen diese starren Zustände aufgeben (vgl. 1968, S. 131f.).

Inzwischen schrieb der Amerikaner Hans Loewald (1960a), der ich-psychologisch und mit objektivistischen Annahmen arbeitete, aber von den Briten beeinflusst war, einen außergewöhnlichen Aufsatz: »Über die therapeutische Wirkung der Psychoanalyse.« Loewald behauptete, dass die relationalen Merkmale der interpretativen Aktivität des Analytikers zentral für die therapeutische Haltung

[23] Diese Idee ist meiner intersubjektiven Vorstellung von der psychoanalytischen Triade ähnlich (Kapitel 2).

in der Psychoanalyse seien. In seinen Worten ist die »Wiederaufnahme der Ich-Entwicklung abhängig von der Beziehung zum neuen Objekt, dem Analytiker« (S. 221). »Das Neue besteht in der Wiederentdeckung der frühen Entwicklungswege der Objektbeziehungen des Patienten, die zu einem neuen Weg führen, sich auf Objekte und sich selbst zu beziehen.« (S. 229) Diese neue Beziehungserfahrung für den Patienten geschieht hauptsächlich durch die Deutung der Übertragungsverzerrung des Patienten durch den Analytiker. »Das Ausmeißeln von Übertragungsverzerrungen« (S. 225) erlaubt den Identifizierungsprozess, den Loewald, ebenso wie Strachey, im Mittelpunkt der neuen Objektbeziehung sah. Loewald glaubte, dass Wachstum durch die Internalisierung des relationalen Austausches zwischen Selbst und Anderen geschieht. So wie die Mutter Regulations- und Organisationsfunktionen für das Kind zur Verfügung stellt, macht dies der Analytiker für den Patienten mit Hilfe der Deutung. Für Loewald verinnerlicht der Patient den Interaktionsprozess, indem die Deutungen des Analytikers für eine »integrative Erfahrung« des Patienten sorgen. Dieser Prozess vermittelt zwischen dem idiosynkratischen kindlichen Glauben des Patienten und der höher differenzierten Organisation des Analytikers.

Zusammenfassend könnten wir sagen, dass jeder dieser Autoren – Ferenczi, Strachey, Suttie, Fairbairn, Winnicott, Bowlby, Balint und Loewald – sich Psychoanalyse als Rückkehr zu dem Weg vorstellt, den der Patient oder die Patientin nicht hat gehen können, weil er dem Kind damals nicht zur Verfügung stand. Diese Theoretiker glaubten, dass der Mangel an notwendigen oder primären emotionalen Bindungen das Auftauchen eines widerstandsfähigen Selbst verhindert. Wir kehren in der Analyse nicht in einem regressiven Sinn zu den Zuständen der Kindheit zurück, sondern sie eröffnet die emotionale Chance, eine dringend benötigte Bindung zu erleben, die eine progressive Entwicklung im Erwachsenenalter ermöglicht.

Die Frage, wie Analyse funktioniert, ist in der Psychoanalyse seit Strachey und Loewald allgemein bekannt. Lassen Sie uns nun zu Kohuts Ansatz wie auch zu etwas neueren Arbeiten zurückkommen, die die selbstpsychologische Theorie weiter entwickelten. Im Geiste der Erforschung und der Entwicklung der Theorie nach Kohut (1977) habe ich seine Frage *Wie heilt die Psychoanalyse?* ein wenig zu der Frage verändert: Wie heilt psychoanalytisches Verständnis?

Kohuts entschiedene Antwort auf diese Frage war, dass optimale Frustration eine umwandelnde Verinnerlichung fördert. Mit »Frustration« scheint er gemeint zu haben, dass selbst in einer von empathischer Exploration und zeitlich gut abgestimmten Deutungen des Analytikers geprägten Behandlung unvermeidlich Brüche und Missverständnisse vorkommen werden. Werden diese ausreichend analysiert, ermöglichen die frustrierenden Unterbrechungen der Selbst-Selbstobjekt-Funktionen dem Patienten, die Selbstobjekt-Funktion des Analytikers zu verinnerlichen – Spiegeln und Trösten zum Beispiel. Der Patient baut dadurch eine neue kohäsive, strukturierte und positiv bewertete Selbststruktur oder Selbstheit auf. Kohut bestätigte diese Interpretation seines Verständnisses von Heilung nochmals in seinem 1984 erschienenen Buch und hob hervor, dass Frustration dem analytischen Prozess innewohne, der nur Verstehen und Klären zur Verfügung stellen könne, nicht aber eine Befriedigung der aufgetauchten Bedürfnisse. In Kohuts Worten:

> Es ist vielmehr der Zugewinn an psychischer Struktur mittels einer optimalen Frustration der Bedürfnisse oder Wünsche des Analysanden, die der Analysand in Form korrekter Deutungen erfährt, der das Wesen der Heilung ausmacht. (Kohut, 1984, S. 162)

In der gleichen Arbeit deutet Kohut allerdings auch an, dass die selbstpsychologisch orientierte Analyse sich nirgendwo weiter von der Technik der klassischen Analyse entfernt, dass aber offenbar etwas jenseits der Deutung in die psychoanalytische Heilung einfließt. In seinem Ansatz über die Unterbrechungen, die zur umwandelnden Verinnerlichung psychischer Struktur führen, hob Kohut das Wiederherstellen oder Reparieren der Selbst-Selbstobjekt-Bindung oder der empathischen Bindung zwischen Analytiker und Patient hervor (Jaenicke, 1987). Obwohl Kohut meines Wissens nie gesagt hat, dass der Prozess, eine zerbrochene Bindungsorganisation in der Gegenwart wieder herzustellen, eine teilweise Heilung des in der Vergangenheit zerbrochenen Selbst ermöglicht – seine ausdrückliche Betonung lag mehr auf der Bildung von Strukturen denn auf Heilung –, legt seine Arbeit nahe, dass eine selbstpsychologisch informierte Psychoanalyse auf diese Weise arbeitet. Geschehe dies nämlich, so gebe es dem Patienten ein Gefühl von Hoffnung, dass weitere Heilung möglich sei.

In dieser Argumentationslinie weist Kohut (1981) darauf hin, dass er sich gezwungen sieht, anzuerkennen und zuzugeben, dass die Empathie selbst bereits heilend sein könnte, obwohl er sich wünschte, empathisches Verstehen einfach als wissenschaftliches Werkzeug zur Datensammlung zu betrachten. Damit ist ein Teil von Kohuts Vermächtnis an die Psychoanalyse die Anerkennung, dass sowohl Bezogenheit als auch einfühlungsorientierte Deutung für die psychoanalytische Heilung entscheidend sind. Die offenen Fragen beziehen sich auf die relative Bedeutung dieser beiden Elemente und auf die Beziehung zwischen ihnen.

In der Tat stellte Kohut die Bildung Selbst-konsolidierender emotionaler Zusammenhänge in den Vordergrund analytischen Denkens und analytischer Praxis. Die Konzeption des Selbstobjekts, das theoretische Herz der Selbstpsychologie, stellt die Fähigkeit zu emotionaler Bindung zur Stärkung des Selbst-Erlebens geradezu ins Zentrum von emotionaler Erfahrung, Entwicklung und Heilung. Mit anderen Worten: Auch er glaubte, dass die Analyse Patienten – auf der Grundlage gesunder emotionaler Bindungen – eine zweite Entwicklungschance gibt. Diese Betonung kam am deutlichsten in seinen späteren Arbeiten zum Vorschein.

Kohut (1977) behauptete zunächst, dass Veränderung durch umwandelnde Verinnerlichung entsteht. Seiner Vorstellung nach nimmt ein Patient Formen des Selbst-Erlebens in sich auf, die durch neue Selbstobjekt-Erfahrungen in der Behandlung verfügbar werden, insbesondere während der Wiederherstellung nicht-traumatisch gespaltener Selbstobjekt-Bindungen. Allmählich nehmen Patienten bestimmte Formen von Selbst-Erleben aus unserer vernünftigen, gleichmäßigen Responsivität in sich auf, auf die sie in ihrer Kindheit vermutlich verzichten mussten, z. B. Ideale, Ambitionen, Enthusiasmus, Festigkeit. Kohut erklärte die wachsende Erfahrung von Selbstkohäsion, Selbstkontinuität und positivem Selbst-Erleben aus diesen »umwandelnden Verinnerlichungen«.

Während Internalisierung zweifellos eine räumliche Metapher ist, die als übermäßig konkret und einfach kritisiert werden kann, ist der Umwandlungsaspekt der daraus folgenden Prozesse abstrakter und komplexer. Der Patient transformiert unvermeidlich und kontinuierlich die Selbstobjekt-Erfahrung mit dem Analytiker entsprechend bereits organisierter Vorannahmen, die sich aus seiner emotionalen Geschichte einschließlich der Erfahrungsgeschichte mit dem Analytiker ableiten, und gewinnt dadurch eine neue psychische Organisation oder Struktur. Außerdem betonte Kohut, dass die Selbstobjekt-Erfahrung den Patienten im Laufe der Zeit zu einer stärkeren Persönlichkeit mit einem festeren und positiverem Selbst-Gefühl verhilft. In seinen letzten Schriften legte Kohut (1977, 1984) stärkere Betonung auf diese zweite Form der Veränderung. Er sträubte sich jedoch gegen Vereinfachungen, weil er Empathie als eine Untersuchungsmethode verstanden wissen wollte und nicht als direkten Weg, Menschen zu heilen, indem man freundlich zu ihnen ist. Sein eigener Erfahrungsschatz veranlasste ihn allerdings anzuerkennen, dass irgendetwas daran heilsam *war* (1981), sich verstanden zu fühlen.

Ein intersubjektiver Ansatz des psychoanalytischen Verstehens stellt den Prozess des Organisierens und Reorganisierens von Erleben in den Mittelpunkt (Stolorow/Brandchaft/Atwood, 1987; Stolorow/Atwood, 1992). Stolorow (1994) entfernt sich von einer Sicht, die davon ausgeht, dass Organisationsprinzipien in der Behandlung radikal ersetzt oder transformiert werden können. Er glaubt vielmehr, dass wir ein sich erweiterndes Repertoire von Prinzipien erwerben, um Erfahrung flexibler zu organisieren. Zwar können Zwangslagen in Beziehungen, die den intersubjektiven Situationen ähneln, in denen wir sie anfangs erworben haben, diese wieder hervorrufen, dennoch wissen wir, dass Menschen flexibler, moderater, großzügiger und zufriedener werden. Wie passiert das?

Bindung, Selbstobjekt-Erfahrung und therapeutische Wirksamkeit

Psychoanalytisches Verständnis ist – unter anderem – eine Form der Liebe und kann vom Patienten auch so erlebt werden. Es unterscheidet sich von Empathie, die wertneutral ist und auch dazu benutzt werden kann, um Menschen zu verletzen. Psychoanalytisches Verständnis nimmt, wenn es sich auf den Psychoanalytiker und den

Prozess bezieht, unmissverständlich Partei für den Patienten (Tolpin, 1991). Obwohl Patienten möglicherweise lange Zeit nicht merken, dass wir auf ihrer Seite sind, müssen wir wissen, dass wir es sind. Wenn wir diese Haltung zu einem bestimmten Patienten nicht finden oder bewahren können, sollten wir unsere Kollegen zu Rate ziehen und, wenn nötig, den Patienten überweisen. Oft können wir unser Unvermögen, auf der Seite des Patienten zu stehen, an der Art unseres Humors erkennen, mit dem wir mit Kollegen über unseren Patienten sprechen: Ist er ironisch oder sarkastisch? Ein anderer Punkt ist unsere Verwendung von diagnostischen Vorurteilen wie »borderline« oder »hysterisch«, die die Person des Patienten herabsetzt und den psychoanalytischen Verstehensprozess kurzschließt. Das Kategorisieren kann natürlich auch andere Funktionen haben, fördert aber meiner Ansicht nach in keiner Weise den Verstehensprozess.

Auf der Seite des Patienten zu sein ist – wie auch die emotionale Verfügbarkeit nur ein Teil der Kur darstellt – eine notwendige Bedingung für die Möglichkeit der Heilung. Sie formt wahrscheinlich den Teil der emotionalen Verfügbarkeit, der so entscheidend für den Bindungsprozess ist, den ich als das Herzstück der therapeutischen Wirksamkeit psychoanalytischer Behandlung ansehe.

Welche Art von Zusammenhang zwischen Bindung und emotionaler Heilung besteht nun? Natürlich erfordert nicht jede psychologische Veränderung eine entscheidende emotionale Bindung an einen Analytiker oder Therapeuten. Drogen-, kognitive und Verhaltenstherapien sowie strategische oder systemische Familientherapien arbeiten ohne solche Bindungen – oder haben nicht den Anspruch, so zu arbeiten. Ich glaube, dass es ein angemessenes psychoanalytisches Konzept der Therapie durch Verstehen erforderlich macht und dass wir uns nochmals mit der Konzeption des Selbstobjektes befassen sollten.

Der Grundstein selbstpsychologischer Theorie ist die Idee der Selbstobjekt-Erfahrung. Meiner Meinung nach ist derjenige, der eine Selbstobjekt-Erfahrung zur Verfügung stellt, äußerst wichtig. Damit können wir den Begriff des Selbstobjektes unter Bezug auf Ideen der Forschung über frühe Bindungen klären. Prominente Bindungstheoretiker berufen sich auf Bowlby, Ainsworth, Sroufe und Main. Im Gegensatz zur klassischen psychoanalytischen Theorie behauptet die Bindungstheorie, dass eher Bedürfnisse nach Sicherheit als eine Reduktion physiologischer Triebspannung zur Bildung einer Bindung zwischen Bezugsperson und Säugling führen (Bowlby, 1979).

Selbstpsychologen und Bindungsforscher teilen die gemeinsame grundlegende Überzeugung von einer sich über alles hinwegsetzenden Bedeutung des Bedürfnisses der Menschen, starke emotionale Bindungen zu Anderen einzugehen. Beide Disziplinen glauben, dass dieses Bedürfnis, mit wichtigen anderen Menschen starke Bindungen aufzunehmen, das ganze Leben hindurch den Kern menschlichen Funktionierens und der menschlichen Psyche ausmacht. Wie Bacal und Newman (1990) bemerken, betonen beide Sichtweisen die Bedeutung der Beziehung zu einer phasenspezifisch responsiven und unterstützenden Figur für die gesunde Entwicklung. Zusätzlich behaupten beide theoretischen Traditionen, dass dieses Bedürfnis im Säugling lebendig ist und durch das Erwachsenenleben bis zum Tod erhalten bleibt. Weiter glauben beide Theorierichtungen, dass ein Hauptmerkmal des kompetenten Funktionierens der Persönlichkeit und geistiger Gesundheit die Fähigkeit ist, sich emotional an Menschen zu binden, sowohl in der Rolle des Versorgung Suchenden als auch in der des Sorgenden.

Trotzdem gibt es bedeutende Unterschiede zwischen den beiden Theorien. Selbstpsychologen meinen, dass die Selbst-Entwicklung auf das Erleben von Unterstützung durch responsive und idealisierbare Andere zurückgeht und sich dadurch auch erhält. Wir bezeichnen diese Erfahrungen mit dem Begriff »Selbstobjekt«, um anzudeuten, dass wir Menschen, die Selbstobjekte anbieten, als Stützen für unser Selbst erleben und nicht primär als Subjekte mit eigenem Erleben. Wenn Bezugspersonen verschwinden oder versagen, kann das Kind oft einen anderen verfügbaren Erwachsenen benutzen, der die benötigten Ideale, Überzeugungen und Unterstützungen liefert.

Bindungstheoretiker sehen die Entwicklung eines Selbst, teilweise im Gegensatz zu den Selbstpsychologen, als abhängig von zuverlässigen emotionalen Bindungen an spezielle Personen. Jüngste Säuglingsforschungen betrachten Säuglinge als von Anfang an fähig und aktiv bereit zu solchen Bindungen. Die Stabilität dieser Bindungen verschafft dem Kind ein Sicherheitsgefühl, eine sichere Basis (Bowlby, 1988), von der aus das Kind sich trauen kann, die Welt zu erforschen. Der Verlust einer solchen unersetzlichen Bezugsperson kann als schwer traumatisierend erlebt werden und vielleicht niemals ganz heilen.

Bindungsforscher haben ihre Theorie in Begriffen des Verhaltens und in dyadischen Zusammenhängen konzeptualisiert. Im Allgemeinen haben Theoretiker der Bindungsforschung – Bowlby, Ainsworth, Sroufe und viele andere – die durch Verhalten beobachtbaren Wirkungen der Bildung und Unterbrechung von Bindung hervorgehoben. Sie korrelieren auch Bindungssicherheit mit verschiedenen Fähigkeiten und Verhaltensmustern, die dann später in der Kindheit und im Jugendlichenalter beobachtet wurden. In messbaren und verhaltensorientierten Begriffen gedacht, ist die Bindungstheorie ein zentrales Paradigma in der Säuglingsforschung geworden.

Dennoch vernachlässigen Bindungstheoretiker manchmal die subjektive Erfahrung der Bindung, einschließlich der persönlichen Bedeutungen von Bindung, Trennung und Verlust. Für Greenberg und Mitchell (1983) »begründet Bowlby nicht die emotionale Bedürftigkeit nach und die Bedeutung von Bindung und Beziehung in der Entwicklung eines einzelnen menschlichen Selbst« (S. 187).

Die Selbstpsychologie kann sich aber im Gegenteil dazu der *Erfahrung* von Bindung und Verlust zuwenden. Ein Beispiel dafür ist das wachsende Interesse der Selbstpsychologen an der Bedeutsamkeit des signifikanten Anderen für die Strukturierung von Selbst-Erfahrung. Dies ist offenkundig in Stolorows, Brandchafts und Atwoods (1987) Arbeiten über Intersubjektivität und die bipolare Vorstellung der Übertragung, in Bacals (1990) und Bacals und Newmans (1990) Überblicksarbeiten über die objektbeziehungsorientierten »Brücken« zur Selbstpsychologie, in Beebes und Lachmanns (1988a, b) Betonung der relationalen Muster oder gegenseitigen Einflussstrukturen in ihrer Arbeit über die Entwicklung von Repräsentanzen, in Fosshages Werk (1992b; 1994) über die organisatorischen Konzeptionen von Übertragung und dem Selbst in der relationalen Matrix sowie in Lessems Buch über relationale Muster affektiver Erfahrung (1992). Die Selbstpsychologie spricht nun zahlreiche dieser strittigen Fragen an, die von den Bindungstheoretikern besetzt wurden.

Um eine Klärung gewisser klinischer Phänomene herbeizuführen

– besonders von Verlust, idiosynkratischer Persönlichkeitsentwicklungen, von der Wiederholung schmerzhafter Beziehungserfahrungen und der Einzigartigkeit jeder psychoanalytischen Behandlung –, muss die Selbstpsychologie Bindung in ihre zentralen theoretischen Ideen mit einbeziehen. Die Bindungstheoretiker beziehen Bindung allerdings immer auf das einzelne Individuum. Für Bacal und Newman (1990) sorgt die selbstpsychologische Theorie nicht »für eine Anerkennung der Bedeutung des spezifischen Objekts« (S. 231). »Indem sie sich auf das Erleben der Selbstobjekt-Funktion konzentriert, hat die Theorie der Selbstpsychologie den Blick für das Objekt, das diese Selbstobjektfunktion zur Verfügung stellt, verloren.« (S. 230) Wenn die Selbstpsychologie ihr Versprechen halten will, muss sie einen Weg finden, das Spezifische der Beziehungserfahrung in ihren theoretischen Ansatz mit aufzunehmen. Ich glaube, *dass stabile Bindungen eine notwendige Bedingung für die Möglichkeit »primärer Selbstobjekt-Bezogenheit« (der Begriff wird weiter unten erklärt) herstellen. Eine solche Bezogenheit wiederum ist unentbehrlich für die Integration von Affekten und entscheidend für ein kohäsives, kontinuierliches und positiv gefärbtes Selbst-Erleben.*

Lassen Sie mich einen klärenden Punkt hinzufügen: Mein Fokus ist hier nicht die Frage nach der Verbindung von Selbstpsychologie und Objektbeziehungstheorien. Für meine Absicht hier gibt es keine Notwendigkeit zu entscheiden, ob die Selbstpsychologie wirklich einen Teil der Objektbeziehungstheorien darstellt oder ob Objektbeziehungstheorien in einigen interessanten Aspekten die Selbstpsychologie schon vorweggenommen haben. Andere, die mit beiden Denkweisen sehr vertraut sind (Brandchaft, 1986; Bacal/ Newman, 1990; Ornstein, 1991), haben über diese Fragen eingehend nachgedacht.

Wir müssen vielmehr die empirischen Erkenntnisse der Bindungsforschung nutzen, um zu klären, was die Selbstpsychologie – eine psychoanalytische Theorie, deren Daten sich aus Introspektion und Empathie generieren – uns über die relationalen Ursprünge des Selbsterlebens vermittelt. In »Introspektion, Empathie und Psychoanalyse« arbeitete Kohut (1959) den Unterschied zwischen empirischen Theorien und den Theorien, die hauptsächlich auf Daten beruhen, die über Introspektion und Empathie gewonnen wurden, heraus. Er schreibt:

> Manche von Psychoanalytikern benutzten Konzepte sind nicht Abstraktionen, die auf introspektiver Beobachtung oder empathischer Introspektion gegründet sind, sondern sind von durch andere Methoden gewonnene Beobachtungsdaten abgeleitet. Solche Konzepte müssen mit den auf psychoanalytischer Beobachtung beruhenden verglichen werden; sie sind jedoch mit diesen nicht identisch. (Kohut, 1959, S. 845)

Bindungstheorien sind »von durch andere Methoden gewonnene Beobachtungsdaten abgeleitet«. Ich schlage deswegen keinen einfachen Zusammenschluss der Bindungstheorie mit der Selbstpsychologie vor. Diese Theorien gehören unterschiedlichen Diskursbereichen mit unterschiedlichen Theoriekonzeptionen an. Trotzdem wird die Kenntnis der Einsichten der Bindungsforschung den Bereich unserer Empathie erweitern und uns helfen, einige theoretische Vorstellungen der Selbstpsychologie zu verfeinern und zu klären. Genuine psychoanalytische Theorien schließen nach Kohut immer Introspektion und Empathie als *wesentlichen Bestandteil* ein (Kohut, 1959). Doch jene, die die psychoanalytischen Theorien weiter entwickeln möchten, müssen empirische Erkenntnisse berücksichtigen und diese benutzen, um die Stärken unserer empathischen Beobachtung zu verbessern. Lassen Sie uns deswegen die Zusammenhänge zwischen Selbstobjekt-Erfahrung, Bindung, Verstehen und psychoanalytischer Behandlung überprüfen.

Primäre und abgeleitete Selbstobjekt-Bezogenheit

In ihrer noch jungen Geschichte gab es in der Selbstpsychologie unterschiedliche Auffassungen des Selbstobjekts: als Person, als Funktion, als Dimension des Erlebens, als belebende Erfahrung. Im Folgenden stelle ich meine eigene Sichtweise vor, die ich über die Selbstobjekt-Erfahrung in sicheren Bindungen entwickelt habe.

Ich beginne mit der Unterscheidung der Selbstobjekt-Beziehung von anderen Formen erlebter Bezogenheit.

Erstens unterscheidet sie sich vom Ich-Du – oder Subjekt-Subjekt – wechselseitiger Bindung, die eine spezielle Form des intersubjektiven Feld beinhaltet, in dem zwei Menschen entweder passager oder essentiell in Beziehung zueinander stehen, manchmal sich wechselseitig anerkennend als Subjekte mit gelebten Erfahrungen. (Die Selbstobjekt-Beziehung kann jedoch innerhalb dieser intersubjektiven Form existieren.) Während die prolongierte Ich-Du-

Bezogenheit oft die gegenseitige Selbstobjekt-Bezogenheit aufrecht erhält, sprechen wir nur dann von Selbstobjekt-Bezogenheit, wenn wir den Anderen als Unterstützung für das Selbst erleben. Selbstobjekt-Bezogenheit ist eine asymmetrische relationale Erfahrung.[24] Sie kann allerdings für beide Personen in einer wechselseitigen Beziehung des Ich und Du existieren. Aron (1992) sagt, dass die psychoanalytische Beziehung gleichzeitig wechselseitig und asymmetrisch ist. Ähnlich können wir sagen, dass Selbstobjekt-Bezogenheit (definitionsgemäß asymmetrisch) innerhalb eines intersubjektiven Feldes existiert, an dem beide Personen vollständig teilhaben.

Zweitens unterscheidet sich die Selbstobjekt-Bezogenheit von der persönlichen Bezogenheit im rechtlichen und philosophischen Sinne (Macmurray, 1957). Nach dieser Sichtweise ist die Person oder das Selbst ein Handelnder in Beziehung zu anderen Handelnden. Ähnlich ist die Selbstobjekt-Bezogenheit nicht interpersonal im interaktiven Sinne, wie es die meisten Sullivan-Anhänger verstehen. Vielmehr ist die Selbstobjekt-Bezogenheit eine gänzlich subjektive Beziehungserfahrung.

Drittens ist die Selbstobjekt-Bezogenheit auch keine Ich-Es- oder instrumentelle oder Subjekt-Objekt-Bezogenheit (im philosophischen, nicht im psychoanalytischen Sinne von *Objekt*), obwohl Dinge, einschließlich Ideen und Kulturformen, manchmal abgeleitete Selbstobjekte werden können. Eine Ich-Es-Beziehung ist eine zwischen Benutzer und Objekt oder Gegenstand. Wenn wir einen anderen Menschen als Stütze für die Stabilität unserer Selbst-Erfahrung erleben, reduzieren wir ihn nicht automatisch auf den Status einer Sache. Der übliche Hinweis auf die »Verwendung« anderer Menschen als Selbstobjekt kann uns irreführen zu glauben, dass die individuelle Persönlichkeit des Anderen irrelevant sei. Wir könnten uns zu der Behauptung verleiten lassen, dass die Anbieter von Selbstobjekt-Erfahrungen so auswechselbar seien wie Gebrauchsgegenstände. Doch wir können nicht in irgendeine emotionale Tankstelle fahren und bleifreie Selbstobjekt-Erfahrung bestellen. Kohut sah Menschen nicht als auswechselbare Gegenstände an.

---

[24] Lynn Preston (persönliche Mitteilung) glaubt, dass eine Selbstobjekt-Erfahrung intrinsisch bidirektional ist, dass also beide Personen geben und empfangen müssen, wenn eine Selbstobjekt-Erfahrung zustande kommen soll.

Von ihm lernten wir, nicht zwischen archaischen und reifen Selbstobjektbedürfnissen zu differenzieren, als ob es um die Unterscheidung zwischen Ich-Es- und Ich-Du-Bezogenheit ginge, zwischen einer vorzugsweise selbstgratifizierenden Beziehung und einer, bei der es um die ehrliche Sehnsucht nach einer Verbindung mit einem Anderen ginge. Erwachsene Menschen haben lebenslang viele Arten von Beziehungen mit anderen Menschen und beträchtliche Flexibilität in ihren Beziehungsfähigkeiten.

Selbstobjekt-Bezogenheit ist eine spezielle Art der Bezogenheit, die ein positives und stabiles Selbst-Erleben schafft. Wir können den Anderen als Selbstobjekt empfinden und gleichzeitig als Subjekt oder Objekt erleben. Selbstobjekt-Erfahrung kann mit verschiedenen Formen relationaler Erfahrung koexistieren und ihr innewohnen. Eine Person, die mich normalerweise als Gegner betrachtet, kann mir z. B. eine etwas widerwillige Bewunderung zuteil werden lassen und so – mindestens zeitweilig – meine Selbstachtung stärken. Essentiell für Selbstobjekt-Bezogenheit ist ihr Erfahrungscharakter, verstanden als subjektiv und stärkend für ein stabiles und positives Selbst-Gefühl. Die Selbstpsychologie benutzt den psychoanalytischen Zugang über Introspektion und Empathie, um Selbstobjekt-Bezogenheit zu identifizieren. Wenn nur Introspektion und Empathie das wirkliche psychoanalytische Wissen hervorbringen und wenn wir Selbstobjekt-Bezogenheit nur auf diese Weise erkennen können, dann ist Selbstobjekt-Bezogenheit eine genuin psychoanalytische Konzeption. (Dieser Schluss zeigt die enge Verbindung zwischen Kohuts epistemologischen und methodischen Theoremen [1959] und den zentralen theoretischen Konzepten der Selbstpsychologie.)

Ausdrücke wie »eine Form der Bezogenheit«, »ein Prozess, eine Verbindung zu fühlen« und »erfahrene Bezogenheit« sind fast auswechselbar. Dieser Terminologie liegen zwei Annahmen zu Grunde. Sie impliziert zunächst, dass *Erleben*, ob nun Selbst-Erleben oder relationale Erfahrung, *ein Prozess* ist. Es ist weder abgeschlossene Geschichte noch eingekapselte Momentaufnahme. Es betrifft immer das Wechselspiel oder das Gespräch zwischen Vergangenheit, Gegenwart und Zukunft. Zum Zweiten nehme ich ausdrücklich an, dass *Bezogenheit ein Prozess* ist, und ziehe das Wort »Bezogenheit« dem statischeren Begriff »Relation« oder »Beziehung« vor.

Diese Wahl vermeidet, das Konzept vom Selbstobjekt übermäßig zu konkretisieren. Stattdessen behält es diese erlebnisnahe und prozessbedeutsame Qualität.

Die Intersubjektivitätstheorie von Stolorow et al. (1987) stellt einen theoretischen Rahmen für die Besonderheit des Anderen und für die Eigentümlichkeit der Selbstobjekt-Bezogenheit zur Verfügung. Immer wieder bestehen diese Autoren darauf, dass ein intersubjektives Feld aus dem Schnittpunkt und Wechselspiel zweier unterschiedlich organisierter Subjektivitäten besteht. Wenn in solch einem Feld ein Subjekt das andere als Stütze für eine stabile und positive Selbst-Erfahrung erlebt, so ist die Erfahrung jenes Subjekts – des speziellen anderen Menschen, der die Unterstützung anbietet – die, die ich als »primäre Selbstobjekt-Bezogenheit« bezeichne. Diese Definition bezieht sich nicht auf Kindheit oder Reife. Sie benötigt nur eine Bindung, in der ein Subjekt oder beide Subjekte den jeweils Anderen als Unterstützung für eine wertvolle, kohäsive Selbstheit erleben.

Zugegebenermaßen ist nicht jedes intersubjektive Feld eine Bindung oder, mit Bowlbys Worten, eine »affektive Bindung« (1979). Dennoch besteht die Selbstobjekt-Bezogenheit einer Person jeden Alters darin, einen bedeutenden anderen Menschen oder eine Bindungsfigur als Unterstützung bei der Errichtung, Entwicklung und Erhaltung kontinuierlicher, kohäsiver und positiver Selbst-Erfahrung zu erleben.[25] Ich nenne diese Erfahrung »primäre Selbstobjekt-Bezogenheit« und glaube, dass sie nur in wichtigen emotionalen Bindungen vorkommt.

Zweifellos können auch andere Selbst-belebende Erfahrungen in Kindheit und Erwachsenenalter wichtig sein. Viele glauben zum Beispiel, dass manche Formen körperlicher Aktivität ihr Selbst-Ge-

[25] Hier entsteht die Frage nach der negativen Erfahrung durch einen bedeutenden Anderen, entweder als »schlechtes Selbstobjekt« (ein Widerspruch, denke ich) oder, wie George Atwood (persönliche Mitteilung, 1994) es nennt, durch »Menschen, auf die wir uns im *Negativen* verlassen, um unser Selbst-Gefühl zu stärken, d. h. als Gegenbeispiele für die, die wir sind, bei denen wir unser Gefühl für unser Selbst durch den Gegensatz des speziellen Anderen festigen.« Ich behaupte nicht, dass eine Selbstobjekt-Erfahrung die einzige psychologisch wichtige Erfahrung von bedeutenden Anderen ist, aber dass sie die einzige ist, die heilt.

fühl stärken. Andere gewinnen ein ähnliches Gefühl der Selbst-Belebung durch Musik oder andere kulturelle Erfahrungen oder durch die Schönheit der Natur. Lassen Sie uns diese Formen der Selbst-Belebung »sekundäre Selbstobjekt-Erfahrungen« nennen. (Damit ist kein Verweis auf Triebabkömmlinge beabsichtigt.) Diese weitere Kategorie von Selbstobjekt-Erfahrungen ist implizit relational. Der Nutzen dieser sekundären Selbstobjekt-Erfahrungen ist abgeleitet aus der primären Selbstobjekt-Bezogenheit in Bindungen. Menschen, die primäre Selbstobjekt-Bezogenheit entbehren müssen, finden üblicherweise, dass die Selbstobjekt-Erfahrung dieser nicht-menschlichen Formen lediglich für den Moment das Selbst-Gefühl stärkt. Selbstpsychologen haben beobachtet, dass die Fähigkeit, diese weiterreichende Art von Erfahrungen zu nutzen, sich verbessert, erweitert und flexibler wird, sobald das grundlegende Bedürfnis nach primärer Selbstobjekt-Bezogenheit eine entsprechende Antwort in bedeutenden emotionalen Bindungen gefunden hat.

Selbstobjekt-Erfahrung umfasst deshalb einen weit gefassten Bereich sowohl von primären als auch von sekundären Selbststärkungsphänomenen, innerhalb derer die Selbstobjekt-Bezogenheit die primäre und unverzichtbare Form ist. Die sekundären Formen – implizit und sekundär relational – sind Winnicotts Übergangserfahrungen ähnlich. Sie haben ihre Bedeutung als eigene Entwicklungsleistungen oder als Übergangsersatz in jedem Alter für die spezifisch menschliche Bezogenheit, die Selbstobjekt-Bezogenheit genannt wird.

Sowohl die Selbstpsychologie als auch die Bindungstheorie lenken unsere Aufmerksamkeit auf neue Ideen von Entwicklung und Reife. Kohut benutzte den Ausdruck »archaisch«, um Formen früher Bezogenheit zu beschreiben, von denen er glaubte, dass sie bei narzisstisch gestörten Persönlichkeiten fortdauerten. Er vermutete allerdings eine undifferenzierte Matrix, innerhalb derer der Säugling die Bezugsperson nur als Teil des Selbst erlebt. Neuere Forschungen (Lichtenberg, 1983; Stern, 1985) haben nun die meisten Selbstpsychologen davon überzeugt, dass Säuglinge ihre Bezugspersonen von Beginn ihres Lebens an erkennen können und dass sie mit hoch entwickelten Beziehungsfähigkeiten geboren werden. Die Bindungstheorie sieht außerdem emotionale Bindungen als lebenslange Notwendigkeit bei Primaten an, einschließlich des Menschen. Nur wenige von uns teilen noch die Annahmen über die Kindheit, auf der Kohuts Charakterisierung der frühen Selbstobjekt-Bezogenheit als »archaisch« beruhte. Wir müssen uns deshalb fragen, was wir meinen, wenn wir – wenn überhaupt – über reife Selbstobjekt-Bezogenheit sprechen.

Ich glaube, diese ganzen Unterscheidungen sollten wir auf sich beruhen lassen. Selbstobjekt-Bezogenheit ist weder reif noch unreif. Fast jeder wird mit der Fähigkeit zu solcher Bezogenheit geboren, aber nicht jeder wird in eine emotionale Umgebung hineingeboren, die diese vorhandene Erfahrung ohne weiteres in stabilen, sicheren Bindungen verfügbar macht. Ohne solch eine menschliche Umgebung machen wir uns daran – als ob es uns an Beziehungssauerstoff mangeln würde –, Ersatz in ängstlich-unsicheren Bindungen, in Substanzen oder in zwanghaften Aktivitäten zu suchen. Sogar diese sind aber noch Anzeichen dafür, dass eine Person sich nicht aufgegeben hat. Beziehungsreifung besteht nicht darin, das Bedürfnis nach menschlichen Bindungen aufzugeben oder zu reduzieren: Das Bedürfnis, das die Selbstobjekt-Bezogenheit herstellen kann, besteht auch nicht darin, irgendwelche Ideale von Unabhängigkeit vom Anderen in die Realität umzusetzen, sondern darin, die ursprüngliche Fähigkeit wiederzuerlangen und neu zu entwickeln, um zu Wohlbefinden in der menschlichen Umwelt zu gelangen.

Es ist weder ein Zeichen von Unreife, Bindungen zu bedeutenden Anderen zu haben, noch eines von Reife, eine Nimm-es-oder-lass-es-Haltung gegenüber der Selbstobjekt-Bezogenheit einzunehmen. Einer der wichtigsten Beiträge Kohuts war, dass er es ablehnte, dass wir uns wegen unserer menschlichen Bedürfnisse nach Bezogenheit schämen müssten. Sein Konzept der Selbstobjekt-Bezogenheit als selbstkonstitutiv bekräftigte die lebenslange Legitimität dieses Bedürfnisses. Wenn wir die Konzeption des Selbstobjekts verwässern und es allumfassend definieren, könnten wir dahin kommen, ein reduziertes Bedürfnis nach menschlicher Bezogenheit und Intimität zu idealisieren. Wir verlieren dann Kohuts grundsätzliche Einsicht in die menschliche Natur, vernachlässigen die Erkenntnisse der Bindungstheorie und kehren zu einer moralisierenden Version von Reifung zurück.

Primäre Selbstobjekt-Bezogenheit ist die Erfahrung einer Person jeden Alters, eine Bindung zu einem bedeutenden Anderen oder zu einer Bindungsfigur zu entwickeln, die als Stütze für die Errichtung und Entwicklung und den Erhalt einer kontinuierlichen, kohäsiven und positiven Selbst-Erfahrung dient. Eine solche Erfahrung ist entscheidend für die Fähigkeiten des Erkennens, des Differenzierens, des Artikulierens und des Symbolisierens von einem Spektrum emotionaler Erfahrung. Primäre Selbstobjekt-Bezogenheit – erleichtert durch optimale Responsivität (Bacal, 1985) – stellt einen Kontext zur Verfügung, in den wir unser eigenes emotionales Leben bequem in ein organisiertes Selbst integrieren. Dann brauchen wir nicht länger größere Teile unserer Selbst-Erfahrung abzulehnen oder ein gespaltenes, desorganisiertes oder stark beschränktes Leben zu führen. Eine sichere Bindung macht primäre Selbstobjekt-Bezogenheit möglich. Dieses emotionale Klima sorgt für die Integration affektiver Erfahrungen in ein organisiertes und positiv gefärbtes Selbst-Gefühl.

Ich glaube, dass psychoanalytisches Verständnis im Erwachsenenalter die Gelegenheit zu einer zweiten Chance für solch eine primäre Selbstobjekt-Bezogenheit schafft. Es gibt keinen bedeutenderen Bindungswirkstoff als das anhaltende Bemühen, gemeinsam einen Sinn im emotionalen Leben eines Anderen zu suchen.

12

Zur Illustration: Schreber verstehen

[Gottes] Aktionen sind gegen mich viele
Jahre lang mit der äußersten Grausamkeit
und Mißachtung ausgeübt worden, wie es
nur eine Bestie mit ihrer Beute macht.
Daniel Paul Schreber, 1903

Ein solcher Vater war gewiß nicht
ungeeignet dazu,
in der zärtlichen Erinnerung des Sohnes,
dem er so früh durch den Tod entzogen
wurde, zum Gotte verklärt zu werden.
Sigmund Freud, 1911

Wenn man die Memoiren des deutschen Richters Schreber, die Freud analysierte, neu überdenkt, kann man viele Aspekte meiner Sichtweise des Verstehens illustrieren. Der Gegensatz zwischen der Untersuchung von Schrebers Memoiren durch Freud und von einem selbstpsychologisch-intersubjektivistischen Standpunkt aus stützt auf eindrucksvolle Weise meine Behauptung, dass die Theoriewahl wichtig ist und dass sie praktisch-klinische Bedeutung erlangt. Gleichzeitig zeigt sie die Notwendigkeit des Fehlbarkeitsbewusstseins auf, die Theorie in der Schwebe zu halten, damit wir neue Informationen oder Perspektiven in Betracht ziehen können. Außerdem zeigt das erneute Nachdenken über Schreber, dass wir nicht zwischen Selbstpsychologie und Intersubjektivitätstheorie unterscheiden müssen und dass die Konzentration auf das Selbst-Erleben eines Patienten große Aufmerksamkeit für die intersubjektiven Kontexte seiner vergangenen und gegenwärtigen Erfahrungen erfordert. Der Versuch, eine Person allein aufgrund von Veröffentlichungen zu verstehen, hat offensichtliche und enge Grenzen. Aber ich glaube, dass diese Anstrengung meine Sichtweise veranschaulichen kann, dass Verständnis durch Teilnahme und gemeinsame Sinnsuche entsteht, durch den Eintritt in die ganze emotionale Zwangslage, innerhalb derer eine Person sich organisiert hat und innerhalb derer sie weiter Erfahrungen organisiert. Ich schließe deswegen meine jetzige Untersuchung über die Natur des psychoanalytischen Verständnisses mit einer Neubewertung des Falles Schreber, zu dem er sich selbst gemacht hat, ab.

Heute kennen wir Schreber, weil Freud über ihn geschrieben hat. Anders als seine Patienten, über die er schrieb, hat Freud Schreber nie gesehen. Dies versetzt Freud und den Leser in die gleiche Ausgangslage, außer dass wir jetzt sowohl Freuds *»Psychoanalytische Bemerkungen über einen autobiographisch beschriebenen Fall von Paranoia (Dementia paranoides)«* (1911) als auch bemerkenswerte biographische Forschungen über Schreber, seine Familie und seinen Arzt Flechsig besitzen. Niemand aber hat Zugang zu der großen Menge nonverbaler Daten, auf die sich die empathisch-introspektive Methode in der klinischen Psychoanalyse so sehr verlässt (Schwaber, 1983). Was wir – gemeinsam mit Freud – haben, ist ein lebendiger autobiografischer Zugang zu einer Psychose, Schrebers *Denkwürdigkeiten eines Nervenkranken* (1903). Die Absicht dieses Kapitels ist es nicht, etwas an der biografischen Forschung zu ergänzen oder weitere Vermutungen zu Freuds Bemerkungen beizutragen. Meine Intension ist vielmehr, die *Denkwürdigkeiten* aus der Perspektive psychoanalytischer Selbstpsychologie wieder zu lesen, das heißt innerhalb der ursprünglich von Kohut artikulierten (1971; 1977; 1984) und von einer intersubjektiven Perspektive aus – da teile ich Stolorows (1987) Ansicht – weiter entwickelten Tradition.

Im ersten Abschnitt fasse ich kurz die *Memoiren* und einige wenige biografische Daten zusammen. Im zweiten Abschnitt werde ich einige Bemerkungen über Freuds Ansatz vorgetragen, während ich im dritten Abschnitt einige spätere psychoanalytische Beiträge nach Freud zusammenfasse. Der Hauptteil des Kapitels wird sich auf Schrebers Selbst-Erfahrung aus einer relationalen Selbst-Erfahrungsperspektive konzentrieren. Fast jeder Teil von Schrebers Selbst-Erfahrung setzt sich aus seinen Rückschlüssen aus seinen Erfahrungen und deren Organisation zusammen, wie er von Anderen auf bestimmte Weise behandelt worden war. Jüngste psychoanalytische und historische Forschungen belegen, dass es mehr als nur einen kleinen »Entwicklungskern von Wahrheit« in Schrebers Überzeugungen gab. Außerdem stellte Schreber seine Wahngebilde deutlich als sein Verständnis davon dar, wie er in den verschiedenen Zufluchtsorten behandelt wurde. »Das hier sagt alles, was mit mir geschah«, scheint er uns sagen zu wollen. Schreber schrieb die *Denkwürdigkeiten* in dem Bemühen, seine eigene Erfahrung zu organisieren und sie dann mitzuteilen, damit er vor Gericht Anerkennung finden würde, seine Angelegenheiten selbst bewältigen und außerhalb der Refugien leben zu können. Sein Buch ist die Arbeit eines Richters, der einem Richter schreibt, das heißt, indem er dieses Buch schrieb, stellte sich Schreber in ein intersubjektives Feld, in dem er sich geschätzt und respektiert fühlen konnte. Der letzte Abschnitt dieses Kapitels wird diesen Selbst-Aufrichtungsprozess, den Selbstobjekt-Charakter des Buches und insbesondere die Selbstobjekt-Funktionen von Richter und Gericht untersuchen.

Schreber und seine Lebenserinnerungen

Daniel Paul Schreber, geboren 1842, im Folgenden »Schreber« genannt, war der zweite Sohn von Daniel Gottlob Moritz Schreber (von jetzt an »Moritz Schreber«) und Pauline Haase und das dritte von fünf Kindern. Dr. Moritz Schreber, Verfasser von Büchern über medizinische Gymnastik und Erziehungsmethoden, starb, als Schreber 19 Jahre alt war. Über Schrebers Mutter war bis zu Israels (1989) jüngster Biographie fast nichts bekannt. Aus heutiger Sicht war sie für Schreber bis zu ihrem Tod, als er in den Sechzigern war, eine wichtige Person. Schreber wurde Jurist, stieg schnell im Gerichtssystem auf und wurde ein bedeutender Richter in Leipzig. 1878 heiratete er, ein Jahr, nachdem sein älterer Bruder Gustav sich im Alter von 38 Jahren erschossen hatte. 1885 wurde Schreber als Kandidat von Chemnitz für den Reichstag aufgestellt. In Chemnitz hatte er den Posten eines Landgerichtsdirektors inne, das höchste

Amt nach dem Präsidenten des Amtsgerichtes (Israels, 1989, S. 156). Seine erste Phase nervöser Störungen, wie er sie nannte, oder von Hypochondrie, wie sein Psychiater Dr. Paul Emil Flechsig sie nannte, begann fast unmittelbar, nachdem er diese Wahl verloren hatte. Laut psychiatrischer Klinikberichte glaubte er, »daß er dreißig bis vierzig Pfund an Gewicht verloren hatte. In Wirklichkeit hatte er zwei Kilogramm zugenommen. Beklagte sich, daß man ihn absichtlich über sein Gewicht täuscht.« (zit. in: Baumeyer, 1955, S. 61f.). Nach Schrebers eigenem Bericht verlief die erste Krankheit »ohne jede an das Gebiet des Uebersinnlichen anstreifenden Zwischenfälle« (Schreber, 1903, S. 29). Nach sechs Monaten in Flechsigs Klinik in Leipzig kehrte er für acht Jahre zu seiner Ehefrau und zu seiner Arbeit zurück. 1893 wurde er zum Senatspräsidenten am Oberlandesgericht in Dresden ernannt und ging nach einigen Wochen Einarbeitungszeit für sechs Monate zurück in Flechsigs Klinik. Er wurde nach einem zweiwöchigem Aufenthalt in der Klinik Lindenhof in Coswig für die folgenden acht Jahre in die Anstalt Sonnenstein bei Pirna, nahe Dresden, verlegt. Die *Denkwürdigkeiten* beschreiben diesen zweiten Zeitraum der Krankheit. Schreber wurde aus der Anstalt Sonnenstein 1902 entlassen, fühlte sich aber 1907 nach dem Tod seiner Mutter sehr aufgewühlt und wurde in eine Klinik in Dosen aufgenommen, wo er 1911 starb.

Schreber begann die *Denkwürdigkeiten* in folgender Absicht: »... meine Ehefrau über meine persönlichen Erlebnisse und religiösen Vorstellungen« in Kenntnis zu setzen, damit sie nach seiner Entlassung aus der Anstalt Sonnenstein die »scheinbaren Absonderlichkeiten meines Verhaltens« (Schreber, 1903, S. 8) verstehen könne. Das Projekt bekam allmählich in seiner Vorstellung ein immer größer werdendes Publikum: Die erwartete Leserschaft dehnte er aus bis hin zu den Gerichten, die ihn fähig finden würden, seine Angelegenheiten selbst zu erledigen und außerhalb der Anstalt zu leben, bis zu seinem früheren Psychiater Dr. Flechsig, bis schließlich zur gebildeten Öffentlichkeit, die die Arbeit wissenschaftlich und religiös wertvoll finden würde. Schrebers »persönliche Erfahrungen und religiöse Ideen« wurden unentwirrbar miteinander verwoben, weil die religiösen Ideen sein Leitmotiv wurden, seine persönlichen Erfahrungen zu verstehen und zu organisieren. Der Klarheit wegen werde ich die mehr oder weniger aufrichtigen Erzählungen über seine Erlebnisse während seiner Hospitalisierung zuerst vorstellen.

Nach einigen allgemeinen Ideen über religiöse Metaphysik und Seelenmord begann Schreber (1903), seine Geschichte zu erzählen:

> Ich behandele nun zunächst einige Vorkommnisse an *andern Mitgliedern meiner Familie*, die denkbarer Weise in Beziehung zu dem vorausgesetzten Seelenmord stehen könnten, und die jedenfalls alle ein mehr oder weniger räthselhaftes, nach sonstigen menschlichen Erfahrungen schwer zu erklärendes Gepräge an sich tragen.
> (Der weitere Inhalt des Kapitels kommt als zur Veröffentlichung ungeeignet für den Druck in Wegfall.) (S. 28)

(Die Abschnitte über Schrebers Familie wurden vor der Veröffentlichung zensiert.) Wir werden mit Vermutungen über den weiteren Inhalt dieses Kapitels zurückgelassen. Schrebers andere Bemerkungen zu seiner Familie und zu Flechsig handelten meist von Vorfahren seiner Verwandten oder von Flechsig selbst.

Schreber wandte sich dann der Geschichte seiner Krankheit zu. Er schrieb, dass er kurz nach seiner Ernennung zum Senatspräsidenten eines Morgens dachte, »daß es doch eigentlich recht schön sein müsse, ein Weib zu sein, das dem Beischlaf unterliege« (Schreber, 1903, S. 30). Er berichtete auch über sein Gefühl, dass er sich von seiner neuen Position belastet fühle und insbesondere dass er sich den Respekt der viel älteren Richter erst verdienen müsse, deren Vorgesetzter er sein würde. Er bekam Schlafstörungen und konsultierte Flechsig, der ihm anfangs Hoffnung auf Heilung machte und Schlafmittel verschrieb. Als diese nicht wie gewünscht wirkten und Schreber nach Möglichkeiten suchte, sich zu suizidieren, riet Flechsig Schreber, sich in eine Anstalt aufnehmen zu lassen. Dort wiederholte sich das gleiche Muster: Misserfolg mit Schlafmitteln, dann Selbstmordversuche. Schließlich gab ihm Flechsig Chloralhydrat. Diese Behandlung war erfolgreich, aber seine Frau besuchte ihn nun nicht mehr, und Flechsig, laut Schrebers Eindruck, konnte ihm nicht mehr in die Augen sehen, als er ihn fragte, ob er sich je wieder erholen würde. Von nun an lebte Schreber in einer Welt von Stimmen, göttlichen Wundern und »flüchtig hingemachten Männern« und verbrachte seine Tage damit, Gott »anzubrüllen« (Schreber, 1903, S. 36).

In der ersten Phase verstand Schreber – seinem Bericht nach –, dass die Ordnung der Welt gestört sei und dass er beim Wiederauftauchen seiner Zweifel mit Gott zusammenarbeiten müsse, um seiner eigenen Entmannung Widerstand entgegen zu setzen. Er fand allerdings, dass sein Widerstand von göttlichen Interventionen begleitet wurde wie das Engbrüstigkeitswunder (Schreber, 1903, S. 107), das Aufschreibesystem (S. 90), das Erscheinen und Verschwinden seines Magens (S. 107), das Öffnen und Schließen seiner Augen durch Wunder (S. 111), die Kopfzusammenschnürungsmaschine (S. 112), das Steißwunder (S. 112), das ihn davon abhielt, an einem Ort oder einer bestimmten Stelle zu verharren, das Brechen seiner Klaviersaiten (S. 119), das System des Nichtausredens (S. 149) und natürlich die ständige Marter durch Stimmen.

Allmählich war Schreber davon überzeugt, dass der Weg, diesen Folterungen Einhalt zu gebieten, bedeutete, sich mit seiner Umwandlung in eine Frau abzufinden. Er musste eine vollkommen passive Rolle in seinem Leben akzeptieren und damit Gott beschwichtigen, der nach Schrebers Überzeugung ihm gegenüber wirklich feindlich eingestellt war. Indem er die für ihn vorgesehene sexuelle Identität akzeptierte, könnte er die Welt erlösen, indem er eine neue Rasse gebar.

Freuds Beitrag

Freud begrüßte Schrebers *Denkwürdigkeiten* als einen wunderbaren Beweis, um seine Theorie, die die Paranoia mit der Homosexualität verknüpfte, zu stützen. Wie sein Titel *»Psychoanalytische Bemerkungen über einen autobiographisch beschriebenen Fall von Paranoia (Dementia paranoides)«* (1911) zeigt, sah Freud Schreber als »einen Fall von Paranoia«, als ein klares, überzeugendes Beispiel. Freud merkte dann an: »Immerhin bleibt es merkwürdig, daß die bekannten Hauptformen der Paranoia alle als Widersprüche gegen den einen Satz ›*Ich* (ein Mann) *liebe ihn* (einen Mann)‹« (1911, S. 299) erscheinen. Dieses theoriegeleitete Lesen der *Denkwürdigkeiten*, zusammen mit Freuds Neigung, Väter zu entlasten, nachdem er die Verführungstheorie relativiert hatte oder von ihr abgerückt war (Bloch, 1989), formte ohne Zweifel sein Verständnis von Schreber. Dennoch trug Freuds Aufsatz wesentlich zum Verständnis der Psychosen bei.

Der erste und wichtigste Punkt: Freud vollzog die Verschiebung vom Symptom zur Bedeutung. Indem er die psychiatrische Gewohnheit ablehnte, eine diagnostische Kategorie aus Listen von Symptomen oder aus detailliert beschriebenen Wahnbildungen abzuleiten und dann zu entscheiden, dass der Patient wahnsinnig sei, bestand Freud darauf, dass Symptome und Wahnbildungen eine Bedeutung haben. Mit anderen Worten, sie beziehen sich auf etwas in der Erfahrung des Patienten oder darauf, wie der Patient Erfahrung organisiert. Freud hat möglicherweise unnötige Annahmen über Inhalt und Bedeutung von Schrebers Erfahrungen gemacht, Annahmen, die wahrscheinlich seinen Zugang zu anderen Bedeutungen einengten. Trotzdem ging er beständig der psychoanalytischen Spur nach, Inhalt und Struktur der subjektiven Welt des Patienten zu verstehen.

Insbesondere sah er Schrebers Gefühl, entmannt zu werden (sein Seelenmord oder Selbst-Verlust), im Mittelpunkt seiner Erfahrung sowohl seines bedrohten Selbst als auch der bedrohlichen Anderen. Freud fasste »den Weltuntergang« als Hinweis auf, dass Schreber seine subjektive Welt zerstört sah. Freud verstand, dass Schrebers Notwendigkeit, die Welt zu erlösen, als sekundär, reaktiv oder vielleicht sogar als ein restaurativer Aspekt seiner Wahnbildungen anzusehen sei. Außerdem erkannte Freud, dass Schrebers Angst vor sexuellem Missbrauch im Mittelpunkt seiner Erfahrung stand und wahrscheinlich in den »Seelenmord« (1911, S. 250) integriert war. Freud war allerdings nicht in der Lage, besondere Gründe für Schrebers Überzeugung anzuführen, dass er wirklich so missbraucht worden war. Weiter sah Freud klar die Parallelen und Identifizierungen, die Schreber zwischen Gott, Flechsig und der Sonne zog. Alle drei bezogen sich auf Schrebers Vater. Freud erkannte die entstandene Mischung aus Hass, Liebe und Verwirrung Schrebers ihnen gegenüber.

Tatsächlich war Freud auf einen wichtigen Teil der subjektiven Bedeutungen Schrebers – seine Überzeugung, dass er in eine Frau verwandelt werden müsse – besonders gut eingestimmt. Schreber musste zwingend eine Frau werden, damit er wie eine Frau fühlen konnte, eine Person, die sowohl in Freuds als auch in Schrebers Augen ihre Lust aus einer passiven Haltung – dass etwas mit ihr getan wird – und aus Unterordnung bezog. Zudem setzten Freud und

Schreber das Weibliche gleichbedeutend mit kastriert. Da Freud Schrebers Gott als dessen Vater auffasste, erkannte er, dass Schreber sich gezwungen fühlte, sich mit einer gefügigen Passivität zu identifizieren, die so extrem war, dass sie eine Änderung seiner körperlichen Geschlechtsmerkmale mit einbezog. Weil Freud zu der Zeit die Pathologie allein im Patienten lokalisierte, konnte er nicht weiterdenken und sich fragen, welche Art Erziehung solch eine extreme Forderung nach Passivität oder Selbst-Verlust bewirken könnte. Er konnte sich auch nicht fragen, warum der Selbst-Verlust – für Freud und Schreber: der Verlust der Männlichkeit – so vollkommen akzeptiert werden musste, dass Schreber diesen Verlust nicht mehr als Seelenmord erleben konnte, sondern als Erlösung erfahren musste.

Freud erklärte dies, ähnlich wie ich in diesem Kapitel, folgendermaßen: »*Was wir für die Krankheitsproduktion halten, die Wahnbildung, ist in Wirklichkeit der Heilungsversuch, die Rekonstruktion.*« (1911, S. 308) Freud erkannte – wie Schrebers Ärzte –, dass Schreber in seinem allgemeinen Verhalten »gesünder« wurde, je artikulierter und organisierter seine Wahnvorstellungen wurden. Schließlich sah Freud die *Denkwürdigkeiten* als Schrebers Versuch einer Selbstheilung, indem er versuchte, seinen Disput mit Gott/Vater zu beenden. Freud kommentierte Dr. G. Webers Sichtweise (Direktor und leitender Psychiater der Klinik Sonnenstein), die *Denkwürdigkeiten* seien »schamlos«: »Von einer Krankengeschichte, die die gestörte Menschlichkeit und deren Ringen nach Wiederherstellung schildern soll, wird man eben nicht fordern dürfen, daß sie ›diskret‹ und ›ästhetisch‹ ansprechend sei.« (1911, S. 271)

Zu den schon angedeuteten Beschränkungen in Freuds Aufsatz zählt seine Methode: die Verwendung von Schreber als Fall, um eine Theorie zu veranschaulichen und zu stützen. Dies verhindert, dass Schreber nicht als Person mit einer Beziehungsgeschichte und mit ihren Selbst-Zuständen, wie sie in den *Denkwürdigkeiten* beschrieben werden, gesehen wird. Freuds Gebundenheit an die Ein-Personen-Sichtweise der menschlichen Natur und Psychopathologie machte es ihm schwer oder vielleicht unmöglich, Schrebers Kindheit, Erwachsenenleben einschließlich seiner Beziehungen in der Behandlung als Strukturierung seiner inneren Welt darzulegen. Niederland (1984) wird später seine Forschungen über das Werk von Moritz Schreber als Unterstützung für Freuds dynamische Formulierung betrachten. Auch Freud hielt es nicht für wichtig, verfügbare Informationen über Schrebers Familie oder Flechsigs Behandlungsphilosophie in seiner Darstellung zu benutzen. Auch versuchte Freud nicht, soweit wir wissen, Schreber zu treffen, der noch lebte, als er über ihn schrieb. Vielleicht kann dieses Versäumnis auf Seiten Freuds seiner Besorgnis zugeschrieben werden, dass solche Forschungen seine Verwendung von Schreber als Fall unterminieren oder komplizieren würde, um seine Ein-Personen-Triebtheorie der Paranoia zu veranschaulichen.

Wir haben einen deutlichen Beweis dafür, dass Freud über die Einflüsse der frühen Umwelt auf Schreber nachdachte. Freud schrieb am 6. Oktober 1910 an Ferenczi: »Was würden Sie meinen, wenn der alte Dr. Schreber als Arzt mit ›Wundern‹ gearbeitet hätte? Der aber ansonsten in seinem Haushalt ein Tyrann war, der seinen Sohn ›anbrüllt‹ und ihn so wenig verstand, wie der ›kleinere Gott‹ unseren Paranoiker verstand.« (Freud/Ferenczi, 1993, S. 222) Wir wissen nicht, warum Freud es vorzog, diese relationalen Überlegungen in seiner Veröffentlichung über Schreber wegzulassen, aber wir können vermuten, dass sie seine Ein-Personen-Sicht der Psychopathologie als inkonsistent erscheinen ließen. Wenn dem so wäre, dann würde diese Unterlassung meine Annahme über die praktischen Konsequenzen der Theoriewahl und die Wichtigkeit, theoretische Annahmen in der Schwebe zu halten, unterstützen.

Zweitens verwechselte Freud manchmal das Symbol mit der Bedeutung – trotz der bemerkenswerten Verschiebung seiner Betrachtungsweise vom Symptom zur Bedeutung – oder er reduzierte eine Bedeutung auf einen einfachen Hinweis. Er nahm Symbole wie Entmannung als Hinweis für Kastration, während Schreber klar machte, dass die viel ernstere und realere Bedrohung der Seelenmord oder Seelendiebstahl war. Stolorow et al. (1987) nennen solch einen Zusammenbruch der Bedeutung eines Symbols »Konkretisierung«. Ein anderes Beispiel für das Durcheinander von Symbol und Bedeutung in Freuds Betrachtung – wahrscheinlich infolge seines Wunsches, seine Theorie zu stützen – ist die Annahme, dass Schreber seinen Vater zu Gott transformierte, weil solch ein Vater wie dieser »gewiß nicht ungeeignet dazu (war), in der zärtlichen Erinnerung des Sohnes, dem er so früh durch den Tod entzogen wurde, zum Gotte verklärt zu werden« (1911, S. 287). Hier sah Freud den Hinweis oder die Bezeichnung des Symbols, aber die emotionale Bedeutung davon fehlt. Schrebers Gott, ein Tyrann, der jeden Teil des Lebens regelt, war ein Despot. Freud erkannte zwar die Unterscheidung, die Schreber zwischen Flechsig selbst und der »Flechsig-Seele« zog, zwischen den objektiven und den subjektiven Realitäten, und wusste, dass jede Realität eigens gewürdigt werden wollte. Nichtsdestotrotz umging er die Frage nach der Bedeutung der Erfahrung, die Schrebers Klagen gegen die Flechsig-Seele in der Folge haben könnte. Freud nahm offenbar an, dass dies Übertragungsverzerrungen im Verhalten eines eindeutig wohl wollenden Arztes waren. Außerdem verstand Freud Schrebers »Größenwahn« als Kompensation für die Kränkung, in eine Frau verwandelt zu werden. Er berücksichtigte nicht – und hier können wir ihn natürlich nicht dafür kritisieren, dass er nicht mit Kohuts Augen sah –, dass die narzisstische Grandiosität eine Kompensation für den vollständigen Selbst-Verlust war, den die von ihm in seiner Kindheit verlangte Umwandlung in eine Frau bedeutete.

Drittens verließ sich Freud in seiner Interpretation, als er die Psychose als einen »Ausbruch homosexueller Libido« identifizierte, auf Annahmen der Triebtheorie als Basis menschlicher Motivation. Selbstpsychologen geben dagegen der Selbst-Konsolidierung – dem Bedürfnis, emotionale Erfahrungen zu organisieren – und der Bezogenheit den motivationalen Vorrang. Freuds Schreber ist dagegen ein in sich geschlossenes System triebhafter Energieumwandlungen. Eine damit zusammenhängende, wenn auch nicht identische Annahme – über Homosexualität als eine Form der Libido – ließ Freud andeuten, dass sich in Schrebers Psychose – trotz aller Beweise des Gegenteils – dessen unbewusste Homosexualität manifestiere. Nie benahm sich Schreber wie ein Homosexueller, noch gibt es einen Beweis dafür, dass er so über sich selbst dachte. Freud identifizierte trotzdem »weiblich« mit »homosexuell« und nahm die Aussage, »es müsse doch recht schön sein, als Frau beim Geschlechtsverkehr die Unterlegene zu sein« (Schreber, 1903), als ausreichenden Beweis dafür. Freud setzt Passivität oder Empfänglichkeit mit Weiblichkeit gleich, und Weiblichkeit bei einem Mann ist gleichzusetzen mit Homosexualität. Das Gefühl, sich vom gleichgeschlechtlichen Partner angezogen zu fühlen, ist nicht nötig. Wie Lothane (1989) herausarbeitete, gab Schreber keinerlei Hinweise in der Richtung, dass er sich von Männern sexuell angezogen fühlte. Für Freud musste dies unwichtig sein: Homosexualität war ein intrapsychischer Zustand, keine Beziehungsangelegenheit.

Wegen der Begrenzungen durch seine Triebtheorie übersah Freud augenscheinlich die Möglichkeit, dass Schreber tatsächlich verfolgt wurde und damit nicht gänzlich wahnsinnig war. (Freud fügte natürlich seinen berühmt-geheimnisvollen Vorbehalt ein, dass es »der Zukunft überlassen bleibt zu entscheiden, ob in der Theorie mehr Wahn enthalten ist, als ich möchte, oder in dem Wahn mehr Wahrheit, als andere heute glaublich finden« [1911, S. 315], aber er erforschte nicht die Implikationen dieser Aussage.) Unter denen, die diese Möglichkeiten erforscht haben, zeichnet Lothane (1989) ein überzeugendes Bild davon, wie Schreber vielleicht von Flechsig falsch behandelt worden sein könnte. Er versteht Freuds Zurückhaltung nicht nur politisch, sondern auch wegen seines unerschütterlichen Desinteresses am Beziehungskontext von Schrebers Schwierigkeiten.

Insgesamt weist uns Freuds Darstellung den Weg zu den Bedeutungen in Schrebers Psychose, verdunkelt dann aber diese Bedeutungen systematisch. Damit ist es zur Aufgabe von nachfolgenden psychoanalytischen Kommentatoren und Forschern geworden, sich Schrebers eigener Erfahrung weiter zu nähern. Die Selbstpsychologie sieht sich für diese Aufgabe, den Patienten von seinem eigenen Standpunkt her zu verstehen, wegen ihrer Verpflichtungen zu einer erlebensnahen Theoriebildung gut gerüstet.

Psychoanalytische Darstellungen seit Freud

Von seinem ersten Aufsatz »Drei Anmerkungen zum Fall Schreber« von 1951 bis zur zweiten Auflage von *Der Fall Schreber* (1974) stellte Niederland den Lesern von Freud und Schreber das zur Verfügung, was er als den »Kern der Wahrheit« von Schrebers Leiden ansah. Seine Forschungen führten ihn zu der Annahme, dass die »Wunder«, die Schreber als Verbrechen an sich erlebte, gut versteckte Hinweise auf die Erziehungsmethoden seines Vaters darstellten. Niederland durchsuchte die Bücher von Moritz Schreber und fand Bilder und Beschreibungen verschiedener Apparate – die der Korrektur falscher Haltungen oder ihrer Vermeidung dienten –, die dem »Engbrüstigkeitswunder«, der »Kopfzusammenschnürungsmaschine« und anderem ähnlich scheinen. Er zitierte ausführlich solche Stellen aus Moritz Schrebers Arbeiten, die auf Bemühungen hinweisen, jeden Teil des körperlichen und seelischen Lebens eines Kindes zu kontrollieren. Auf diese Weise würde das Kind so viel Selbstbeherrschung entwickeln, dass es sich nicht von außen gezwungen fühlen würde. Der Vater dachte, dass dann eine weitere Disziplinierung über das fünfte oder sechste Lebensjahr hinaus nicht notwendig sein würde. Niederland wies darauf hin, dass Schrebers Vater – wie anderen Eltern des 19. Jahrhunderts – besonders daran gelegen war, Kinder vom Masturbieren abzuhalten. Im Ganzen gesehen entwarf Niederland ein entsetzliches Bild der mutmaßlichen Welt von Schrebers Kindheit. Dieses Portrait macht nicht nur seine spätere Spaltung unter Stress verständlich und einen Großteil seines Berichts interpretierbar, der Leser fragt sich auch erstaunt, wie es Schreber schaffte, tatsächlich so lange so zu funktionieren. Nach Niederlands Buch ruft der Selbstmord des älteren Bruders überhaupt kein Erstaunen mehr hervor.

Was aber überrascht (einen Leser, der nicht so vertraut ist mit dem Schutz Freuds und seiner Theorien), ist, dass Niederland, nachdem er einen Berg Material über Schrebers verfolgende Kindheitsumgebung angesammelt hatte, immer wieder und ausdrücklich Freuds Sicht des Falles wiederholt und ihm zustimmt. Niederland pflichtet Freud bei, dass Schreber ein »Fall von Paranoia« war, der in Begriffen des intrapsychischen Konfliktes zwischen Liebe und Hass auf den Vater zu erklären sei, d. h. mit der Ablehnung seines unbewussten homosexuellen Verlangens nach dem Vater und später nach Flechsig. Niederland glaubte, dass seine Forschungen Freuds Interpretationen untermauerten, indem er zeigte, dass Schreber Grund hatte, seinen Vater zu hassen und zu lieben, und dass der Inhalt von Schrebers *Denkwürdigkeiten* sogar noch mehr Sinn machte, als Freud gedacht hatte.

Niederland sah nicht, dass er Freuds Versuch, den Vater zu entlasten und die Ursache für die Paranoia einzig im Patienten anzusiedeln, ernstlich unterminierte. Wenn die Parallelen, die Niederland zog, richtig sind, formte die frühe Umgebung Schrebers subjektive

Welt über jedes Maß hinaus, auf das Freud vorbereitet war, nachdem er die Verführungstheorie in den Hintergrund hatte treten lassen. Es ist erstaunlich, dass Niederland trotz seiner beständigen Suche nach den historischen Bedeutungen in Schrebers *Denkwürdigkeiten* die offensichtlichen Folgerungen aus seiner eigenen Arbeit nicht zog.

Schatzman (1973) hat solche Bedenken nicht. Er klagt, wie Shengold (1989), Moritz Schreber – der die volle Unterstützung seiner Ehefrau hatte – freimütig des Seelenmordes an seinen Söhnen durch anhaltenden physischen und emotionalen Missbrauch an. Er stimmt mit Freud darin überein, dass der Gott in den *Denkwürdigkeitenen* Schrebers Vater sei, eine Gottheit, die, wie Schreber nur allmählich realisiert, plant, seine Seele zu zerstören. Schatzmann behandelt ausführlich, wiederum mit umfassenden Hinweisen auf Moritz Schrebers Bücher, die systematische Art und Weise, wie das Kind von Kindheit an seiner Selbstbestimmung peinlich genau unter dem Deckmantel derselben beraubt wird. Das Kind wird programmiert, genau das zu wollen und nicht zu wollen, was die Eltern bestimmen, was es wollen und nicht wollen soll. Dies ist für Schrebers Vater Selbstbestimmung. (Schatzman stellt eine aufschlussreiche Teilliste von Titeln von Moritz Schrebers Büchern zur Verfügung: *Die Kaltwasserheilmethode in ihren Grenzen und in ihrem wahren Werthe*, *Die systematisch geplante Schärfung der Sinne* und *Die schädlichen Körperhaltungen und Gewohnheiten des Kindes nebst Angaben der Mittel dagegen*.)

Danach setzte sich Lothane (1989; 1990) in interpersonalistischer Tradition sehr dafür ein, Schrebers Psychose als eine Entwicklung anzusehen, die durch die Behandlung von Flechsig und anderen Psychiatern sowie durch die Bemühungen seiner Frau, ihn für unfähig bezüglich der Bewältigung seines Lebens erklären zu lassen, beschleunigt wurde. Weniger überzeugend ist sein Versuch, »beide Schrebers, Vater und Sohn, zu rehabilitieren« (1989, S. 206). Lothane betrachtet seine eigene Methode als historisch (Tatsachen, keine Fantasien), im Gegensatz zu dem, was er als die hermeneutische oder theoriegeleitete Methode von Freud ansieht. Er schreibt, dass die *Denkwürdigkeiten* wohl Schrebers Bericht dessen enthalten, was ihm tatsächlich passierte (»Am 1. Oktober 1893 trat ich mein neues Amt als Senatspräsident beim Oberlandesgericht Dresden an.«), und seine Interpretation – geschickt als wahnhaft verschleiert, um Verleumdungsklagen von Flechsig zu vermeiden – von Ereignissen (»Göttliche Strahlen haben vor allem die Macht, die Nerven zu beeinflussen«). Lothane glaubt offenbar an eine nur aus »Fakten« bestehende Geschichte über Schreber, als ob eine Geschichte ohne Interpretation oder Perspektive erzählt werden könnte (vgl. Kap. 4). Er lässt damit die Arbeiten von Niederland und Schatzman als »ungeprüfte Folgerungen und Konstruktionen« (S. 209) sowie Freuds Betrachtungen als Hermeneutik nicht gelten.

Lothanes eigene Interpretation von Schrebers Geschichte sah Schrebers Psychose als nicht wahnhaft an, vielmehr als eine besonders ängstliche Antwort auf Schrebers Hier und Jetzt Situation, insbesondere auf seine Behandlung durch Flechsig (1989; 1990). Übereinstimmend mit Schreber glaubt Lothane, dass Flechsig Seelenmord an Schreber beging, indem er seiner Frau half, ihn für unmündig zu erklären. Nach Lothane »entmannte« Flechsig Schreber, indem er ihn hypnotisierte, ihn dabei seines Verstandes beraubte und ihn nach Sonnenstein verlegte, in eine Anstalt für unbehandelbare Fälle. Erst dann wurde Schreber – nach Lothane – »wahnsinnig«. Schrebers Diagnose war aus dieser Sicht eine iatrogene Psychose. Lothane findet es interessant, dass Schreber niemals Weber, den Chef der Psychiatrie in Sonnenstein, des Seelenmordes anklagte. Er meint, dass Weber Schreber tatsächlich falsch behandelte, indem er gegen seine Entlassung war, als Schrebers Verhalten, nach Webers eigenem Bericht, über lange Zeit vernünftig, angepasst und freundlich gewesen war.

Lothanes Information über Flechsig und deren Verwendung, um Schrebers Aussagen in den »sachlichen« Teilen der *Denkwürdigkeiten* zu bekräftigen, sind so verblüffend, dass ich mich frage, ob eine respektvollere Behandlung die extreme Verschlechterung von Schrebers Zustand hin zu einem verzweifelten, suizidalen, brüllenden Irren, der glaubte, dass niemand um ihn herum real existent sei, hätte verhindern können. Offensichtlich interessierte sich Flechsig – ein Psychiater befangen in seiner historischen Epoche – nur für biologische Behandlungen. Lothane berücksichtigt nicht, auf welche Weise Schrebers frühe Erfahrungen in seiner Familie seine Stresserfahrung als Erwachsener prägten – »überarbeitet« nannte Schreber dies –, ebenso wenig die Fehlbehandlung durch Flechsig, Weber und möglicherweise seine Ehefrau. Lothane ist sich eines intersubjektiven Prozesses in der Behandlung sehr wohl bewusst, versäumt aber darzustellen, wie ein Kind die Beziehungswelt der Familie erlebt und später die Erwachsenenwelt ähnlich der seiner Kindheit vorfindet. Im Folgenden werde ich versuchen, die intersubjektiv erzeugten Traumata in Schrebers Kindheit und Erwachsenenalter gleichermaßen ernst zu nehmen. Schreber veranschaulicht die klinische Binsenweisheit, dass misshandelte Kinder häufig misshandelte Erwachsene werden. Was Schreber außergewöhnlich macht – außer Freuds Interesse an ihm –, war seine Fähigkeit und Entschlossenheit, seine Geschichte zu erzählen, um sich auf diese Weise zu heilen und von ungerechtfertigter Zwangsunterbringung zu befreien.[26]

Kohut (1978a) schrieb nur kurz über Schreber. Aus Kohuts Sicht (1978a, S. 306f.) sind Freuds zentrale Einsichten in seinem Aufsatz über Schreber zu finden: »›... der *Schritt zurück ... zum Narzißmus*‹ [ist] charakteristisch für die Psychosen, und ›*die Wahnbildung* ... [ist nicht die zentrale Pathologie, sondern] ... *der Heilungsversuch, die Rekonstruktion*‹« (Kohut zitiert hier Freud, 1911, S. 308). In seinen Anmerkungen zu Niederlands Buch über Moritz Schreber bemerkte Kohut, dass die historischen Daten einen Blick auf das Wesentliche von Schrebers Psychose werfen könnten: »die narzißtische Fixierung und die Regression« (S. 307). Kohut glaubte,

> daß das Geheimnis von Schrebers Psychose mit der Persönlichkeit seines Vaters zusammenhing – zusätzlich zur wichtigen Tatsache, daß die Mutter untergeordnet und unterdrückt durch den Vater und mit dessen dominanter Persönlichkeit und seinen Strebungen verflochten war, die dem Sohn keine Flucht aus dem Einflußbereich der Pathologie des Vaters erlaubten. (1978a, S. 307)

Kohut erklärte außerdem, dass die Pathologie des Vaters einen besonderen psychotischen Charakter angenommen hatte, in der die Realitätsprüfung im Allgemeinen gegenwärtig war, die aber – wie bei Hitler – um eine zentrale *fixe Idee* herum organisiert war:

> Die absolute Überzeugung, die Schrebers Vater gegenüber seinen Ideen hatte, und der blinde Fanatismus, mit dem er sie verfolgte, glaube ich,

[26] Ohne geeignete Behandlung oder andere Möglichkeiten substantieller und primärer Selbstobjekt-Erfahrung war sein Versuch, sich selbst zu heilen, nur partiell und zeitweise erfolgreich.

> verraten seinen tiefen narzißtischen Charakter, und ich würde vermuten, daß hinter dem ziemlich offenen Kampf gegen die Masturbation seine Angst vor hypochondrischen Spannungen liegt. Seine fanatischen Aktivitäten gehören ebenso, auch wenn sie am Körper des Sohnes ausgelebt werden, zu einem verborgenen narzißtisch-wahnhaften System. Mit anderen Worten: Der Sohn wird als Teil des narzißtischen Systems des Vaters erlebt und nicht als von ihm getrennt. (1978a, S. 307)

Damit verlagerte Kohut die Betonung beim Verständnis von Schreber auf die Beziehungswelt seiner Kindheit und deren Einfluss auf seine Selbst-Erfahrung als Erwachsener.

Schrebers Beziehungserfahrungen

Schrebers Selbst-Erleben, das primäre Anliegen einer selbstpsychologisch orientierten Analyse, kann nur als Produkt seiner Erfahrung des intersubjektiven Kontextes, der emotionalen Umgebung, verstanden werden, in der die Erfahrung seines Selbst sich organisierte. Wenn wir auch keinen direkten Zugang zu den relationalen Welten seiner Kindheit oder seines Erwachsenenalters haben, so haben wir doch seinen eloquenten Zugang zu seiner Erfahrung und Interpretation seiner psychiatrischen Behandlung. Ohne die »Fakten« über Schrebers Kindheit oder seine Behandlung wissen zu müssen, können wir die »Organisationsprinzipien« einbeziehen (Stolorow/Brandchaft/Atwood, 1987), die er aus seinen Beziehungserfahrungen abgeleitet hat. In diesem Abschnitt werde ich auf den Beziehungskontext in Schrebers Leben und auf seine Erfahrungen mit ihnen abheben. Im darauf folgenden Abschnitt werde ich dann versuchen, Schrebers Selbst-Erleben zu beschreiben, dessen Grundlagen in seinen Beziehungserfahrungen und dessen Wandel während des in den *Denkwürdigkeiten* abgedeckten Zeitraumes.

Schreber erlebte seinen Psychiater Flechsig und mindestens einige seiner Bezugspersonen als Verfolger. Er erlebte sie so, als würden sie versuchen, seine Seele zu morden, ihn seines Verstandes zu berauben und ihn zu »entmannen« zum Wohle ihrer eigenen Bedürfnisse. Er fühlte, dass sie vor ihm flüchten müssten, weil seine eigenen Bedürfnisse, »der Reiz meiner Nerven« – davon war er überzeugt –, zu viel für die Menschen um ihn herum seien. Er dachte, dass sie ihm Schlafmittel geben würden, damit sie vor ihm fliehen konnten – eine durchaus plausible Vermutung. Mit anderen Worten, sie reagierten auf ihre eigenen, nicht auf Schrebers Bedürfnisse.

> Immer war hierbei die Vorstellung maßgebend, mich »liegen zu lassen«, d. h. zu verlassen, was man in der Zeit, von der ich jetzt handele, durch Entmannung und Preisgebung meines Körpers als den einer weiblichen Dirne, ab und zu wohl auch durch Tödtung und später durch Zerstörung meines Verstandes (Blödsinnigmachen) erreichen zu können glaubte. (Schreber, 1903, S. 68)

Als diese Verfolgungserfahrungen begannen, hatte er das Gefühl, missverstanden zu werden. Anfang November 1893 kam Schreber zu Flechsig, um sich über seine Schlaflosigkeit zu beklagen. Ihm wurde eine Mischung aus Psychopharmaka bereitet, die ihm nicht nur nicht half zu schlafen, sondern ihn so ängstlich machte, dass er versuchte, Selbstmord zu begehen. Nach Schrebers Bericht versuchten die Psychiater, ihn abwechselnd mit schwächeren Schlafmitteln und mit Chloralhydrat zu behandeln, weil sie seine gesamten Schwierigkeiten als auf einer biologisch begründeten Schlafstörung beruhend ansahen. Jedes Mal wenn die Medikamente abgesetzt wurden, versuchte er, Selbstmord zu begehen. Er hatte das Gefühl, dass kein Versuch gemacht wurde, ihn als eine ängstliche, lebendige Person zu verstehen:

> Von dieser der Weltordnung innewohnenden Tendenz, wonach unter gewissen Voraussetzungen die Entmannung eines Menschen vorgesehen ist, muß nun nach meiner Auffassung Professor Flechsig irgendwelche Ahnung gehabt haben... Dabei obwaltet nun aber ein *fundamentales Mißverständnis*, welches sich seitdem wie ein rother Faden durch mein ganzes Leben hindurchzieht und welches eben darauf beruht, daß Gott *nach der Weltordnung den lebenden Menschen eigentlich nicht kannte* und nicht zu kennen brauchte, sondern weltordnungsmäßig nur mit Leichen zu verkehren hatte. (Schreber, 1903, S. 43)

> Daß Gott einen lebenden Menschen *nur von außen* sah, eine Allgegenwart und Allwissenheit Gottes in Bezug auf das Innere des *lebenden* Menschen aber — als Regel — nicht bestand, ist schon oben erwähnt worden. (Schreber, 1903, S. 26).

Schrebers Klage deutet an, dass massives Versagen im empathischen Verstehen, zusammen mit einer vollständigen Absage an die subjektive Welt des Patienten, die Wende hin zur Psychose – begleitet von Überarbeitung und Angst – beschleunigte. Gott, Flechsig und Moritz Schreber hingen einer Weltordnung an, einem wissenschaftlichen Empirismus, in welcher die subjektive Welt des lebendigen Menschen keinen Platz haben konnte. Sie konnten nur gefühllose Wesen verstehen. Schreber sagte in den angeführten Zitaten deutlich, dass er sich niemals als lebendiger Mensch mit eigenen Bedürfnissen und Gefühlen verstanden sah, sondern sich das ganze Leben hindurch »nur von außen« betrachtet erlebte. Er fühlte sich von jenen benutzt und missverstanden, die seine Bezugspersonen und Beschützer hätten sein sollen.

Diese Anderen hatten ihn missverstanden und klassifizierten ihn als hoffnungslosen Fall. Schreber fühlte, dass sie ihn aufgeben könnten und dies auch tun würden. Einmal nahm ihn seine Ehefrau, die ihn täglich besuchte, aus der Anstalt heraus, versuchte, seine Geister wieder zu beleben, und nahm ihn mit auf einen viertägigen Urlaub. Er hatte dann in der Nacht »eine ganz ungewöhnliche Anzahl von Pollutionen« (Schreber, 1903, S. 36), die Freud für einen Ausbruch homosexueller Libido hielt und die Schreber selbst als entscheidend für die Verschlechterung seines Zustands verstand. Danach sah er seine Ehefrau selten, erlebte sie als unwirklich und begann stattdessen, mit übernatürlichen Mächten zu sprechen. Er fühlte sich von allen verlassen. In keiner seiner Krankenhausakten existierten Notizen darüber, ob seine Ehefrau, seine Mutter oder seine Geschwister versucht haben, seine Entlassung aus dem Krankenhaus zu betreiben. Die Bedeutung der Nacht der Ausstrahlungen oder »Pollutionen« könnte die sein, dass die verschiedenen Verlassenheitserfahrungen den kompletten Kontrollverlust herbeiführten: Moritz Schreber hatte geglaubt, dass nächtliche Pollutionen und, natürlich, jede Masturbation verhindert werden könnten und müssten.

Verlassen-Werden war also integraler Bestandteil und nicht nur die Folge der Erfahrung des Missverstehens. Das Missverstehen des Anderen fußt auf der Preisgabe der subjektiven Erfahrungswelt z. B. eines Patienten oder Kindes. Für Schreber war Flechsigs Missverstehen eine solch umfassende Preisgabe, dass er sich manchmal wie unsichtbar fühlte: »... so etwas wie ein Zauberer (habe sich) in der Person des Professor Flechsig aufgethan (...) und ich als eine doch immerhin in weiteren Kreisen bekannte Persönlichkeit (sei) plötzlich verschwunden.« (Schreber, 1903, S. 66) Ein anderes Mal glaubte er, die Pest oder Lepra, die Krankheit der verlassenen Ausgestoßenen, zu haben. Später fühlte er sich gezwungen, ununterbrochen zu denken, aus Angst, Gott würde ihn missverstehen und »meine geistigen Fähigkeiten für erloschen« betrachten (Schreber, 1903, S. 142). Eine partzielle Funktion des Brüllens war, die Abkehr Gottes oder dessen Rückzug von ihm zu stören. Dies war sowohl ein Indikator für seinen Wahnsinn als auch ein Hilferuf.

> Räthselhaft bleibt mir, wie vieles Andere, daß die Hülferufe anscheinend von anderen Menschen nicht vernommen werden: die Schallempfindung, welche an mein eigenes Ohr schlägt — viele Hundert Male an jedem Tage — ist eine so deutliche, daß von einer Sinnestäuschung dabei schlechterdings nicht die Rede sein kann. (Schreber, 1903, S. 143)

Er war über seine eigenen Bedürfnisse allerdings tief beschämt. »Auch schließt sich an die echten ›Hülferufe‹ jedesmal sofort die auswendig gelernte Phrase an: ›Wenn nur die verfluchten Hülferufe aufhörten.‹« (ebd. S. 143) Wir können vermuten, dass es für ein Kind in Schrebers Familie keinen Weg gab, nach Hilfe zu rufen. Sowohl als Kind wie auch als Patient fühlte er sich in seiner extremen Notlage verlassen, nicht unterstützt und nicht Wert geschätzt (mit seinen Worten: »mißverstanden«).

Schrebers Gefühl der totalen Unzuverlässigkeit mochte eng mit der Erfahrung des Verlassen-Werdens durch Andere zusammenhängen. Schon in den Jahren, bevor er seinen Bericht schrieb, hatte er das Gefühl, dass Menschen nicht wirklich dauerhaft existieren. Sie sind *flüchtig hingemacht* oder, in McAlpine und Hunters Übersetzung, »flüchtig improvisiert«. Menschen waren nicht real; sie waren Apparate. Wir können über die Ursprünge dieser ausgeprägten Eigenart von Schrebers Erfahrung der menschlichen Welt nur spekulieren. Vielleicht wussten Moritz Schrebers Kinder nie, ob sie ihn spielerisch und liebevoll oder bestrafend und unterdrückend finden sollten. Die Bücher des Vaters deuten eine Kindererziehung an, in der beide Haltungen im Mittelpunkt standen. Oder vielleicht war Schrebers Erfahrung mit seiner psychiatrischen Behandlung, dass sie aus einem beträchtlichen Hin und Her und aus wenig Beständigkeit bestand. Schreber mag die massive Unzuverlässigkeit seiner Umgebung als Unwirklichkeit erlebt haben. Eine andere Möglichkeit ist, dass ihn die Erziehung jedes Gefühls seiner eigenen Wirklichkeit als eines Zentrums von Erfahrung und Initiative beraubte, was ihn dazu veranlasste, dass die Anderen unwirklich seien. Wenn er unwirklich ist, dann müssen es die Anderen auch sein. Er könnte sich wie ein »hingemachter Apparat«, wie die Menschen in den Buchillustrationen seines Vaters über medizinische Gymnastik (vgl. Niederland, 1974, S. 81, 95) gefühlt haben. Auf jeden Fall hat sein Gefühl von der Unzuverlässigkeit und Unwirklichkeit der Menschen – besonders von jenen, die beständig hilfreich hätten sein sollen wie Eltern und Ärzte – dazu beigetragen, dass er sich fallen gelassen fühlte. Im Gegenzug verstärkte dies sein Gefühl, dass die Menschen unwirklich und unzuverlässig wurden. Zunehmend verstand er sowohl die Verwicklungen mit Anderen als auch das Verlassenwerden als Absicht, zur Zerstörung seines Verstandes beizutragen.

Vom Missverstehen und dem Verlassen-Werden ging der Seelenmord bis zum zentralen Punkt – seiner »Entmannung« – weiter. Lothane weist darauf hin, dass im Deutschen »das Wort *Entmannung* zwei grundsätzliche Bedeutungen hat: die konkrete der Kastration und die metaphorische des Verlustes männlicher Macht, männlichen Elans und Stolzes« (1989, S. 237). Ich stimme mit Lothane überein, dass Schreber das Wort beständig im zweiten Sinn benutzte; ich würde nur hinzufügen, dass er den »Verlust« als Raub und Verrat erlebte. Bemerkenswert das Folgende:

> Auf diese Weise wurde ein gegen mich gerichtetes Komplott fertig (etwa im März oder April 1894), welches dahinging, nach einmal erkannter oder angenommener Unheilbarkeit meiner Nervenkrankheit mich einem Menschen in der Weise auszuliefern, daß meine Seele demselben überlassen, mein Körper aber — in mißverständlicher Auffassung der obenbezeichneten, der Weltordnung zu Grunde liegenden Tendenz — in einen weiblichen Körper verwandelt, als solcher dem betreffenden Menschen zum geschlechtlichen Mißbrauch überlassen und dann einfach »liegen gelassen«, also wohl der Verwesung anheimgegeben werden sollte. (Schreber, 1903, S. 43f.)

Schrebers Verständnis des intersubjektiven Grundes für die Anstrengungen der Anderen, seine Seele zu ermorden, war, dass sie ihn als eine Bedrohung ansahen, als gefährlich. Er sprach oft von den »Wundern«, die gegen ihn gerichtet waren, als Versuche, seine Macht zu reduzieren, sich mit den »Nerven Gottes« auszustatten. Er hegte den Verdacht, dass Gott – den ich als stellvertretend für Moritz Schreber und manchmal für Flechsig ansehe – ein manifestes Bedürfnis habe zu dominieren, ein Bedürfnis, welches eine tiefgehende Verletzlichkeit verdecke.

> (Es müsse) aber doch dann übel mit Gott selbst bestellt gewesen sein (...) oder bestellt sein, wenn das Verhalten eines einzelnen Menschen ihm irgend welche Gefahren habe bereiten können und wenn sich gar Gott selbst, wenn auch nur in untergeordneten Instanzen, zu einer Art Konspiration gegen im Grunde genommen unschuldige Menschen habe verleiten lassen. (Schreber, 1903, S. 25f.)

Nebenbei bemerkt, dieses Gefühl, für seine älteren Kollegen in seiner neuen Position als Senatspräsident eine Gefahr zu bedeuten, kann seine zweite Krankheitsperiode beschleunigt haben. In Flechsigs Klinik hat er wahrscheinlich die Behandlung in Frage gestellt und wurde damit zu einer Gefahr für die etablierte psychiatrische Hierarchie; als Kind wird er schon die Erfahrung gemacht haben, dass sein Vater eine explizite oder auch implizite Infragestellung seiner Autorität nicht tolerieren konnte. Was auch immer die Ursprünge des Gefühls waren, dass sich Andere durch seine »Nerven« (d. h. durch seine Gefühle, Bedürfnisse, Ideen) bedroht sahen, Schrebers Überzeugung, dass Andere ihn als gefährlich erlebten, zieht sich wie ein roter Faden durch die *Denkwürdigkeiten.*

Ein anderer Teil des Seelenmordes war Schrebers Gefühl, als Versuchskaninchen benutzt zu werden, ein Subjekt endloser Versuche. Moritz Schreber stützte seine Erziehungstheorien mit der Behauptung, er hätte sie an seinen eigenen Kindern überprüft. Flechsig überprüfte wahrscheinlich seine biologisch-psychiatrischen Theorien an den Patienten seiner Klinik. Schreber als Patient glaubte, er sei von »geprüften Seelen« umgeben. Versuche müssen natürlich wiederholbar sein: »Gott kann Nichts durch Erfahrung lernen.« (Schreber, 1903, S. 130)

Ein Versuchskaninchen zu sein, bedeutet natürlich, keine Person mit eigenen Rechten zu sein, sondern nur zu existieren, um die Theorien Anderer zu validieren und die narzisstischen Bedürfnisse der Experten zu befriedigen. Schrebers primäre Klage war, dass Leute versuchten, seinen Verstand zu zerstören und das Bewusstsein seiner eigenen Identität (ebd., S. 92) zu verändern, eine allgemein bekannte Wirkung der Erziehung durch narzisstische Eltern (Miller, 1979).

Der zentrale Punkt für die Zerstörung von Schrebers Seele oder seines Selbst war, nach seiner Erfahrung und Erwartung, der sexuelle Missbrauch. In den letzten Monaten seines Aufenthalts in Flechsigs Klinik erschien ihm

> am verabscheuungswürdigsten (...) die Vorstellung, daß mein Körper nach der beabsichtigten Verwandlung in ein weibliches Geschöpf irgend welchem geschlechtlichen Mißbrauch unterliegen sollte, zumal eine Zeitlang sogar davon die Rede war, daß ich zu diesem Zwecke den Wärtern der Anstalt vorgeworfen werden sollte (Schreber, 1903, S. 71).

Nun ja – für wie wahrscheinlich auch immer wir möglichen sexuellen Missbrauch von Patienten in Flechsigs Klinik halten – Schrebers Gefühl von Verletzlichkeit und Benutzt-Werden war klar gebunden an die Erfahrung sexuellen Missbrauchs. Er mag diese Verletzlichkeit und die sie begleitende Scham als Äquivalent zu seiner Umwandlung zur Frau angesehen haben. Falls Schreber als Kind tatsächlich sexuell missbraucht worden ist – möglich in einer Familie, in der Kinder Versuchskaninchen waren –, würde er verständlicherweise jede Bedrohung durch sexuellen Missbrauch als »entmannend« erleben, als Raub seiner Autonomie und als zentral für den Diebstahl seiner Seele.

Das Gefühl, als Versuchskaninchen benutzt zu werden, könnte auch zu Schrebers messianischen Überzeugungen beigetragen haben. Er glaubte, dass Gott eine neue Rasse von Menschen aus seinen Nerven heraus erschaffe: »Neue Menschen aus Schreber'schem Geist.« (ebd., S. 197) Besonders Schrebers Vater hatte grandiose Hoffnungen bezüglich der Verbesserung der Menschheit durch seine Erziehungsmethoden und hat seinen Kindern vielleicht von diesen Träumen erzählt. Als Psychiatriepatient, der dem Motto: Versuch geht über Therapie in Flechsigs Klinik ausgesetzt war, wurde bei Schreber möglicherweise ein zentrales Organisationsprinzip aktiviert: »Die Umwandlung in eine passive und verwundbare (d. h. weibliche) Person gibt deinem Leben Bedeutung. Du trägst zur Rettung der Welt bei.« Entmannung, dachte er, könne »zum Zwecke einer Erneuerung der Menschheit« (ebd., S. 198) in Betracht kommen. Die Verantwortung als Senatspräsident würde diesem Gedanken zwar zu sehr entgegenstehen, mag aber als Auslöser seiner Fantasie gedient haben, »daß es doch eigentlich recht schön sein müsse, ein Weib zu sein, das dem Beischlaf unterliege«.

Schrebers Selbst-Erleben

Schrebers Selbst-Erleben wurde von seinen Beziehungserfahrungen sowohl als Kind als auch als Erwachsener organisiert. Wegen seiner Verfolgungsvorstellungen glaubte er, er sei für Andere gefährlich, und er erklärte die Verfolgung und die Wunder als Versuche, ihn zu kontrollieren, weil er gefährlich sei. Sein Erleben, das er Seelenmord nannte, ließ ihn leer zurück, verwundbar und unverwundbar, hilflos und unfrei, ungeschützt und weiblich. Sein Erleben als Versuchskaninchen brachte ihn dazu zu denken, er sei nur wichtig, wenn er für etwas Größeres benutzt werden könnte, z. B. für die Erneuerung der Menschheit. All diese Dimensionen seines Selbst-Erlebens entstanden offensichtlich aus seinen oben besprochenen Beziehungserfahrungen.

Außerdem war Schrebers Selbst-Erleben fragmentiert: Er sprach von »Seelentheilung« und von »im Himmel aneinander gereihten Nerven«. Er »glaube vielmehr annehmen zu dürfen, daß man früher die natürliche Einheit der Menschenseele respektirte« (Schreber, 1903, S. 79). Sein Mangel an Kohäsion drückte sich in seiner Schwierigkeit aus zu erkennen, wer das Schreiben in seinem Aufschreibesystem bewirkte. Er wusste nicht, warum er getrennt von den anderen Patienten untergebracht wurde, erst später entdeckte er, dass es eine Reaktion auf sein Brüllen gewesen war. Die Fragmentierung wurde damit sowohl räumlich wie auch zeitlich erlebt. Weil seine Beziehungserfahrungen möglicherweise traumatisch, in sich widersprüchlich, verzweifelt und von Flechsig enttäuscht waren, hatte er erhebliche Schwierigkeiten, sich als in einem zeitlichen Kontinuum lebend wahrzunehmen. Er erinnert mich an einige sehr intelligente und kreative Patienten, die sich vor einem überwältigenden Trauma durch Dissoziation schützen, mit dem Resultat des Verlustes von Stetigkeit im Erleben des eigenen Selbst und das der Anderen. Die in diese Fragmentierungen einbezogene Konfusion kann integraler

Teil des Prozesses des Seelenmordes sein. Da die Bemächtigung der Subjektivität des Kindes die Essenz des Seelenmordes ist, fehlte Schreber jede Grundlage für jede Art von sicherem Wissen. Schrebers Selbst-Erleben bekam während seiner Hospitalisierungen eine sehr negative Färbung. Er fühlte sich nicht nur klein, verwundbar (weiblich) und ohne Schutz vor den Strahlen, sondern er hielt sich auch für dumm. Kognitiv wusste er immer, dass er ein prominenter Richter gewesen war, aber dieses Wissen nutzte ihm nichts, die ihn quälenden Stimmen in Schach zu halten.

> Denn die Methode, die Verrückten mit beleidigenden Redensarten auf mich zu hetzen, dauert auch jetzt noch fort, und gleichzeitig läßt mich das thörichte Gewäsch der Stimmen ›Fand Aufnahme,‹ ›Warum sagen Sie's (nicht laut?)‹, ›Weil ich dumm bin‹ oder auch ›Weil ich Furcht habe‹ u. s. w. mich immer noch die Absicht Gottes, daß ich die beleidigenden Redensarten auf mich beziehen soll, erkennen. (Schreber, 1903, S. 183)

Er fühlte sich durch seinen Zustand und sein Eingesperrt-Sein beschämt und erniedrigt.

> Alles schien darauf berechnet, mir Furcht und Schrecken einzuflößen und das Wort ›Luder‹ — ein der Grundsprache ganz geläufiger Ausdruck, wenn es sich darum handelte, einem von Gott zu vernichtenden Menschen die göttliche Macht und den göttlichen Zorn empfinden zu lassen — wurde oft gehört. (ebd., S. 97)

Ein besonders beziehungsreicher Ausdruck von Schrebers negativem Selbstbild war seine Überzeugung während seiner ersten Phase der »nervösen Krankheit«, dass er Gewicht verloren habe. Gewicht zu haben, bedeutet, worauf der Philosoph Robert Nozick (1989) hinweist, wirklich und leibhaftig zu sein, damit einem Gewicht beigemessen werden muss. In Nozicks Worten:

> Das Gewicht von etwas ist seine innere Greifbarkeit und Kraft. Es kann helfen, an sein Gegenteil zu denken. Was ist gemeint, wenn eine Person ein ›Leichtgewicht‹ genannt wird? Es könnte die Wirkung und die Bedeutung sein, über die hier gesprochen wird, aber üblicherweise, denke ich, sind jene Qualitäten gemeint, die die Bedeutung eines Menschen ausmachen (oder ausmachen sollten). Leute machen darüber Bemerkungen, wie substantiell eine Person ist, wie geordnet ihre Gedanken, wie verläßlich ihr Urteil, wie sich eine Person unter Druck oder unter einer eingehenderen Prüfung verhält. Eine gewichtige Person wird nicht

> vom Wind einer Mode oder eines prüfenden Blicks davon geweht. Die Römer nannten so etwas *gravitas.* (S. 178)

Diese Beschreibung passt wahrscheinlich gut zu Schreber, dem Juristen, und zeigt das Ausmaß des Verlustes, den er fühlte.

Der Begriff des Gewicht ist eng mit der Bedeutung als Beziehung verknüpft, d. h. als ein Für-jemanden-Gewicht-Haben. In der Tat beschäftigte sich Schreber vor allem mit der Validierung:

> Auch von gewissen hypochondrischen Vorstellungen, die mich damals beherrschten, namentlich der der Abmagerung, hätte ich nach meinem Dafürhalten wohl rascher befreit werden können, wenn man mich die Waage, die zur Ermittelung des Körpergewichts diente — die damals in der Universitätsklinik befindliche Waage war von einer eigenthümlichen mir unbekannten Konstruktion — einige Male selbst hätte bedienen lassen. (Schreber 1973, S. 30)

Für Selbstpsychologen erwächst das Selbst-Erleben, Gewicht zu haben und sich zu unterscheiden, aus der Beziehungserfahrung, in den Augen der frühen Bezugspersonen eine Bedeutung gehabt zu haben, also das Spiegeln beim Auftauchen des Selbst des Kindes zu fühlen. Nun wissen wir, dass Moritz Schrebers Kinder wichtig für ihn waren, aber wie wir aus seinen Schriften schließen können, beruhte diese Bedeutung auf ihrem Wert als Versuchskaninchen und als Beispiele seiner Erziehungsmethoden. Wie oben erwähnt, beabsichtigte er, jede Spur eines eigenen Willens im Kind zu tilgen. Die Wünsche und Sehnsüchte von Kindern hatten für ihn kein Gewicht, und sein Sohn verinnerlichte trotz seiner beeindruckenden Leistungen ein tiefes Gefühl von sich als Leichtgewicht. Schreber erlebte sich und andere als »flüchtig hingemacht«. Als Patient der Anstalt neigte der gewichtslose Schreber zu Schreianfällen, als ob er damit auf seine Existenz und Anwesenheit – sein Gewicht –, auf seine Welt und auf Gott hinweisen wollte. Um sich selbst als gewichtig zu erleben, musste er jahrelang andere Menschen als flüchtig hingemachte Liliputaner sehen. Diese Erfahrung des Gewichtsverlusts kann auch Schrebers Überzeugung verständlich machen, dass er eine Frau geworden ist, ein Mensch von geringerem Gewicht und unbedeutend in der deutschen Gesellschaft des neunzehnten Jahrhunderts. Er beschrieb seine Umwandlung in eine Frau gewöhnlich als einen Schrumpfungsprozess. In seinem Erleben wurde der quantitativen Verlust (an Gewicht) durch einen qualitativen Verlust (an Männlichkeit) ausgeglichen.

Bevor wir die Thematik von Schrebers Selbst-Erleben, wie in den *Denkwürdigkeiten* berichtet, verlassen, müssen wir den Mangel an Traurigkeit in seinen Worten zur Kenntnis nehmen. Schreber beschrieb sich selbst als ärgerlich, erniedrigt, frustriert, verlassen und zerstört, aber niemals als traurig. Vielleicht war Traurigkeit das Gefühl, das in seiner Kindheit gründlich durch die Forderung, immer fröhlich sein zu müssen, ausradiert wurde. Zudem musste er dieses Gefühl aus seinem Repertoire streichen, um nicht wie sein Bruder Selbstmord zu begehen. Auf jeden Fall waren seine Verluste erheblich: Heim, Ehefrau, Position und Respekt, Autonomie und Seelenfrieden. Statt diese Verluste jedoch zu spüren, sagte er, dass er Gewicht und Männlichkeit verliere.

Schrebers Anstrengungen zur Wiederherstellung seines Selbst

Von Anfang seiner Krankheit an entfaltete Schreber eine bemerkenswerte Entschlossenheit, sein gestohlenes Selbst wieder herzustellen, zu heilen und zurückzugewinnen. Nicht mit dem nackten Überleben zufrieden, kämpfte er darum, sich als Person von Gewicht in seinen eigenen Augen, in den Augen von Gott und denen der menschlichen Gemeinschaft wieder zu etablieren. Ich werde seine Bemühungen unter drei Gesichtspunkten diskutieren: 1. seine Aktivitäten, 2. seine paradox-passiven Bemühungen und 3. die Paranoia selbst, gesehen als selbstheilende Antwort auf eine extrem narzisstische Verletzung (Seelenmord).

Unter der Überschrift Aktivitäten können wir sein Klavierspiel, sein Schach-Spielen, sein literarisches Interesse und natürlich sein Schreiben der *Denkwürdigkeiten* sehen. Sie sollten Gott vermitteln – jetzt als Verfolger gesehen –, dass Schrebers Seele noch nicht gänzlich zerstört worden ist, und die Stimmen und die Wunder abwehren, die ihn andernfalls quälten.

Mit dem Schreiben der *Denkwürdigkeiten* versuchte Schreber am deutlichsten, sich wieder den Status einer Person in der menschlichen Gemeinschaft zu verschaffen. Wenn Alice Miller (1988) Recht hat, können missbrauchte Kinder ohne einen validierenden Zeugen weder ihren eigenen Schmerz empfinden, noch können sie sich als missbraucht erleben. Schreber wurde teilweise durch seinen eigenen Versuch, solche Zeugen im Schreiben zu finden, geheilt. Er verkündete zweierlei: dass er litt und dass Verbrechen an ihm begangen worden waren. Teile seines Buches sind wahrscheinlich zensiert worden, weil er dort seine Missbraucher namentlich genannt hat und damit seinen Status als Mensch einforderte. Die *Denkwürdigkeiten* drückten nicht nur sein Elend und seine Empörung über seinen geistigen Zustand aus und wie er behandelt worden war, sie belegen auch, dass er eine ausreichende Selbstachtung gefunden hatte, um die Vormundschaft über ihn in Frage zu stellen. Er überwand seine Gefühle von Schwäche, Hilflosigkeit und Scham in ausreichendem Maße, um jene zu konfrontieren, die ihn in seinem Status als Mensch entwerten wollten. Dass er den Mut zu solch einer Aktion zur Rückgewinnung seines Selbst hat finden können, macht es wahrscheinlich, dass er mit angemessener humaner Unterstützung sich schneller, gründlicher und dauerhafter hätte erholen können.

Wir können den restaurativen Effekt des Schreibens der *Denkwürdigkeiten* durch Hinweis auf die selbstpsychologische Vorstellung der Selbstobjekt-Erfahrung erklären. Auch wenn die erste Selbstobjekt-Bezogenheit fehlt, kann alles als Selbstobjekt in dem Umfang fungieren, in dem es zu Kohäsion, Kontinuität und positiver Wertigkeit im Selbst-Erleben einer Person beiträgt. Für Schreber diente das Schreiben seines Buches offensichtlich als eine solche abgeleitete Selbstobjekt-Erfahrung. Inden er seine Geschichte erzählte, versuchte er noch metaphorisch, ein zusammenhängendes, kontinuierliches und kohäsives Ganzes aus dem zu machen, was sich absurd, verwirrend und fragmentiert anfühlte. Sowohl die Erzählung seiner Geschichte als auch die Handlung des Erzählens selbst verwandelte ihn von einem brüllenden Irren in einen gelehrten, kultivierten und vornehmen Menschen, der Abendessen aß und verschiedene Themen am Tisch des Direktors der Anstalt diskutierte. Die Erzählung, die den Gerichten und dem Direktor eingereicht wurde, forderte ebenfalls die Anerkennung dieser Veränderung ein. So diente der Akt des Schreibens nicht nur als Selbstobjekt-Erfahrung für Schreber, sondern das Buch sollte auch ausdrücklich eine doch primäre Selbstobjekt-Erfahrung mit seiner Ehefrau, dem medizinischen Establishment und der weiteren Umgebung hervorrufen.

Wenden wir uns nun Schrebers paradox-passiven Bemühungen zur Wiederherstellung seines Selbst zu, so bemerken wir, dass er auch versuchte, sich von seinem Aufenthalt in Sonnenstein zu erholen, indem er sich den Bedingungen unterwarf, die ihm auferlegt worden waren. Der Literaturkritiker E. Barry Chabot (1982) hat darauf hingewiesen, dass Schreber eine auffallende Kontinuität darin zeigte, wie er mit seinem Bedürfnis nach Schlaf, seiner Katatonie und seiner Akzeptanz der weiblichen »Seelenwollust« umging. Jede bedeutete die Möglichkeit der Befreiung von der Folter, indem er den äußerlich auferlegten Bedingungen zugunsten eines größeren Zieles nachgab. Anfangs sagte er, dass eine Person, die nicht schlafen könne, sicherlich Selbstmord begehen müsse. Später bemerkte er, dass er sogar im Nachtschlaf von Stimmen, die seine völlige Unbeweglichkeit forderten, und von »Wundern«, die jede Haltung, die er einnahm, unbequem werden ließen, gequält wurde. (Schrebers Vater hatte Geräte und Übungen erfunden, um zu kontrollieren, ob Kinder wach sind oder schlafen.) Viele Monate lang, die *Denkwürdigkeiten* erzählen davon, saß Schreber tagsüber stundenlang da, ohne sich zu bewegen. Schließlich verstand er, dass Gott – nicht nur »Klein Flechsig« – ihn quälte und sowohl seine geistige als auch seine körperliche Passivität forderte. Dann wurde ihm ebenfalls klar, dass er aktiv den mental-physischen Zustand der weiblichen Seelenwollust kultivieren musste – die höchste Unterwerfung. Alle drei – Schlaf, Katatonie und Seelenwollust – waren vielleicht Versuche, das Selbst vor der Folter zu retten. Die Seelenwollust wirkte zumindest zeitweise heilend, als Schreber ihre umfassendere rettende Bedeutung verstehen konnte. Unglücklicherweise arbeitete er mit der Akzeptanz seiner passiven Rolle einerseits irgendwie aktiv an seiner eigenen Zerstörung mit, andererseits rettete er ein Fünkchen von sich selbst, eine Art kompromisshafter Heilung. Wir können natürlich sehen, dass diese Lösung für Schreber nicht von Dauer sein konnte, weil sie eher auf Compliance, auf Nicht-Sein, basierte als darauf, er selbst zu sein. Es war die Akzeptanz des Seelenmordes.

Zuletzt könnte Schrebers starke Paranoia ein andauernder Versuch der Selbst-Reparation gewesen sein. Was er Seelenmord nannte, war eine lebenslange narzisstische Verletzung, eine Kränkung des Selbst, ein kumulatives Trauma. Sein Glaubenssystem – viele würden es Wahnbildungen nennen – verwandelte sein Gefühl für Verletzlichkeit und Dummheit in den grandiosen Glauben, dass nur er Zugang zur ultimativen religiösen Wahrheit habe. Seine Hilflosigkeit wurde zur Macht, Gottes Nerven zu reizen. Seine Verwirrung gewährte ihm den privilegierten Zugang zur Sinnhaftigkeit. Sein Gefühl tiefer Bedeutungslosigkeit wurde zur Mission, die Welt zu retten, indem er genau die Rolle der Bedeutungslosigkeit annahm, die den Frauen zudacht war. Eine selbstpsychologische Lesart von Schreber muss Freuds Meinung begeistert unterstützen, dass »die Wahnbildung (...) in Wirklichkeit der Heilungsversuch, die Rekonstruktion (ist)« (1911, S. 308).

Es ist wichtig zu erkennen, dass Schreber nicht einfach eine Zusammenfassung seiner Wahnbildungen aufschrieb; er schrieb seine Geschichte mit einem Anfang, einer Mitte und einem Ende. Der Anfang ist für uns verloren, weil Zensoren die sich auf seine Familie beziehenden Teile herausgenommen haben. In der Mitte beschreibt er Wunder und andere Qualen und seine Versuche zu überleben, indem er sich dem Seelenmord widersetzt. Das Ende erzählt die Veränderung, Entwicklung oder Umwandlung seiner Erfahrung. Nach seinem Bericht befand er sich nicht mehr länger allein unter »flüchtig hingemachten Apparaten«, nachdem er das Schicksal, das ihm auferlegt worden war, akzeptiert hatte. Er fand nun andere Menschen real und sich selbst bedeutsam. Das Buch drückt Schrebers Verständnis eines Prozesses aus, den wir als die temporäre und partielle Wiederherstellung seines gestohlenen Selbst ansehen können.

Zusammenfassend lässt sich sagen, dass Schrebers Klagen grundsätzlich sein Gefühl ausdrücken, total missverstanden worden zu sein. Seine *Denkwürdigkeiten* waren ein dringender Appell für ein respektvolles Verständnis, ein Versuch, Anderen zu erlauben, sein emotionales Erleben zu teilen und gemeinsam einen Sinn zu finden. Stattdessen stand er Menschen gegenüber, die ihn als klinischen Fall betrachteten; so kreierte er seinen eigenen Fall, indem er für ein Gericht schrieb, von dem er hoffte, verstanden und in seinem Status als menschliches Wesen wieder anerkannt zu werden. Woher er die Ressourcen fand, um sich selbst in ein solches intersubjektives Feld hineinzuversetzen, wissen wir nicht, aber sein Schreiben zeigt die Kraft des Bedürfnisses, verstanden zu werden, wenn es einem Menschen gut gehen soll.

Der »Fall Schreber« veranschaulicht auch den Einfluss der Theorie auf unsere Versuche zu verstehen. Wenn wir die harte Arbeit scheuen, die mit einer bewussten Theoriewahl verbunden ist, überlassen wir uns der Kontrolle des Unbewussten und damit ungeprüften Prämissen. In der Geschichte von Schreber können wir die destruktive Macht am Werke sehen, wenn man unkritisch an einem wissenschaftlichen Empirismus (Schrebers Vater und Flechsig) und an einer dogmatischen Triebtheorie (Freud und Niederland) festhält. Auch wenn wir über Theorie nachdenken und eine auswählen, müssen wir sie weiter in der Schwebe halten. Meine eigene Sicht von psychoanalytischem Verständnis muss provisorisch und offen für Überraschungen bleiben. Nur so kann ich, im Prozess der Heilung, zusammen mit dem Anderen den Sinn finden.

Literatur

Agosta, L. (1984). Empathy and intersubjectivity. In *Empathy I*, Ed. J. Lichtenberg, M. Bornstein, D. Silver. Hillsdale, NJ: Analytic Press.

Alexander, F. & French, T. (1946). *Psychoanalytic Therapy: Principles and Application*. New York: Ronald Press.

Aquinas, T. (1273/1947). *Summa Theologica*. New York: Benziger.

Aristotle (322 BCE/1985). *Nicomachean Ethics* (Irwin, T., Trans.). Indianapolis: Hackett. Deutsch: Aristoteles; Nikomachische Ethik. Übersetzung von Eugen Rolfes, bearbeitet von Günther Bien, Felix Meiner Verlag Hamburg (1995).

Aron, L. (1991). The patient's experience of the analyst's subjectivity. *Psychoanalytic Dialogues*, 1, 29-51.

Aron, L. (1992). Interpretation as expression of the analyst's subjectivity. *Psychoanalytic Dialogues*, 2, 475-508.

Atwood, G. (1994). Persönliche Mitteilung.

Atwood, G., & Stolorow, R. (1984). *Structures of Subjectivity: Explorations in Psychoanalytic Phenomenology*. Hillsdale, New Jersey: Analytic Press.

Atwood, G., & Stolorow, R. (1993). *Faces in a Cloud: Intersubjectivity in Personality Theory* (2. Auflage). Northvale, New Jersey: Jason Aronson.

Bacal, H. (1985). Optimal responsiveness and the therapeutic process. In: A. Goldberg (Ed.), *Progress in Self Psychology* (202-226). New York: Guilford.

Bacal, H. (1990). The elements of a corrective selfobject experience. *Psychoanalytic Inquiry*, 10, 347-372.

Bacal, H., & Newman, K. (1990). *Theories of Object Relations: Bridges to Self Psychology.* New York: Columbia University Press.

Bacal, H., and Thomson, P. (1993). The psychoanalyst's needs and the effect of their frustration on the treatment: a new view of countertransference. Sixteenth Annual Conference on the Psychology of the Self, Toronto, Canada.

Bachant, J., & Richards, A. (1993). Review essay: Relational Concepts in Psychoanalysis: An Integration by Stephen A. Mitchell. *Psychoanalytic Dialogues*, 3, 431-460.

Balint, M. (1968/1992). *The Basic Fault: Therapeutic Aspects of Regression.* Evanston, Illinois: Northwestern University Press. Deutsch: Therapeutische Aspekte der Regression. Die Theorie der Grundstörung. Ernst Klett Verlag, Stuttgart 1970.

Baumeyer, F. (1956). The Schreber case. *International Journal of Psycho-Analysis,* 37: 61-74.

Beebe, B., & Lachmann, F. (1988). Mother-infant mutual influence and precursors of psychic structure. In A. Goldberg (Ed.). *Frontiers in Self Psychology* (3-25). Hillsdale, New Jersey: The Analytic Press.

Beebe, B., and Lachmann, F. (1994). Representation and internalization in infancy: three principles of salience. *Psychoanalytic Psychology,* 11: 127-165.

Bergson, H., & (1910/1960). *Time and Free Will* (F. Pogson, Trans.). New York: Harper Torchbooks.

Bernstein, R. (1983). *Beyond Objectivism and Relativism.* Philadelphia: University of Pennsylvania Press.

Bernstein, R. (1991). *The New Constellation: the ethical-political horizons of modernity/postmodernity.* Cambridge: The MIT Press.

Bion, W. (1967). *Second Thoughts.* New York: Jason Aronson.

Bloch, D. (1989). Freud's retraction of his seduction theory and the Schreber case. *Psychoanalytic Review,* 76:185-201.

Bollas, C. (1987). *The Shadow of the Object: Psychoanalysis of the Unthought Known.* London: Free Association Books.

Bollas, C. (1989). *Forces of Destiny: Psychoanalysis and Human Idiom.* London: Free Association Books.

Bowlby, J. (1977). The making and breaking of affectional bonds. *British Journal of Psychiatry.* 130, 201-210.

Bowlby, J. (1979). The making and breaking of affectional bonds. London: Tavistock/Routledge. Deutsch: Bowlby, J.; Das Glück und die Trauer: Herstellung und Lösung affektiver Bindungen, Stuttgart: Klett-Cotta, 1980.

Bowlby, J., (1988). *A Secure Base: Parent-Child Attachment and Healthy Human Development.* New York: Basic Books. Deutsch: Bowlby, J.; Elternbindung und Persönlichkeitsentwicklung: Therapeutische Aspekte der Bindungstheorie / Aus dem Engl. von Axel Hillig. Heidelberg: Dexter, 1995.

Brandchaft, B. (1983). The negativism of the negative therapeutic reaction and the psychology of the self. In *The Future of Psychoanalysis,* Ed. A. Goldberg. New York: International Universities Press, 327-359.

Brandchaft, B. (1985). Resistance and defense: an intersubjective view. In *Progress in Self Psychology,* v. 1, Ed. A. Goldberg. New York: Guilford, 88-96.

Brandchaft, B. (1986). British object relations and self psychology. In A. Goldberg (Ed.), *Progress in Self Psychology.* New York: Guilford.

Brandchaft, B. (1994). Structures of pathological accommodation and change in analysis. Presented in New York City to the Association for Psychoanalytic Self Psychology.

Bruner, J. (1993). Loyal opposition and the clarity of dissent. *Psychoanalytic Dialogues,* 3(1), 11-20.

Buber, M. (1937). *I and Thou*. Edinburgh: T. & T. Clark. Deutsch: Buber, M.; Ich und Du. Berlin Schocken 1936.

Carnap, R. (1936). Testability and meaning. *Philosophy of Science*, 3, 419-471.

Carr, D. (1986). *Time, Narrative, and History*. Bloomington: Indiana University Press.

Chabot, E. (1982). *Freud on Schreber*. Amherst: University of Massachusetts Press.

Cohn, J., & Tronick, E. (1983). Three-month-old infants' reaction to simulated maternal depression. *Child Development*, 54, 185-193.

Copleston, F. (1950). *A History of Philosophy: Medieval Philosophy: Albert the Great to Duns Scotus*. Westminster, Maryland: The Newman Press.

Courtois, C. (1988). *Healing the Incest Wound: Adult Survivors in Therapy*. New York: Norton.

Dilthey, W. (1989). *Introduction to the Human Sciences* (Neville, M., Barnouw, J., Schreiner, F., Makkreel, R., Trans.). Princeton: Princeton University Press.

Eco, U. (1992). *Interpretation and Overinterpretation*. Cambridge, England: University of Cambridge Press.

Ehrenberg, D. (1992). *The Intimate Edge: Extending the Reach of Psychoanalytic Interaction*. New York: Norton.

Ellenberger, H. (1970). *The Discovery of the Unconscious*. London: Penguin Books.

Emde, R. (1981). The prerepresentational self and its affective core. *Psychoanalytic Study of the Child*, 36, 165-192.

Emde, R. (1988a). Development terminable and interminable: I. Innate and motivational factors from infancy. *International Journal of Psychoanalysis*, 69, 23-42.

Emde, R. (1988). Development terminable and interminable: II. psychoanalytic theory and therapeutic considerations. *International Journal of Psychoanalysis*, 69, 283-296.

Emde, R. N., & Sorce, J. F. (1983/1989). The rewards of infancy: emotional availability and maternal referencing. Originally in J. Call, E. Galenson, R. Tyson, eds., *Frontiers of Infant Psychiatry*, New York: Basic Books, 1983. Auch in: A. Sameroff, R. N. Emde, & (Ed.), *Relationship Disturbances in Early Childhood*, 1989, 97-125.

Fairbairn, R. (1943). The repression and the return of the bad objects (with special reference to ›war neuroses‹). In *Psychoanalytic Studies of the Personality,* 59-81, London: Tavistock, with Routledge and Kegan Paul.

Fairbairn, W. R. D. (1952). *Psychoanalytic Studies of the Personality*. London: Tavistock, with Routledge and Kegan Paul.

Ferenczi, S. (1929). The unwelcome child and his death instinct. In: M. Balint (Ed.), *Final Contributions to the Problems and Methods of Psychoanalysis.* New York: Brunner Mazel.

Ferenczi, S. (1932). Notes and fragments. In: M. Balint (Ed.), *Final Contributions to the Problems and Methods of Psychoanalysis.* New York: Brunner Mazel.

Ferenczi, S. (1933). The confusion of tongues between adults and the child. Ed. M. Balint. In: *Final Contributions to the Problems and Methods of Psychoanalysis*. (156-167). New York: Brunner Mazel.

Ferenczi, S. (1988). *The Clinical Diaries of Sandor Ferenczi.* Cambridge, Massachusetts: Harvard University Press.

Flavel, J. (1977). *Cognitive Development.* Englewood Cliffs, New Jersey: Prentice Hall.

Fosshage, J. (1992a). Countertransference as the analyst's experience of the analysand: the influence of listening perspectives. *Division of Psychoanalysis of the American Psychological Association*. Philadelphia.

Fosshage, J. (1992b). Self psychology: the self and its vicissitudes within a relational matrix. In N. Skolnick & S. Warshaw (Ed.), *Relational Perspectives in Psychoanalysis* (21-42). Hillsdale, New Jersey: Analytic Press.

Fosshage, J. (1994). Towards reconceptualizing transference: theoretical and clinical considerations. *International Journal of Psychoanalysis*, 75, 265-280.

Freud, A. (1936/1966). *The Ego and the Mechanisms of Defense*. New York: International Universities Press. Deutsch: Freud, A.; Das Ich und die Abwehrmechanismen, GW Bd. 1, S. 193ff.; Kindler Verlag, München (1974).

Freud, S. (1910), Five lectures on psycho-analysis. *Standard Edition* 11 (9-55). London: Hogarth Press, 1958. Deutsch: Über Psychoanalyse, GW Bd. 8, S. 1ff.

Freud, S. (1911). Psychoanalytic notes on an autobiographical account of a case of paranoia (dementia paranoides). *Standard Edition,* 12:3-82, 1958. Deutsch: Freud, S.; Psychoanalytische Bemerkungen über einen autobiographisch beschriebenen Fall von Paranoia (dementia paranoides), GW VIII (1911), Fischer Frankfurt 1969[5.] S. 240-320.

Freud, S. (1914). Remembering, repeating and working through. *Standard Edition.* London: Hogarth Press, 1958. Deutsch: Freud, S.; Weitere Ratschläge zur Technik der Psychoanalyse: II. Erinnern, Wiederholen und Durcharbeiten. GW Bd. 10, S. 125ff.

Freud, S. (1919). Preface to Reik's *Ritual: Psycho-Analytic Studies*. In *Standard Edition*, v. 17, 259-263.

Freud, S., (1925), Some psychical consequences of the anatomical distinction between the sexes. *Standard Edition 19, S. 243-258.* London: Hogarth Press, 1961. Deutsch: Freud, S., (1925j), Einige psychische Folgen des anatomischen Geschlechtsunterschiedes, GW, Bd. 14, S. 17ff.

Freud, S., & Breuer, J. (1895). Studies in Hysteria. *Standard Edition*, v. 2, London: Hogarth Press, 1955. Deutsch: Freud, S. und Breuer, J. (1895d), Studien über Hysterie. GW Bd. 1, Fischer Frankfurt/M. 1960ff. S. 75ff.

Fromm-Reichmann, F. (1950). *Principles of intensive psychotherapy*. Chicago: University of Chicago Press.

Gadamer, H. (1975/1991). *Truth and Method* (Weinsheimer, J., Marshall, D., Trans.). Second ed. New York: Crossroads. Deutsch: Gadamer, H., Wahrheit und Methode: Grundzüge einer philosophischen Hermeneutik, J.C.B. Mohr (Paul Siebeck), Tübingen, 1990

Gadamer, H. *Gesammelte Werke* II, »Die Universalität des hermeneutischen Problems« (1976).

Gadamer, H. *Gesammelte Werke* (10 Bände, J.C.B. Mohr (Paul Siebeck), Tübingen, 1993), Bd. II, »Mensch und Sprache«.

Gadamer, H. (1976). *Philosophical Hermeneutics* (Linge, D., Trans.). Berkeley: University of California Press.

Gadamer, H. (1979). The Problem of historical consciousness. In P. Rabinow & W. Sullivan (Ed.), *Interpretive Social Science: a Reader.* Berkeley: University of California Press.

Geha, R. (1993). Transferred fictions. *Psychoanalytic Dialogues*, 3, 209-244.

Gerson, M. (1993). Sullivan's self-in-development: family context and patterning. *Contemporary Psychoanalysis, 29*, 197-218.

Ghent, E. (1992). Paradox and process. *Psychoanalytic Dialogues*, 2, 135-159.

Gill, M. (1982). *Analysis of Transference, v. 1.* New York: International Universities Press.

Goldberg, A. (1988). *A Fresh Look at Psychoanalysis: the View from Self Psychology*. Hillsdale, New Jersey: Analytic Press.

Gotthold, J. (1992). Curative fantasy: its function in the treatment process. *Fifteenth annual conference on the psychology of the self*, Los Angeles.

Greenberg, J. (1991). *Oedipus and Beyond*. Cambridge, Massachusetts: Harvard University Press.

Greenberg, J. (1992). Developmental perspectives in psychoanalytic practice: Panel discussion. *Contemporary Psychoanalysis*, 28, 251-299.

Greenberg, J., and Mitchell, S. (1983). *Object Relations in Psychoanalytic Theory*. Cambridge, Massachusetts: Harvard University Press.

Grunbaum, A. (1984). *The Foundations of Psychoanalysis: a Philosophical Critique*. Berkeley: University of California Press. Deutsch: Grünbaum, A. (1988), Die Grundlagen der Psychoanalyse: Eine philosophische Kritik; Reclam, Stuttgart.

Guntrip, H. (1969). *Schizoid Phenomena, Object Relations and the Self.* New York: International Universities Press.

Hanly, C. (1992). *The Problem of Truth in Applied Psychoanalysis*. New York: Guilford.

Hegel, G. (1807/1977). *Phenomenology of Spirit* (Miller, A., Trans.). Oxford: Oxford University Press.

Hempel, C. (1951). The concept of cognitive significance: a reconsideration. *Proceedings of the American Academy for the Advancement of Science, 80*, 61-77.

Herman, J. L. (1992). *Trauma and Recovery*. New York: Basic Books.

Hesse, M. (1980). *Revolutions and Reconstructions in the Philosophy of Science*. Brighton, England: Harvester Press.

Hobson, R. F. (1985). *Forms of Feeling: The Heart of Psychotherapy*. London: Tavistock.

Hoffman, I. (1983). The patient as interpreter of the analyst's experience. *Contemporary Psychoanalysis*, 19, 389-422.

Hoffman, I. (1987). The value of uncertainty in psychoanalytic practice. *Contemporary Psychoanalysis*, 23, 205-215.

Hoffman, I. (1991). Discussion: toward a social-constructivist view of the psychoanalytic situation. *Psychoanalytic Dialogues*, 1, 74-105.

Hoffman, I. (1992a). Reply to Orange. *Psychoanalytic Dialogues*, 2, 567-570.

Hoffman, I. (1992b). Some practical implications of a social-constructivist view of the psychoanalytic situation. *Psychoanalytic Dialogues*, 2, 287-304.

Hoffman, I. (1993). The intimate authority of the psychoanalyst's presence. *Psychologist Psychoanalyst*, 13, 15-23.

Horowitz, M. (1986). *Stress Response Syndromes* (Second ed.). Northvale, New Jersey: Jason Aronson.

Hume, D. (1739/1896). *A Treatise of Human Nature*. Oxford: Oxford University Press.

Husserl, E. (1931). *Ideas: An Introduction to Pure Phenomenology*. New York: Macmillan. Deutsch: Edmund Husserl, Ideen zu einer reinen Phänomenologie und phänomenologischen Philosophie; Buch 1. Allgemeine Einführung in die reine Phänomenologie. Nachwort (1930), Hamburg: Meiner, 1992

Israels, H. (1989). *Schreber: Father and Son*. Madison, CT: International Universities Press.

James, W. (1892). *Textbook of Psychology: Briefer Course*. New York: Holt.

James, W. (1897/1979). *The Will to Believe*. Cambridge, Massachusetts: Harvard University Press.

James, W. (1905/1971). The place of affectional facts in a world of pure experience. In R. Perry (Ed.), *Essays in Radical Empiricism* New York: Dutton.

James, W. (1907/1975). *Pragmatism*. Cambridge, Massachusetts: Harvard University Press.

James, W. (1909/1975). *The Meaning of Truth*. Cambridge: Harvard University Press.

Johnson, W., Emde, R., Panabecker, B., Sternberg, C., and Davis, M. (1982). Maternal perception of infant emotion from birth through eighteen months. *Infant Behavior and Development*, 5, 313-332.

Kant, I. (1929). *Critique of Pure Reason* (Kemp Smith, N., Trans.). New York: Macmillan. Deutsch: Kant, I., Kritik der reinen Vernunft; Meiner, Hamburg (1988).

Kernberg, O. (1986). Factors in the psychoanalytic treatment of narcissistic personalities. In A. Morrison (Ed.), *Essential Papers on Narcissism* (S. 213-244). New York: New York University Press.

Kerr, M., & Bowen, M. (1988). *Family Evaluation*. New York: Norton.

Khan, M. (1963). The concept of cumulative trauma. In: *The Privacy of the Self.* Madison, CT: International Universities Press, 1974, S. 42-58.

Kirk, G., and Raven, S. (1984). *The Presocratic Philosophers: A Critical History with a Selection of Texts.* Second edition. Cambridge: Cambridge University Press.

Klein, G. (1966). *Perception, Motives and Personality*. New York: Knopf.

Klein, G. (1976). *Psychoanalytic Theory*. New York: International Universities Press.

Klein, M. (1975). *Envy and gratitude and other works, 1946-1963.* New York: Delacorte Press. Deutsch: Neid und Dankbarkeit. In: Das Seelenleben des Kleinkindes und andere Beiträge zur Psychoanalyse, Ernst Klett Verlag, Stuttgart 1962.

Kohut, H. (1959). Introspection, empathy, and psychoanalysis: an examination of the relationship between mode of observation and theory. In P. Ornstein (Ed.), *The Search for the Self, v.1.* (S. 205-232). Madison, CT: International Universities Press, 1978. Deutsch: Psyche 11/1971, S. 831-855; Kohut, H.; Introspektion, Empathie und Psychoanalyse, Suhrkamp Frankfurt/M. (1977)

Kohut, H.: Zur Beziehung zwischen Beobachtungsmethode und Theorie. In: *Psyche* 25: 831-855, 1971 und in: *Introspektion, Empathie und Psychoanalyse.* Suhrkamp, Frankfurt a. M. 1977; S. 9 ff.

Kohut, H. (1968). Introspection and empathy. In P. Ornstein (Ed..), *The Search for the Self, v.1.* (S. 83-101).

Kohut, H. (1971). *The Analysis of the Self.* New York: International Universities Press. Deutsch: Kohut, H.; Narzißmus, Suhrkamp Frankfurt 1985[5]

Kohut, H. (1977). *The Restoration of the Self.* Madison, Connecticut: International Universities Press. Deutsch: Kohut, H.; Die Heilung des Selbst, Suhrkamp Frankfurt 1988[3]

Kohut, H. (1978/1991). *The Search for the Self.* 4 vols. Ed. P. Ornstein. Madison, Connecticut: International Universities Press.

Kohut, H., (1978a). Discussion of »Further data and documents in the Schreber case« by William D. Niederland. In: *The Search for the Self* (Vol. 1. Ed. P. Ornstein, S. 305-308). Madison, Connecticut: International Universities Press.

Kohut, H., (1978b). Conclusion: »The Search for the analyst's Self« by William D. Niederland. In: *The Search for the Self.* (Vol. 2, Ed. P. Ornstein, S. 931-938). Madison, Connecticut: International Universities Press.

Kohut, H., (1978c). Letter to a Collegue. In: *The Search for the Self* (Vol. 4 Ed. P. Ornstein, S. 577-591). Madison, Connecticut: International Universities Press.

Kohut, H. (1981/1991). On empathy. In P. Ornstein (Ed.). *The Search for the Self.* Vol. 2. (S. 931-938). Madison, Connecticut: International Universities Press.

Kohut, H. (1984). *How Does Analysis Cure*? Chicago: University of Chicago Press. Deutsch: Kohut, H.; Wie heilt die Psychoanalyse? Suhrkamp, Frankfurt 1993[2]

Kohut, H. (1985) *Self Psychology and the Humanities: Reflections on a New Psychoanalytic Approach.* Ed. C. Strozier. New York: Norton.

Kohut, H.; *Narzißmus*, Suhrkamp, Frankfurt a. M. 1985[5]

Kohut, H., (1994), The Curve of Life: Correspondence with Heinz Kohut, 1923-1981 (G. Cocks, Ed.). Chicago: University of Chicago Press.

Krystal, H. (1988). *Integration and Self-Healing: Affect, Trauma, Alexithymia.* Hillsdale, New Jersey: Analytic Press.

Kuhn, T. (1962/1970). *The Structure of Scientific Revolutions* (Second ed.). Chicago: University of Chicago Press. Deutsch: Kuhn, Th. S., Die Struktur wissenschaftlicher Revolutionen, Suhrkamp, Frankfurt a. M. 1976.

Lauer, Q. (1976). *A Reading of Hegel's Phenomenology of Spirit.* New York: Fordham University Press.

Lauer, Q. (1978). *The Triumph of Subjectivity: an Introduction to Transcendental Phenomenology.* New York: Fordham University Press.

Lessem, P. (1992). The relational patterning of affective experience. *Fifteenth Annual Conference on the Psychology of the Self*, Los Angeles.

Lessem, P. (1993). Persönliche Mitteilung.

Lessem, P., and Orange, D. (1993). Self psychology and attachment: the importance of the particular other. *Sixteenth Annual Conference on the Psychology of the Self*, Toronto.

Leupneitz, D. (1988). *The Family Interpreted: Psychoanalysis, Feminism, and Family Therapy.* New York: Basic Books.

Lichtenberg, J. (1983). *Psychoanalysis and Infant Research.* Hillsdale, NJ: The Analytic Press.

Lichtenberg, J. (1989). *Psychoanalysis and Motivation.* Hillsdale, New Jersey: Analytic Press.

Lichtenberg, J., Lachmann, F., and Fosshage, J. (1993). *Self and Motivational Systems: Toward a Theory of Psycoanalytic Technique.* Hillside, NJ: Analytic Press. Deutsch: Lichtenberg, J., Lachmann, F., Fosshage, J.: Das Selbst und die motivationalen Systeme. Zu einer Theorie psychoanalytischer Technik. Brandes & Apsel, Frankfurt a. M. 2000

Little, M. (1985). Winnicott working in areas where psychotic anxieties predominate: a personal record. *Free Associations* 3: 9-41.

Loewald, H. (1960). Perspectives on memory. In *Papers on Psychoanalysis*. New Haven: Yale University Press, 1980.

Loewald, H. (1960). On the therapeutic action of psychoanalysis. *International Journal of Psycho-Analysis*, 41, 16-33.

Loewald, H. (1986). Transference-countertransference. *Journal of the American Psychoanalytic Association*, 34, 275-287.

Loewald, H. (1980). *Papers on Psychoanalysis*. New Haven: Yale University Press.

Lomas, P. (1987). *The Limits of Interpretation*. Northvale, New Jersey: Jason Aronson.

Lothane, Z. (1989). Schreber, Freud, Flechsig and Weber revisited: an inquiry into methods of interpretation. *Psychoanalytic Review*, 76: 203-262.

Lothane, Z. (1990). Panel on Schreber at the American Academy of Psychoanalysis. Tonbandkassette.

Luborsky, L., McLillan, A., Woody, G., O'Brien, C., and Auerbach, A. (1985). Therapist success and its determinants. *Archives of General Psychiatry*, 42, 602-611.

Maccio, D. (1992).Surviving, existing, living: reflections on the analyst's anxiety. In *Shared Experience*, ed. L. Nissim Momiglian and A. Robutti. London: Karnac Books.

Macmurray, J. (1957/1991). *The Self as Agent*. Atlantic Highlands, New Jersey: Humanities Press International.

Magid, B. ed. (1993). *Freud's Case Studies: Self Psychological Perspectives*. Hillsdale, NJ: Analytic Press.

Mahler, M., Pine, F., and Bergmann, A. (1975). *The Psychological Birth of the Human Infant.* New York: Basic Books. Deutsch: Mahler, M., Pine, F., Bergmann, A. Die psychische Geburt des Menschen. Fischer Frankfurt/M. 1993.

Masterson, J., Tolpin, M., Sifneos, P. (1991). *Comparing Psychoanalytic Psychotherapies.* New York: Brunner Mazel.

McDougall, J. (1989). *Theaters of the Body: a Psychoanalytic Approach to Psychosomatic Illness*. New York: Norton.

Miller, A. (1981). *Prisoners of Childhood*. Trans. R. Ward. New York: Basic Books.

Miller, A. (1990). *The Untouched Key: Tracing Childhood Trauma in Creativity and Destructiveness* (Hannum, H. and H., Trans.). New York: Doubleday Anchor Books.

Mitchell, S. (1988). *Relational Concepts in Psychoanalysis: an Integration*. Cambridge, Massachusetts: Harvard University Press.

Mitchell, S. (1993). *Hope and Dread in Psychoanalysis*. New York: Basic Books.

Moore, B., & Fine, R. (1990). *Psychoanalytic Terms and Concepts*. New Haven: Yale University Press.

Niederland, W. (1951). Three notes on the Schreber case. *Psychoanalytic Quarterly,* 28:151-169.

Niederland, W. (1984). *The Schreber Case.* Hillsdale, New Jersey: Analytic Press. Deutsch: William. G. Niederland; Der Fall Schreber: Das psychoanalytische Profil einer paranoiden Persönlichkeit / 1. Aufl., wiss. Sonderausg. Frankfurt a.M.: Suhrkamp, 1978

Nissim Momigliano, L., & Robutti, A. (1992). *Shared Experience*. London: Karnac Books.

Nozick, R. (1989). *The Examined Life.* New York: Simon and Schuster.

Nozick, R. (1993). *The Nature of Rationality*. Princeton: Princeton University Press.

Ogden, T. (1986). *The Matrix of the Mind*. Northvale, New Jersey: Jason Aronson.

Ogden, T. (1989). *The Primitive Edge of Experience*. Northvale, New Jersey: Jason Aronson.

Ogden, T. (1994). *The Subjects of Analysis.* Northvale, NJ: Jason Aronson.

Orange, D. (1984). *Peirce's Conception of God*. Bloomington: Indiana University Press.

Orange, D. (1992a). Commentary on Irwin Hoffman's »Discussion: Toward a Social Constructivist view of the Psychoanalytic Situation«. *Psychoanalytic Dialogues*, 2, 561-566.

Orange, D. (1992b). Subjectivism, relativism, and realism in psychoanalysis. In A. Goldberg (Ed..), *New Therapeutic Visions: Progress in Self Psychology* (S. 189-197). Hillsdale, New Jersey: The Analytic Press.

Orange, D. (1993). The restoration of Schreber's stolen self. In B. Magid (Ed..), *Freud's Case Studies: Self Psychological Perspectives*. Hillsdale, New Jersey: Analytic Press.

Orange, D. (1994). Countertransference, empathy, and the hermeneutical circle. In R. Stolorow & G. Atwood, and B. Brandchaft, (Eds..), *The Intersubjective Perspective.* Northvale, New Jersey: Jason Aronson.

Ornstein, A. (1991). The dread to repeat: comments on the working through process in psychoanalysis. *Journal of the American Psychoanalytic Association*, 39, 377-398.

Ornstein, P. (1991). Why self psychology is not an object relations theory: clinical and theoretical considerations. In *The Evolution of Self Psychology: Progress in Self Psychology*. v. 7., S. 17-29.

Ornstein, P., & Ornstein, A. (1985). Clinical understanding and explaining: the empathic vantage point. In A. Goldberg (Ed.). *Progress in Self Psychology* (S. 43-61). New York: Guilford.

Palmer, R. (1969). *Hermeneutics: Interpretation Theory in Schleiermacher, Dilthey, Heidegger, and Gadamer.* Evanston: Northwestern University Press.

Peirce, C. (1868). Some consequences of four incapacities. In C. Hartshorne & P. Weiss (Ed..), *Collected Papers of Charles Sanders Peirce.* Cambridge, Massachusetts: Harvard University Press.

Peirce, C. (1877/1934). The fixation of belief. In C. Hartshorne & P. Weiss (Ed..), Collected Papers of Charles Sanders Peirce. Cambridge: Harvard University Press.

Peirce, C. (1931-1935). *The Collected Papers of Charles Sanders Peirce.* Cambridge, Massachusetts: Harvard University Press.

Piaget, J. (1968). *On the Development of Memory and Identity.* Barre, Massachusetts: Clarke University Press and Barre Publishers.

Piaget, J., & Inhelder, B. (1973). *Memory and Intelligence.* New York: Basic Books. Deutsch: Jean Piaget; Bärbel Inhelder; Gedächtnis und Intelligenz / Unter Mitarb. von Hermine Sinclair-de Zwart, Olten [u.a.]: Walter-Verl., 1974

Pine, F. (1990). *Drive, Ego, Object, and Self.* New York: Basic Books.

Platon (1961). *Collected Dialogues.* Princeton: Princeton University Press. Deutsch: Platon, Sämtliche Dialoge, Bd. V, Der Staat, Sechstes Buch; Felix Meiner, Hamburg (1988).

Polanyi, M. (1958). *Personal Knowledge: Towards a Post-Critical Philosophy.* Chicago: University of Chicago Press.

Popper, K. (1959). *The Logic of Scientific Discovery.* New York: Harper and Row. Deutsch: Popper, K.; Logik der Forschung, Tübingen, Mohr 1994[10].

Psychoanalytic Inquiry. (1987). Models of the Mind: Perspectives on a Clinical Study. v.7.

Psychoanalytic Inquiry. (1990). How Theory Shapes Technique: Perspectives on a Self Psychological Clinical Presentation. v. 10.

Racker, H. (1968). *Transference and Countertransference.* New York: International Universities Press.

Ricoeur, P. (1979). The model of the text: meaningful action considered as a text. In P. Rabinow & W. SullivaEd.Eds.), *Interpretive Social Science: A Reader.* (S. 73-101). Berkeley: University of California Press.

Rilke, R. (1934). *Briefe an einen jungen Dichter.* Insel-Verlag, Frankfurt a. M. (1987)

Ryle, G. (1949). *The Concept of Mind.* London: Hutchinson.

Schachtel, E. (1959). *Metamorphosis.* New York: Basic Books.

Schafer, R. (1983). *The Analytic Attitude.* New York: Basic Books.

Schatzman, M. (1973). *Soul Murder: Persecution in the Family.* New York: Random House. Deutsch: Morton Schatzman, Die Angst vor dem Vater: Langzeitwirkung einer Erziehungsmethode; eine Analyse am Fall Schreber /. Dt. von Nils Thomas Lindquist. Reinbek bei Hamburg: Rowohlt-Taschenbuch-Verl., 1982.

Schreber, D. (1955). *Memoirs of My Nervous Illness,* trans. And ed. I Macalpine and R. Hunter. Cambridge, MA: Harvard University Press. Deutsch: Denkwürdigkeiten eines Nervenkranken von Daniel Paul Schreber, Focus-Verlag, Wiesbaden, 1973.

Schwaber, E. (1983). Construction, reconstruction, and the mode of clinical attunement. In *The Future of Psychoanalysis,* ed. A. Goldberg. New York: International Universities Press.

Shabad, P. (1993). Resentment, indignation, entitlement: the transformation of unconscious wish into need. *Psychoanalytic Dialogues* 3,

Shengold, L. (1989). *Soul Murder: The Effects of Childhood Abuse and Deprivation.* New Haven, CT: Yale University Press. Deutsch: Soul Murder. Seelenmord – die Auswirkungen von Mißbrauch und Vernachlässigung in der Kindheit. Brandes & Apsel. Frankfurt a. M., 1995.

Socarides, D. & Stolorow, R. (1984/1985). Affects and selfobjects. *The Annual of Psychoanalysis*, 12/13:105-119. Madison, CT: International Universities Press.

Spence, D. (1982). *Narrative Truth and Historical Truth*. New York: Norton.

Spence, D. (1993). The hermeneutic turn: soft science or loyal opposition? *Psychoanalytic Dialogues*, 3, 1-10.

Spezzano, C. (1993). *Affect in Psychoanalysis: a Clinical Synthesis*. Hillsdale, New Jersey: The Analytic Press.

Spiegelberg, H. (1960). *The Phenomenological Movement*. 2 vols. The Hague: Martinus Nijhoff.

Spinoza, B. (1949). *Ethics*. New York: Hafner.

Stern, D. (1989). The analyst's unformulated experience of the patient. *Contemporary Psychoanalysis*, 25, 1-33.

Stern, D. (1991). A philosophy for the embedded analyst: Gadamer's hermeneutics and the social paradigm of psychoanalysis. *Contemporary Psychoanalysis*, 27, 51-58.

Stern, D. (1992). Commentary on constructivism in clinical psychoanalysis. *Psychoanalytic Dialogues*, 2, 331-363.

Stern, D. N. (1983). Implications of infancy research for psychoanalytic theory and practice. *Psychiatric Update*, 2, 7-21.

Stern, D. N. (1985). *The Interpersonal World of the Infant*. New York: Basic Books. Deutsch: Die Lebenserfahrung des Säuglings, Klett-Cotta, Stuttgart, 1992.

Stern, D. N. (1988). The dialectic between the »interpersonal« and the »intrapsychic«: with particular emphasis on the role of memory and representation. *Psychoanalytic Inquiry*, 8, 505-512.

Stolorow, R. (1986). On experiencing an object: a multidimensional perspective. In A. Goldberg, ed. *Progress in Self Psychology*, v. 2. New York: Guilford.

Stolorow, R. (1994). The nature and therapeutic action of psychoanalytic interpretation. In *The Intersubjective Perspective*, ed. R. Stolorow, G. Atwood, and B. Brandchaft. Northvale, New Jersey: Jason Aronson.

Stolorow, R., & Atwood, G. (1992). *Contexts of Being: the Intersubjective Foundations of Psychological Life*. Hillsdale, New Jersey: The Analytic Press.

Stolorow, R., Atwood, G, and Brandchaft, B., Ed. (1994). *The Intersubjective Perspective.* Northvale, New Jersey: Jason Aronson.

Stolorow, R., Brandchaft, B., & Atwood, G. (1987). *Psychoanalytic Treatment: An Intersubjective Approach*. Hillsdale, New Jersey: The Analytic Press. Deutsch: Stolorow, R., Brandchaft, B., & Atwood, G. (1996). Psychoanalytische Behandlung – ein intersubjektiver Ansatz; Fischer, Frankfurt a. M.

Strachey, J. (1934). The nature of the therapeutic action of psychoanalysis. *International Journal of Psycho-Analysis*, 15, 127-159.

Sucharov, M., (1994). Psychoanalysis, Self psychology and intersubjectivity. In *The Intersubjective Perspective*, Ed. Stolorow, R., Atwood, G., and Brandchaft, B. Northvale, New Jersey: Jason Aronson.

Sullivan, H. (1953). *The Interpersonal Theory of Psychiatry*. New York: Norton.

Sullivan, H. S. (1940). *Conceptions of Modern Psychiatry*. New York: Norton.

Sulloway, F. (1979). *Freud, Biologist of the Mind: Beyond the Psychoanalytic Legend*. New York: Basic Books. Deutsch: Sulloway, F.; Freud: Biologe der Seele; jenseits der psychoanalytischen Legende, Köln-Lövenich: Hohenheim-Verlag, 1982.

Suttie, I. (1935). *The Origins of Love and Hate*. London: Routledge and Kegan Paul.

Tansey, M. (1992). Psychoanalytic expertise. *Psychoanalytic Dialogues*, 2, 305-316.

Tauber, E., & Green, M. (1959). *Prelogical Experience*. New York: Basic Books.

Terr, L. (1990). *Too Scared to Cry*. New York: Harper-Collins.

Thomson, P. (1991). Countertransference in an intersubjective perspective: an experiment. In A. Goldberg (Ed..), *The Evolution of Self Psychology* Hillsdale, New Jersey: Analytic Press.

Tronick, E. (1989). Emotions and emotional communication in infants. *American Psychologist,* 44, 112-119.

Van der Kolk, B. (1988). The trauma spectrum: the interaction of biological and social events in the genesis of the trauma response. *Journal of Traumatic Stress*, 1, 273-290.

Waelder, R. (1936). The principle of multiple function. *Psychoanalytic Quarterly*, 15, 45-62.

Wallerstein, R. (Ed.). (1992). *The Common Ground of Psychoanalysis*. Northvale, New Jersey: Jason Aronson.

Weigert, E. (1962). Sympathy, empathy, and freedom in therapy. In L. Salzman & J. Masserman (Ed.), *Modern Concepts of Psychoanalysis* New York: Citadel Press.

Whitehead, A. N., & (1929). *Process and Reality*. New York: Macmillan. Deutsch: Whitehead, A. N., Prozeß und Realität: Entwurf einer Kosmologie / Übersetzt und mit einem Nachw. versehen von Hans-Günter Holl, Frankfurt a. M.: Suhrkamp, 1979

Whitehead, A. N. (1938/1966). *Modes of Thought*. New York: Free Press. Deutsch: Denkweisen / Alfred North Whitehead. Hrsg., übers. und eingel. von Stascha Rohmer, Frankfurt a. M.: Suhrkamp, 2001

Whitehead, A. N. (1948). *Essays in Science and Philosophy*. New York: Philosophical Library.

Winnicott, D. (1958). *Through Paediatrics to Psycho-Analysis*. New York: Basic Books. Deutsch: Winnicott, D. Von der Kinderheilkunde zur Psychoanalyse: aus den »Collected Papers« / Frankfurt a. M.: Fischer Taschenbuch Verl., 1983

Winnicott, D. (1965). *The Maturational Processes and the Facilitating Environment:Studies in the Theory of Emotional Development*. New York: International Universities Press. Deutsch: D. W. Winnicott, Reifungsprozesse und fördernde Umwelt: Studien zur Theorie der emotionalen Entwicklung / Aus dem Engl. von Gudrun Theusner-Stampa. Mit einem Vorwort von M. Masud R. Khan; Frankfurt a. M.: Fischer, 1984

Winnicott, D. (1965). Playing and Reality. London, Routledge. Deutsch: Winnicott, D. W., Vom Spiel zur Kreativität ; Aus d. Engl. übersetzt, beteiligt: Michael Ermann / Stuttgart: Klett-Cotta, 1992, 6. Aufl.

Winnicott, D. (1986). *Holding and Interpretation*. New York: Grove.

Winnicott, D. (1989). *Psychoanalytic Explorations*. Cambridge, Massachusetts: Harvard University Press.

Wittgenstein, L. (1921/1961). *Tractatus Logico-Philosophicus* (Pears, D. McGuinness, D., Trans.). Atlantic Highlands, New Jersey: Humanities Press. Deutsch: Wittgenstein, L., Tractatus VII, S. 115, Edition Suhrkamp 1969

Wittgenstein, L. (1953). *Philosophical Investigations.*Trans. G. Anscombe. Third Ed. New York: Macmillan.

Wolf, E. (1988). *Treating the Self: Elements of Clinical Self Psychology*. New York: Guilford.

Zucker, H. (1993). Reality: can it be only yours or mine? *Contemporary Psychoanalysis*, 29, 479-486

Index

Abhängigkeit von Patienten 132, 171, 201
Abreagieren 204, 205
Affekt, 104, 112, 119ff., 134, 137, 145, 147f., 151, 157, 160, 220, siehe auch Emotion und emotionales Erleben; neueste psychoanalytische Arbeiten über
affektive Bindung, 224
affektives Gedächtnis, siehe auch emotionales Gedächtnis 125, 139, 142, 144,147,150, 152, 157f., 160f., 178
Affekttoleranz 121, 123, 137
Aggression 10, 91, 125, 131, 133f., 136, 195, 207
Ainsworth, M. 217, 219
Akkomodation 48, 96
Alexander, F. 48, 68
Alexithymie, 122, 147, 160
Ambivalenz 89, 108, 128
Amnesie, emotionale 158
Analysierbarkeit 60, 70, 163
Analytiker, Perspektive des, 87,
Aquinas, T., 35
Archaisch, 90, 207, 223, 225f.
Aristoteles 36, 46, 51, 55ff., 109, 126, 161, 175, 189
Aron, L., 22, 92f., 169, 175, 222
Assimilation, 47
Atwood, G. 7, 17, 21ff., 31, 39ff., 53, 68f., 76f., 85, 90ff., 106ff., 123, 129, 148, 157, 172, 178, 180, 196, 216, 219, 244
Augustinus 35

Bacon, F., 110f.
Bacon, R., 109
Balint, M., 24, 47, 48, 130, 171, 211ff.,
Bedeutung, existentielle 142
Bedeutung, Verwechslung von Symbol und Bedeutung, 237, die pragmatische Verschiebung zur Bedeutung, 189, Bedeutung und psychoanalytisches Verstehen, 191
Beebe, B., 108, 129, 183, 219
Bergmann, A., 195
Bergson, H., 46, 141
Berkeley, G., 103, 110
Bernstein, R., 16, 27, 64, 79f., 84
Beziehungserfahrungen von Schreber, 244, 251
Bezogenheit und Verstehen des emotionalen Erlebens, als Prozess, 223, primäre und abgeleitete Selbstobjekt-Bezogenheit, 221
Bindung, 10, 19, 22, 40, 60, 68, 73, 128, 137, 148, 152ff., 169ff., 196, 205ff.; Selbstobjekt-Erfahrung 22f., 73, 148, 176, 179, 192ff., 215ff., 221ff., 255f.
Bion, W., 61
Bollas, C., 20ff., 145f., 154, 158, 166
Bowlby, J., 24, 47, 122, 130, 210ff., , 224
Brandchaft, B., 17ff., 39ff., 69, 85, 90ff., 123, 129, 148, 172, 193f., 216ff., 244
Breuer, J., 204
Buber, M., 37

Chabot, E. B., 256
Charakter, 66, 69, 78, 142ff., 166, 178, 243
common sense, 36, 110, 188, siehe auch Korrespondenztheorien
Co-Übertragung 20, 23, 45, 78, 87, 92ff., 100, 115, 158, 163, 169ff., 194
Descartes, R., 95, 110
Deutung, 18, 30ff., 49, 70f., 88, 105, 150, 213f.
Dezentrierung, 93
DiChiara, G., 130
Dilthey, W., 10, 29f., 94ff., 113
Dissoziation, 107, 128, 181, 251

Eco, U., 41
Ehrenberg, D., 159
Einstimmung, 38f., 123f., 148, 165, 180, 183
Ellenberger, H., 72
Emde, R., 151, 163ff., 170ff.
Emotion, 112, 129, 131, 137, siehe auch Affekt
Emotional verfügbarer Zeuge, 176ff.
Emotionale Verfügbarkeit, 17f., 49, 52, 130, 151, 163ff., 196, 210, 217
Emotionales Gedächtnis, 125, 139, 142ff., 178,
Emotionales Erleben, 119ff., 157, 179, 257 Affekt und, 119
Emotionales Verständnis, 51, 156, 204
Empathie, 10, 17, 28ff., 76, 93, 97ff., 187, 215ff., 265, siehe auch: Emotionale Verfügbarkeit
Empirismus, radikaler 65, 112
Empirismus, wissenschaftlicher, 34ff., 81ff., 246, 258, siehe auch wissenschaftlicher Realismus, 102
entwicklungsorientiertes Verstehen/Entwicklungsverständnis, 48
Epistemologie, 13ff., 32, 39ff., 63, 74ff., 103, 113ff., 139, 163, 184, 202f., und Intersubjektivität, 17, des perspektivischen Realismus 85, 93, 101
Erfahrung, gegebene und interpretierte, 101, 106, 111ff.
Erinnern, 72, 143ff., 179, 196

Fairbairn, W., 24, 124, 128ff., 209ff.
Fallibilismus, 183, 192, siehe auch Theoriewahl
Ferenczi, S., 25, 42ff., 65ff., 116, 130, 144f., 171ff., 205ff., 237
Feyerabend, P., 82, 188
Fiktionalismus, 104
Flashbacks, 149, 178
Flechsig, P. E., 230ff., 267
Fosshage, J., 7, 45f., 80, 129, 166, 219
French, T., 68
Freud, A., 61
Freud, S., 15, 22, 28, 42, 53, 65ff., 102ff., 167f., 204ff., 229ff., 257f.

Gadamer, H., 9ff., 41, 81, 90ff., 112ff., 130, 143, 188
Gedächtnis, emotionales 125ff., 139ff., 178
Gedächtnis, existentielles, 145f.,
Gedächtnis, repräsentierendes 145
Gefühle, 27, 46, 93ff., 120ff., 175ff., 193, 206ff., 246ff., siehe auch Emotion
Gegenseitigkeit, 34, 49, 92
Gegenübertragung, 14, 20, 43ff., 78ff., 115, 159, 163, 206, in der Entwicklung der Selbstpsychologie, 88, Empathie und die

hermeneutische Untersuchung, 93
Geha, R., 103f.
Gemeinschaft, 8, 33, 59, 64ff., 84, 193, 197, 254f.
Gerson, M., 44f.
Geschenke, 160, 200
Gespenst, 157
Gestalt, 76
Gewicht, 150, 163, 196, 232, 252ff.
Gewohnheit, 58, 63, 169, 190, 235, 241
Gill, M., 43, 89
Goldberg, A., 79, 91, 188
Gotthold, J., 7, 210
Green, M., 159
Greenberg, J., 24, 28, 43, 125, 207, 219
Grundstörung, 212
Guntrip, H., 22, 24, 105, 130

Habermas, J., 81
Haltende Umwelt, 166
Hanly, C., 83, 103, 187
Hegel, G., 16, 29, 57ff., 74, 188
Heidegger, 30
Heilung, durch psychoanalytisches Verstehen, 203, 214
Heisenberg, W., 64
Hempel, C., 34, 81f.
Heraklit, 54f.
Hermeneutische Untersuchung, 93f.
Hesse, M., 82f.
Hobson, R. F., 33, 131
Hoffman, I., 20, 24, 43, 84, 103ff., 169, 175, 188, 193f.
Homosexualität, Freud und die, 234, 238f.
Hume, D., 35, 110, 186
Husserl, E., 66, 76ff., 85, 112, 184
Hysterie, 204

Ich-Psychologie, 24, 103, 205
Ich-Struktur, 146
Idealismus, zeitgenössischer 102
Illustration, 229
Interpersonalistische Theorie, 22, 24, 42, 45, 61, 81, 159f., 187, 241
Intersubjektivität, und Epistemologie, 17, Selbstpsychologie und psychoanalytisches Verstehen, 21
Introspektion, 17, 30ff., 76, 81, 93ff., 120f., 187, 220ff.

James, W., 65, 70, 97, 106, 112, 183ff., 203

Kant, I., 29ff., 57, 111, 188
Kernberg, O., 131f.
Klein, G., 68
Klein, M., 132
Klinische Beispiele, vom emotionalen Gedächtnis, 152, 154
Klinische Theorie, als eine Quelle von Missverständnissen, 16, 64, 194f., 202f.
Kohärenztheorien, 103, 188ff.
Kohut, H.,15ff., 60ff., 105f., 120ff.,164, 183ff., 211ff.,
Komplexe seelische Zustände, 31, 106, 131
Konkretisierung 237
Konstruktivismus, kritischer, 104
Körpergedächtnis, 140, 147ff.
Korrespondenztheorien, 84f., 102f., 186ff.
Krystal, H., 119ff., 137, 147
Kuhn, T., 63ff., 82, 188

Lachmann, F., 108, 129, 166, 183, 219
Lauer, Q., 58, 77

Lessem, P., 7, 40, 158, 219
Lichtenberg, J., 60, 166, 225
Little, M., 166, 172, 210
Locke, J., 110, 186
Loewald, H., 92, 124, 145, 212f.
Lomas, P., 91
Lothane, Z., 238ff.

Maccio, D., 163
Mahler, M., 195
McDougall, J., 147
Mehrdeutigkeit, 16, 54, 75, 106, 114
Menschliche Natur, 25, 44f., 108, 126ff., 172, 185, 207, 236
Methodische Haltungen, 16
Miller, A., 107, 133, 176f., 250, 255
Missbrauch, sexueller, 149, 154ff., 176, 197, 235, 250, 255
Missverstehen, 183, 191, 194, 202, 246, 248
Missverständnis, 31, 46, 124, 158, 180ff., 194f., 202, 208, 214
Mitchell, S., 24, 28, 42ff., 169, 193, 207, 219
Multiple Funktionen, 75, 127

Neid, und Scham, 131ff.
Neigung zu Entwicklungsvorstellungen, 43
Newman, K., 25, 205ff.,
Nicht-Wissen, und Verstehen, 63
Niederland, W., 236, 239ff., 258
Nietzsche, F., 29, 87
Nozick, R., 59, 252

Objekt, 37, 52, 132, 145, 190, 195ff., 222f.
Objektbeziehungen, 209, 213
Objektbeziehungstheorie, 146, 220
Objektives Gedächtnis, 144
Objektivismus, versus Realismus, 81
Objektkonstanz, 195f., 199, 202
Ockham, William von, 109
Ogden, T., 24, 43, 108f.
Ontologie, 69, 103, 184ff., 193, 202
Ornstein, A.& P., 7, 23ff., 48, 130, 180, 220

Palmer, R., 67, 98
paradox-passive Bemühungen, zur Wiederherstellung des Selbst, 254, 256
Parmenides, 54f.
Perspektive des Analytikers, 87
Perspektivischer Realismus, 85, 93, 101
Phänomenologie, 66, 69, 76ff., 85
Philosophie, 14ff., 29, 34ff., 51ff., 95, 109ff., 140, 185ff., zur Kritik des Positivismus innerhalb der Ph., 64, Erfahrung in der Geschichte der Ph., 109, Psychoanalyse und Ph., 14
Piaget, J., 47ff., 96, 150, 195
Pine, F., 52, 195
Platon, 15, 35f., 55ff., 84
Plotinus, 35
Polanyi, M., 141f., 152, 159
Popper, K., 66, 81, 84
Positivismus, 24, 30, 45, 60ff., 80f., 186ff.
Posttraumatischer Stress, 122, 144, 149, 181
Potter, V., 81, 102, 186
Pragmatische Kriterien, 55, 64
Pragmatische Verschiebung zur Bedeutung, 189
Präreflexives Unbewusstes, 106f.
Primäre Selbstobjekt-Bezogenheit, 22, 40, 220ff., 255
Protagoras, 80
prototypische Erinnerungen, 150
Prozess, Erfahrung als, 108
Psychoanalytische Arbeiten über Affekte 119, 121

Psychoanalytische Darstellungen über Schreber seit Freud, 239
Psychoanalytische Theorie, 19ff., 62, 68ff., 98ff., 120, 131, 172, 184, 192, 203, 217ff.
Psychoanalytisches Verstehen, Heilen durch, 25, 63, 119, 204
Psychosomatische Krankheiten, 147

Realismus, 84, Objektivität versus Realismus, 76, 81, perspektivischer Realismus, 14ff., 25, 75f., 85, 93, 101, 193, 202, wissenschaftlicher Realismus, 102ff., 187
Relativismus, 16, 25, 44, 74ff., 105, versus Subjektivismus 79
Renik, O., 170
Responsivität, optimale, 68, 100, 158, 197, 227
Ricœur, P., 32
Rilke, R., 20
Roethke, T., 139
Ryle, G., 157

Schafer, R., 44, 85, 103ff., 187f.
Scham, und Neid 131ff.
Schatzman, M., 241f.
Schleiermacher, F., 94ff.
Schreber, D. P., 229ff.
Schwaber, E., 230
Seelenmord, 233ff.
Seelenwollust, 256
Selbst, von Schreber; 235, 244, 250ff.
Selbstheilung, 236
Selbstobjekt, 176, 201, 215ff, 255
Selbstobjekt-Bezogenheit, abgeleitete, 22ff.
Selbstobjekt-Bezogenheit, primäre und abgeleitete, 22, 40, 221ff.
Selbstobjekt-Erfahrungen, 22ff., 73, 148, 176ff., 192ff., 215ff., 255f.
Selbstpsychologie, Gegenübertragung in der Entwicklung der Selbstpsychologie, 88, Selbstpsychologie und psychoanalytisches Verstehen, 21
Semiotik, 41
Sensomotorische Erinnerung, 150
Separation-Individuation, 195, 201
Shengold, L., 241
Sicherheit in der Psychoanalyse, 32, 70ff., 164, 205, 211
Sinnsuche, gemeinsame, 7ff., 50, 55, 120, 230
Sokrates, 55, 64
Solipsismus, 77f., 99, 105
Somatisches Wissen, 146
Sorce, J., 163ff., 176
Spaltung, 28, 108, 195, 240
Spence, D., 44, 85, 103f., 187f.
Spezzano, C., 120, 124ff.
Spiegelberg, H., 77
Spiegeln, 48, 176, 180, 198, 214, 253
Spiel, 9, 30f., 50, 164, 210
Spinoza, B., 36f.
Spitz, R., 122
Sprachanalyse, 140
Sroufe, A., 217ff.
Stern, Daniel, 21, 44, 49, 107f., 126, 134, 150f., 183, 225
Stern, Donnel, 24, 156, 159f.
stillschweigendes Wissen, 141ff., 159
Stoiker, 55
Stolorow, D., 148
Stolorow, R., 7, 17ff., 61ff., 106ff., 148ff., 172ff., 216ff.,
Strachey, J., 206f., 213
Stress, posttraumatischer, 122, 144, 149, 181
Subjektives Gedächtnis, 145
Subjektivismus, 76ff., 99, 105, versus Subjektivität, 76, versus Realitivismus, 79

Sullivan, H., 31ff., 159, 222
Supervision, 73, 159, 175
Suttie, I., 130, 207ff.
Symbol, Verwechslung mit der Bedeutung, 237
Symmetrie, 92f.
Synechismus, 37
System, geschlossenes 51, 209, 238

Tansey, M., 193f.
Tauber, E., 159
Telefonanrufe, 199
Teleologie, 58
Theorie, klinische, als Quelle von Missverständnissen, 194, psychoanalytische, siehe auch psychoanalytische Theorie
Theoriewahl und Rationalität, 52
Theoriewahl, 15, 24, 51ff., 192, 229, 237, 258, siehe auch Fallibilismus, und pragmatische Kriterien für die Rationalität der Theoriewahl 55
Theoriewahl, sinnvolle Grundlagen für, 54
Therapeutische Wirksamkeit, 68, 204, 217, Bindung, Selbstobjekt-Erfahrung und, 216
Thomson, P., 7, 73, 91
Tomkins, S., 125
Topographisches Wissen, 142
Trauma, 107, 121ff., 145, 205, 251, siehe auch posttraumatischer Stress
Traurigkeit, 153, 175, 254

Überdeterminierung, 75, 127
Übergangsphänomene, 156f., 199f., 210
Übertragung, 20, 43ff., 65, 80ff., 115, 124, 169, 185ff., 219
Übertragung als Verzerrung, 82f., 91, 185ff., 213, 238

Ulysses, 59
umwandelnde Verinnerlichung, 214f.
Unbewusste, dynamisch 107
Unbewusstes, 10, 106, 116ff., 129, 148ff., 178, 204, 258
unformulierte Erfahrung, 159
ungedachtes Wissen, 20
Unterbrechungen, 196, 214, siehe auch Missverstehen, 183, 191ff., 202, 246ff.
Urlaub, 136, 172, 191ff., 246

Verfügbarkeit, siehe auch emotionale Verfügbarkeit 17f., 49ff., 130, 151, 163ff., 210, 217
Verinnerlichung, umwandelnde, 214f.
Verlassen-Werden, 246ff.
Verleugnung, 177, 195
Vernunft, Philosophie und, 54
Verständigung, 7ff., 30ff., 40, 50, 113, 117
Verständnis, emotionales, 51, 156, 204,
Verstehen, Geschichte des, 29,
Verwirrung, 23, 73ff., 235, 257
Vorurteil, 9, 87, 94ff., 113, 143, 217

Waelder, R., 127
Wahre Erfahrung, 110
Wahrheit, in der Psychoanalyse, 184, siehe auch Kohärenztheorien, 188, Korrespondenztheorien der Wahrheit, 186
Weber, G., 236, 242
Whewell, W., 183
Whitehead, A. N., 59, 69, 126, 141
Widerstand, 48, 66, 70, 91, 101, 130, 156, 179, 193, 234
Wiederholung, 43, 48, 140, 140ff., 180, 220

Winnicott, D., 7f., 22ff., 47, 124, 130f., 156f., 166ff., 181, 196ff., 210ff., 225
Wirksamkeit von Psychoanalyse, 204,
Wissen, instrumentelles, 142
Wittgenstein, L., 141, 186
Wolf, E., 89f.

Zärtlichkeit, 207f.
Zeitgenössischer Idealismus, 102
Zeuge, emotional verfügbarer, 176ff.
Zirkel, hermeneutischer, 98f.
Zucker, H., 187
Zukunft, 19, 31, 46, 50, 98, 121, 129, 223, 239
Zusammenspiel, 40